Dieter Teichert

Einführung in die Philosophie des Geistes

Einführungen Philosophie

Die Reihe Einführungen Philosophie soll vor allem den Studienanfängern Orientierung bieten. Auf dem neusten Stand der Forschung werden die wesentlichen Theorien und Probleme aller Hauptgebiete der Philosophie dargestellt. Dabei geht es nicht um Philosophiegeschichte, sondern um das Philosophieren selbst. Nicht Namen und Epochen stehen im Vordergrund, sondern Argumente. Jeder Band steht für sich und ermöglicht einen systematischen Überblick über das jeweilige Gebiet. Die didaktische Aufbereitung (Zusammenfassungen, Übungsaufgaben, Literaturhinweise ...), eine übersichtliche Gliederung und die gute Lesbarkeit machen die Bände zu einem hervorragenden Hilfsmittel für Studierende.

Dieter Teichert

Einführung in die Philosophie des Geistes

Die Deutsche Bibliothek verzeichnet diese Publikation
in der Deutschen Nationalbibliografie;
detaillierte bibliografische Daten sind im Internet über
http://www.dnb.ddb.de abrufbar.

Die Herausgabe dieses Werkes wurde durch
die Vereinsmitglieder der WBG ermöglicht.
Satz: Lichtsatz Michael Glaese GmbH, Hemsbach
Umschlaggestaltung: schreiberVIS, Seeheim
Gedruckt auf säurefreiem und alterungsbeständigem Papier
Printed in Germany

Besuchen Sie uns im Internet: www.wbg-darmstadt.de

ISBN-13: 987-3-534-15463-0
ISBN-10: 3-534-15463-0

Inhalt

Vorwort

Diese Einführung will denjenigen Leserinnen und Lesern einen Zugang zur Philosophie des Geistes ermöglichen, die bislang noch keine oder nur geringe Kenntnisse auf diesem Gebiet haben. Zu den einzelnen Kapiteln sind Zusammenfassungen, Fragen, Übungen und Literaturhinweise angefügt, mit deren Hilfe die Leser überprüfen können, ob ihnen die Begriffe, Argumente und Theoriestücke klar geworden sind. Durch die didaktische Ausrichtung und den überschaubaren Umfang unterscheidet sich das Buch von anderen Einführungen in die Philosophie des Geistes, die zur Zeit in deutscher Sprache verfügbar sind.

Am Anfang stehen grundlegende, vergleichsweise einfache Überlegungen. Auf diesen aufbauend werden dann schrittweise komplexere Konzeptionen behandelt. Die einzelnen Kapitel sind von unterschiedlichem Umfang und sie stellen unterschiedliche Anforderungen an die Aufmerksamkeit des Lesers. Wie in allen Bereichen der Philosophie, so ist es auch in der Philosophie des Geistes von entscheidender Bedeutung, die begrifflichen Unterscheidungen und Definitionen nicht nur durchzulesen, sondern sie sich anzueignen, um selbständig mit ihnen zu arbeiten.

Das *Kapitel 1* erklärt, was unter dem Ausdruck ‚Philosophie des Geistes' zu verstehen ist. Die zentralen Fragestellungen und einige Grundbegriffe der Disziplin werden erläutert. Zudem wird die Stellung der Philosophie des Geistes zu anderen Fächern der Philosophie und zu den Wissenschaften behandelt.

Im *Kapitel 2* wird das Verhältnis von Leib und Seele thematisiert. Die wesentlichen Theorien über ihren Zusammenhang werden vorgestellt. Dabei werden ausgehend von den Ansichten der Antike die zentralen Etappen in ihrer historischen Entwicklung besprochen. Bis zum heutigen Tag ist die Kontroverse durch zwei gegensätzliche Auffassungen geprägt. Auf der einen Seite findet man materialistische Konzeptionen. Sie begreifen den Geist als ein Phänomen innerhalb der Welt materieller Gegenstände. Auf der anderen Seite stehen Überlegungen, die den Geist als einen immateriellen Gegenstand auffassen oder als ein Phänomen bestimmen, das einer anderen Kategorie zugehört als rein materielle Gegenstände.

Das *Kapitel 3* konzentriert sich auf die Kritik an immaterialistischen Auffassungen des Geistes. Diese Kritik ist in erster Linie gegen Descartes und seine Nachfolger gerichtet. Sie wird durch die Erfolge einer an den Naturwissenschaften orientierten Erkenntniskonzeption unterstützt. Spekulative Überlegungen und idealistische Auffassungen geraten in das Kreuzfeuer der Kritik. Spätestens seit Anfang des 20. Jahrhunderts sind die Entwicklungen der Philosophie des Geistes durch eine Tendenz zu materialistischen Auffassungen charakterisiert. Eindeutige Parteinahmen für eine immaterialistische Konzeption des Geistes sind vergleichsweise selten. Ein Höhepunkt dieses Trends ist der in der ersten Hälfte des 20. Jahrhunderts einflussreiche Behaviorismus. Dabei handelt es sich um eine Konzeption der Humanwissenschaften, die die Erklärung, Vorhersage und Kontrolle des Verhaltens mit streng (natur-)wissenschaftlichen Methoden erreichen will. Innerhalb der Philosophie sind entsprechende Entwicklungen zu beobachten. G. Ryles Kritik der Konzeption einer immaterialistischen Seele bei Descartes formuliert eine ganze Reihe einschlägiger Argumente. Ryle nennt die immaterielle Seele in ironischer Weise ein ‚Gespenst in der Maschine'.

Mit der Identitätstheorie wird in *Kapitel 4* ein Versuch der Lösung des Leib-Seele-Problems vorgestellt, der in den 1950er Jahren formuliert wurde. Um die Pointe dieses Ansatzes zu verstehen, ist es wichtig, den fundamentalen Begriff der Identität hinreichend differenziert zu gebrauchen. Das Kapitel beginnt aus diesem Grund mit einer ausführlichen Darlegung der für den Identitätsbegriff wesentlichen Unterscheidungen. Die Identitätstheoretiker innerhalb der Philosophie des Geistes behaupten: Geistige Zustände sind identisch mit bestimmten materiellen Zuständen, nämlich Zuständen des Gehirns (oder des Zentralen Nervensystems). Die Identitätstheorie bestreitet also nicht, dass es den Geist gibt. Aber sie bestreitet, dass es sich bei den geistigen Zuständen um Zustände handelt, die etwas anderes sind als materielle Zustände.

Eine viel beachtete Variante einer materialistischen Sicht des Leib-Seele-Verhältnisses ist der in *Kapitel 5* untersuchte Anomale Monismus, den D. Davidsons formuliert hat. Davidson bemüht sich darum, eine materialistische Grundkonzeption mit einer Anerkennung der Eigentümlichkeit geistiger Phänomene zu vereinbaren. Der Begriff der Supervenienz hat die Aufgabe, diese Selbständigkeit des Geistigen zu erfassen und das Verhältnis des Geistes zum Bereich der physikalischen Sachverhalte zu klären.

Das *Kapitel 6* ist dem Funktionalismus gewidmet. Dabei handelt es sich um einen Theorietyp, der in Reaktion auf die Schwierigkeiten entstand, mit denen die älteren materialistischen Konzeptionen des Leib-Seele-Verhältnisses zu kämpfen haben. Für den Funktionalismus sind Verbindungen zu Disziplinen zentral, die zuvor keine wesentliche Bedeutung hatten. Logik, Mathematik, Informatik, Forschung zur Künstlichen Intelligenz (KI) liefern Elemente, die in die Theoriebildung des Funktionalismus eingehen. Geistige Zustände werden im Funktionalismus auf der Grundlage eines Modells kausaler Rollen erklärt. Die Arbeitsweise des Geistes wird nach dem Vorbild eines Automaten oder Computers beschrieben. Dabei sind das Programm, die Verfahrensweise und der Ablauf der einschlägigen Prozesse für die auftretenden geistigen Zustände ausschlaggebend.

Dass die Bildung und die Verarbeitung von Vorstellungen (oder Repräsentationen) zu den wesentlichen geistigen Leistungen gehören, ist unbestritten. Die theoretische Bestimmung dieses Sachverhalts gehört zu den kniffligen Aufgaben der Philosophie des Geistes. Das *Kapitel 7* gibt nach einer erläuternden Unterscheidung von Grundformen der Repräsentation eine knappe Darstellung wichtiger Punkte von J. Lockes Modell des Geistes. Als zeitgenössischer Vertreter einer repräsentationalen Theorie des Geistes wird dann J. Fodor vorgestellt. Das Kapitel wird mit einer Skizze der Grundzüge des Konnektionismus abgeschlossen. Dabei handelt es sich um eine viel beachtete Alternative zu den repräsentationalen Theorien des Geistes.

Das *Kapitel 8* behandelt die Frage, ob es spezifische qualitative Bewusstseinszustände gibt, die sich grundsätzlich einer Erfassung durch eine materialistische Theorie entziehen. Als qualitative Bewusstseinszustände (auch: Qualia, phänomenales Bewusstsein) werden beispielsweise Schmerzempfindungen oder andere unmittelbare und bewusste Erlebnisse bezeichnet. Die Diskussion über die Qualia ist für die Philosophie des Geistes von entscheidender Bedeutung, weil hier divergierende Lösungen des Leib-Seele-Problems aufeinander prallen. Dass Schmerzempfindungen bei Menschen mit körperlichen Vorgängen in engem Zusammenhang stehen, ist nicht umstritten. Kontrovers beantwortet wird aber die Frage, wie eng dieser Zusammenhang ist. Weiß ich alles, was im Zusammenhang mit Schmerzempfindungen zu wissen ist, wenn ich über die körperlichen (neuronalen) Prozesse Bescheid weiß? Oder gibt es Aspekte, die einem materialistischen Zugriff prinzipiell entzogen bleiben? Ist eine materialistische Konzeption in der Lage, alle relevanten Aspekte des Geistes angemessen zu beachten, oder gibt es grundsätzliche Grenzen einer materialistischen Konzeption des Geistes? Diese Fragen sind es, die das Qualia-Problem zu einem der umstrittensten Themen der Philosophie des Geistes machen.

Das abschließende Kapitel ist dem Problem der personalen Identität gewidmet. Wie kann man die Bedingungen präzise bestimmen, die dafür verantwortlich sind, dass eine Person über die Zeit hinweg dieselbe Person bleibt? Ist ein Mensch, der durch einen Unfall unwiderruflich das Bewusstsein verloren hat und in einem schweren Koma liegt, überhaupt noch eine Person? Ist er jetzt noch dieselbe Person, die er vor dem Unfall war? Ist jeder Mensch eine Person? Diese Fragen stehen im Mittelpunkt von *Kapitel 9*. Dabei steht das Verständnis zur Debatte, das rationale und bewusste Wesen von sich selbst und ihresgleichen haben.

Für denjenigen, der damit beginnt, sich in die Philosophie des Geistes einzuarbeiten, ist es wichtig zu wissen, was auf ihn zukommt. Die aktuelle Diskussion zeigt über weite Strecken Züge einer ausgesprochenen Spezialisten-Debatte. Das ist keine Marotte einzelner Autoren, sondern ein Umstand, der mit einem übergreifenden Prozess der Verwissenschaftlichung und Spezialisierung zusammenhängt. In jedem Teilgebiet werden teilweise außerordentlich aufwendige Terminologien gebraucht, die ständig verfeinert und erweitert werden. Der unvorbereitete Leser ist von diesen Texten vollständig überfordert. Selbst wenn das Problem des Verständnisses der einzelnen Fachwörter gelöst ist, bleibt oft die Schwierigkeit bestehen, dass der Zusammenhang der jeweils debattierten Spezialfrage mit den philosophischen Problemen und Fragen überhaupt nicht mehr erkennbar ist. Ich habe mich darum bemüht, das philosophische Interesse an den Problemen immer deutlich werden zu lassen und gleichzeitig die Differenziertheit der begrifflichen Unterscheidungen adäquat zu vermitteln. Dabei war es notwendig, Kompromisse zwischen der Mikroebene spezialistischer Detailarbeit und der Makroebene übergreifender Zusammenhänge zu finden. Da die Probleme es erfordern und da dieses Buch auch das Ziel hat, den Lesern das selbständige Arbeiten zu ermöglichen, enthalten einige Kapitel terminologisch aufwendige Partien. Hierzu gehören einzelne Passagen zum Funktionalismus in Kapitel 6 und die Präsentation von Fodors Repräsentationaler Theorie des Geistes sowie der Abschnitt zum Konnektionismus im Kapitel 7. Leser, die an den übergreifenden Fragestellungen und Grundgedanken interessiert sind, können die detaillierte Darstellung auslassen und die Zusammenfassung am Ende des jeweiligen Kapitels konsultieren, um danach zu den Abschnitten weitergehen, die für sie relevant sind. Allerdings ist gerade Anfängern zu raten, die begrifflichen Unterscheidungen im Detail nachzuvollziehen, da man nur auf diesem Weg zu einem adäquaten Verständnis der Argumentation findet.

Zwei Bereiche konnten in Anbetracht der Beschränkungen des Umfangs der Bücher dieser Reihe nicht behandelt werden, das Problem der Willensfreiheit und das Thema ‚Selbstbewusstsein und Selbst-Wissen'. Im Literaturverzeichnis wird auf einschlägige Veröffentlichungen zu beiden Problemen hingewiesen.

Eine frühere Version des Textes habe ich in einer Vorlesung an der Universität Konstanz im Wintersemester 2004/05 getestet. Den Teilnehmern, insbesondere Stefan Assmann, Benjamin Hoffmann, Mario Müller und Martina Ziegler, danke ich für engagierte Diskussionsbeiträge und Kommentare. Zudem danke ich Delbert Barley, David Hyder, Angelika Marighetti, Louise Röska-Hardy, Johanna Seibt, Max Urchs sowie den beiden Herausgebern der Reihe, Niko Strobach und Dieter Schönecker, für konstruktive Kritik und vielfältige Anregungen.

Konstanz, im Sommer 2005 Dieter Teichert

1. Einleitung

Diese Einleitung gibt einen Überblick über das Spektrum der von der Philosophie des Geistes bearbeiteten Themen. Die wichtigsten Gegenstände und Fragestellungen des Fachs werden vorgestellt (1.1.). Zudem wird das Verhältnis der Philosophie des Geistes zu anderen Teilbereichen der Philosophie (Metaphysik, Ontologie, Erkenntnistheorie, Sprachphilosophie, Logik) skizziert. Dabei wird eine Reihe zentraler Begriffe eingeführt, die für das Verständnis geistiger oder mentaler Phänomene unverzichtbar sind (1.2.). Schließlich wird das Verhältnis der Philosophie des Geistes zu denjenigen empirischen Wissenschaften diskutiert, die mit geistigen Aktivitäten und Funktionen befasst sind (1.3.).

1.1. Was bedeutet ‚Philosophie des Geistes'?

Die Philosophie des Geistes bezieht sich auf einen Bereich, der jedem Menschen vertraut ist: Wenn wir von einer Person sagen, sie sei intelligent, freundlich oder sie wisse enorm viel über Eisbären, dann sprechen wir über geistige oder mentale Eigenschaften dieser Person. Etwas anderes ist es, von einem Menschen zu sagen, er wiege 80 kg. In diesem Fall wird über die Eigenschaft eines Körpers gesprochen. Ob es sich dabei um den Körper eines Individuums handelt, das neben physischen auch geistige oder mentale Eigenschaften besitzt, kann in manchen Zusammenhängen unwichtig sein.

Unsere alltägliche Erfahrung macht uns mit einer großen Vielfalt geistiger oder mentaler Phänomene vertraut. Das Lesen und Verstehen eines Texts – wie des vorliegenden – ist eine mentale Aktivität. Auch die alltägliche sprachliche Kommunikation zwischen Menschen, das ‚monologische' Nachdenken eines Einzelnen, das Empfinden eines Schmerzes oder die Wahrnehmung eines angenehmen Geruchs sind Vorgänge, die zum Bereich der geistigen oder mentalen Aktivitäten und Funktionen gehören.

Unterschiedliche Bedeutungen von ‚Geist'

Im Deutschen ist der Gebrauch des Wortes ‚Geist' nicht Teil des alltäglichen Sprachgebrauchs. Das Wort ‚Geist' ist mit Assoziationen verbunden, die zum Bereich des Religiösen (‚der Heilige Geist'), des Spirituellen (‚die Geister der Verstorbenen', Dämonen, Gespenster) oder zu Redeweisen der idealistischen Philosophie des 19. Jahrhunderts (‚der Weltgeist', ‚der absolute Geist') gehören. Alle diese Bedeutungsmöglichkeiten helfen nicht weiter, wenn man sich mit der gegenwärtigen Philosophie des Geistes beschäftigt. Was in diesem Bereich mit der Rede vom Geist gemeint ist, kann man gut sehen, wenn man auf die englische Sprache achtet. Im Englischen wird der Ausdruck ‚philosophy of mind' als Äquivalent für ‚Philosophie des Geistes' gebraucht. Das englische Wort ‚mind' ist abgeleitet aus dem lateinischen Nomen ‚mens', das ‚Verstand', ‚Vernunft' und auch ‚Geist' bedeutet.

Im Folgenden gebrauche ich oft die Wörter ‚mental' und ‚das Mentale', um irreführende Konnotationen des Ausdrucks ‚Geist' zu vermeiden.

Mentale Aktivitäten und Funktionen

Die wichtigsten mentalen Aktivitäten und Funktionen sind: *Wissen, Erkennen, Denken, Sprechen, Wahrnehmen, Empfinden, Fühlen, Wollen, Wählen, Entscheiden, Handeln.* Die Philosophie des Geistes interessiert sich darüber hinaus für die *Begriffe ‚Bewusstsein'* und *‚Selbstbewusstsein'.*

Einige der genannten Begriffe stehen im Zentrum spezieller philosophischer Disziplinen. So ist beispielsweise die Erkenntnistheorie für die Untersuchung der Begriffe des Wissens und Erkennens zuständig. Die Sprachphilosophie thematisiert den Begriff der Sprache, die Handlungstheorie die Begriffe des Willens, der Wahl und Entscheidung. Wozu braucht man überhaupt eine Disziplin wie die Philosophie des Geistes, wenn die meisten ihrer Gegenstände von Spezialfächern behandelt werden? – Die zentrale Aufgabe der Philosophie des Geistes ist es, den Zusammenhang der unterschiedlichen mentalen Aktivitäten und Zustände zu thematisieren und die begrifflichen Zusammenhänge und Abhängigkeiten zwischen den unterschiedlichen Bereichen durchschaubar zu machen.

Die Liste der Gegenstände der Philosophie des Geistes zeigt, dass es sich um ein wichtiges Gebiet handelt. Wenn man überlegt, auf welche der hier begrifflich erfassten Zustände, Aktivitäten und Funktionen man im eigenen Fall eventuell verzichten könnte, wird deutlich, wie zentral die hier thematisierten Vorgänge in unserem Leben sind. Für unser Selbstverständnis als handelnde Personen erscheint hier nämlich überhaupt nichts verzichtbar.

1.2. Die Philosophie des Geistes und andere philosophische Disziplinen

Für ein angemessenes Verständnis der Aufgabe und Bedeutung der Philosophie des Geistes ist es wichtig, die Beziehungen zu anderen Fächern zu klären. Die Unterteilung der Philosophie in einzelne Spezialgebiete ist nicht ohne Schwierigkeiten. Aber zu Orientierungszwecken ist es sinnvoll, eine vorläufige Einteilung vorzunehmen, um wichtige Unterscheidungen kennen zu lernen.

In vielen Fällen gebe ich bei den einzelnen Begriffen, die im Verlauf der Darstellung eingeführt werden, in Klammern gleichbedeutend verwendete Ausdrücke an, die ebenfalls in der Literatur oft gebraucht werden. Da diese Einführung auch das Ziel hat, den Lesern das selbständige Studium der Fachliteratur zu ermöglichen, bemühe ich mich darum, die wichtigsten allgemein gebrauchten Termini zu berücksichtigen. Die Festlegung auf die Terminologie einer bestimmten Schule oder Theorie wird bewusst vermieden.

Angrenzende Gebiete

Wie also kann man die Philosophie des Geistes sinnvoll gegenüber anderen philosophischen Fächern abgrenzen? Um diese Frage zu beantworten, muss man sich zunächst zumindest in groben Zügen Rechenschaft darüber ablegen, mit welchen Problemen die wichtigsten philosophischen Fächer befasst sind. Wir werden kurz einen Blick auf folgende Bereiche werfen: Metaphysik und Ontologie, Erkenntnistheorie, Sprachphilosophie und Logik. Dabei werden wichtige Begriffe und Unterscheidungen eingeführt, die für das Verständnis der in der Philosophie des Geistes angestellten Überlegungen unverzichtbar sind.

1.2.1. Metaphysik und Ontologie

Die Philosophie des Geistes steht in einem engen Zusammenhang mit der Metaphysik oder Ontologie. Metaphysiker und Ontologen denken über grundlegende Fragen nach: Gibt es eine Seele? Falls ja, was für eine Art von Sein ist eine Seele? Gibt es mentale Eigenschaften? Was für Arten des Seins gibt es überhaupt? In welcher Weise gibt es den Geist oder das Mentale?

Metaphysiker und Ontologen denken über die allgemeinen Prinzipien des Seins nach und führen logisch-begriffliche Grundlagenuntersuchungen durch. Mitunter werden die Disziplinenbezeichnungen ‚Metaphysik' und ‚Ontologie' gleichbedeutend verwendet. Historisch gesehen kommt der Terminus ‚Metaphysik' seit der Antike vor, während der Begriff der ‚Ontologie' erst in der Neuzeit verwendet wird. Der Sache nach kann man die Interessen der Metaphysik und der Ontologie folgendermaßen skizzieren.

Die Metaphysik behandelt die Frage ‚Was ist Sein?'. Es handelt sich nicht um eine Untersuchung eines speziellen Objektbereichs, sondern um die ersten Gründe, Ursachen und Prinzipien dessen, was ist. Zwei gegensätzlichen Positionen kommt besondere Bedeutung zu.

Die erste Grundposition wird als *Materialismus* bezeichnet. Der Materialist antwortet auf die Frage nach dem Grundcharakter des Realen: ‚Die Materie ist das Primäre'. Ein Materialist geht davon aus, dass materielle Gegenstände (einschließlich ihrer Teile und der aus ihnen gebildeten Komplexe) sowie die für ihr Verhalten einschlägigen Prinzipien und Gesetze die Wirklichkeit bilden. Materialismus

Die zweite Grundposition ist der *Idealismus*. Der Idealist antwortet auf die Frage nach dem Wesen des Realen: ‚Der Geist ist das Primäre'. Er ist davon überzeugt, dass die Wirklichkeit durch eine geistige oder immaterielle Art des Seins (geistige, ideelle Gegenstände wie Ideen, Begriffe, Vorstellungen, immaterielle Substanzen) konstituiert ist. Die Existenz materieller Objekte wie Tische, Planeten oder Tennisbälle wird von Idealisten natürlich nicht geleugnet. Aber während der Materialist diese Gegenstände (bzw. ihre materiellen Teile) als grundlegend ansieht, ist der Idealist der Auffassung, dass materielle Objekte und ihre Eigenschaften auf den Geist und seine Zustände zurückzuführen sind. Die Materie ist ein Zustand oder eine Erscheinungsweise des Geistigen. Die unterschiedlichen Spielarten des Idealismus unterscheiden sich durch die Art, in der sie diese Bedingtheit des Materiellen durch den Geist erklären. Idealismus

Die *Ontologie* widmet sich logischen und begrifflichen Untersuchungen des Seienden. Sie entwickelt ein umfassendes Kategoriensystem für die Bestimmung dessen, was es gibt. Kategorien sind begriffliche Unterscheidungen, die Ordnungen nach den für die jeweiligen Gegenstände wesentlichen Gesichtspunkten herstellen. Ein System von ontologischen Kategorien bestimmt die grundlegenden Arten der Gegenstände, Relationen und Modalitäten, die das Sein bilden. Ontologen beschreiben das Sein in seiner Grundstruktur. Es geht also um Fragen sehr allgemeiner und grundlegender Art.

Der Terminus ‚Ontologie' stammt von dem griechischen Ausdruck ‚to ón' = ‚das Seiende'. Die Ontologie bezieht sich auf das Seiende an sich und abstrahiert von den Erkenntnisbedingungen, denen einzelne Individuen unterliegen, wenn sie sich bemühen, Erkenntnis zu gewinnen.

An praktischen Fragen interessierte Menschen sind oft misstrauisch, was den Wert der Metaphysik oder Ontologie anbelangt. Tatsächlich ist die Klärung von metaphysischen und ontologischen Fragen aber von entscheidender Bedeutung. Das gilt natürlich auch für die Philosophie des Geistes: Bislang wurde nicht unterschieden zwischen mentalen Phänomenen, Substanzen, Eigenschaften, Zuständen, Ereignissen, Aktivitäten oder Funktionen. Diese Vielzahl von Kandidaten des Mentalen ist verwirrend. Der Katalog ist absichtlich weit gehalten, um keine vorschnelle Einschränkung vorzunehmen. Immerhin ist ein knapper Kommentar angezeigt, der als grobe Orientierung zu verstehen ist.

Substanz

(1) *Substanzen* sind Entitäten, die als *Träger von Eigenschaften* aufgefasst werden. Den Ausdruck ‚Entität' gebraucht man als allgemeine Bezeichnung für etwas, das ist (existiert). Man legt sich damit auf keine Bestimmung der Art des jeweiligen Gegenstands fest. ‚Entität' ist abgeleitet von dem lateinischen Nomen ‚ens' = Seiendes. Bei Substanzen denkt man zumeist an einzelne Dinge. Der Terminus *‚Individuum'* bezeichnet Einzeldinge beliebiger Art. Ein Individuum ist ein selbständiges und grundlegendes Element dessen, was ist. Sprachlich werden Einzeldinge meist durch *Eigennamen* bezeichnet (‚Sokrates', ‚Beate', ‚Berlin', ‚Rhein'). Einzeldinge sind abzählbar und voneinander klar zu unterscheiden.

Neben den Eigennamen werden auch *Allgemeinbegriffe* gebraucht, um Einzeldinge zu bezeichnen (‚die Rose', ‚der Eisbär'). Der Ausdruck ‚diese Rose' ist ein mit einem hinweisenden Pronomen (Index) gebrauchter Artbegriff. Eine Art ist der Begriff einer Menge von Elementen, die hinsichtlich bestimmter charakteristischer Eigenschaften übereinstimmen. Arten umfassen in der Regel mehrere Einzeldinge. Auf die einzelnen Mitglieder einer Art kann man mit Artbezeichnungen Bezug nehmen, indem man diese beispielsweise mit dem hinweisenden Pronomen (oder einer entsprechenden Geste) verbindet: ‚Diese Rose'. Man kann sie zudem mit Hilfe von *Kennzeichnungen* (‚die einzige rot blühende Pflanze im Beet') bezeichnen.

Namen für Mitglieder einer Art und Personennamen unterscheiden sich von Bezeichnungen für Stoffe (‚Wasser', ‚Sand' etc.). Wir sagen nicht ‚Hier ist ein Sand', ‚Der Bach hat heute 33 Wasser'. *Stoffe* wie Wasser werden mit gradierenden Mengenbezeichnungen (‚viel', ‚wenig', ‚mehr') verwendet oder mit konventionellen Maßeinheiten (Liter, Pfund, Kilo) bestimmt (‚Das ist ein Kilo Sand', ‚Der Bach hat heute eine Pegelstand von 1.5'). Einzeldinge sind demgegenüber nicht gradierbare Entitäten, d. h. es werden keine quantitativen Abstufungen auf sie angewendet.

Wesentlich ist der folgende Unterschied: Zerlegt man ein Einzelding wie eine Rose in Teile, dann hat man keine Rose mehr, sondern eine Blüte, ein Blatt etc. Im Gegensatz dazu sind Stoffe mereologisch (bezogen auf das Verhältnis von Teilen und Ganzem) kumulativ: Jede durch Addition oder Teilung gewonnene Menge eines Stoffs ist selbst wieder eine Menge des Stoffs. Wenn ich auf einen Sandhaufen zwei Eimer Sand schütte, so habe ich immer noch Sand. Wenn ich den Sandhaufen in zwei Teile aufteile, so bleibt immer noch Sand vorhanden.

Eigenschaft

(2) *Eigenschaften* werden sprachlich meist durch Adjektive (auch: ‚Prädikate') wie ‚ausgedehnt', ‚rot', ‚viereckig', ‚klug', ‚schön' artikuliert. Die Zuschreibung einer Eigenschaft zu einem Einzelgegenstand erfolgt sprachlich

durch einen prädikativen Satz: ‚Diese Rose ist rot'. Die Aussage verknüpft ein Prädikat (‚rot') mittels der Kopula ‚ist' mit dem grammatischen Subjekt (‚diese Rose'). Der Ausdruck ‚Kopula' kommt von dem lateinischen Wort ‚copula' = Verbindung, Band.

Eigenschaften sind entweder *substantielle* (auch: *wesentliche, essentielle*) Eigenschaften oder *akzidentelle* (auch: *kontingente*) *Eigenschaften* eines Einzeldings. Wenn ein Einzelding eine wesentliche Eigenschaft verliert, dann hört es auf zu sein (oder es wird zu einem Gegenstand einer anderen Art). Wenn der Baum gefällt wird, hören seine Stoffwechselfunktionen auf. Er verliert die Eigenschaft belebt, ein Lebewesen zu sein.

Akzidentelle oder kontingente Eigenschaften kann der Gegenstand im Lauf seiner Existenz erwerben oder verlieren, ohne dadurch seine Zugehörigkeit zu einer bestimmten Kategorie von Substanzen zu verlieren.

Eigenschaften werden manchmal selbst als Gegenstände aufgefasst und zwar als *universale* oder *abstrakte Gegenstände*. Was ist ein abstrakter Gegenstand? – Beispiele für abstrakte Gegenstände sind ‚die Zahl 3', ‚die Wahrheit', ‚die Gerechtigkeit', ‚die Röte'. Am Beispiel der Zahl 3 kann man einen Grundgedanken erläutern, der die Einführung abstrakter Gegenstände motiviert. Zahlen existieren in dieser Konzeption nicht als empirische Gegenstände in Raum und Zeit. Die Zahl 3 ist selbst zu unterscheiden von dem Zahlzeichen, das in diesem Absatz bereits drei Mal verwendet wurde. Eine Zahl an sich ist nach Auffassung der Ontologen, die abstrakte Gegenstände annehmen, ein nicht in Raum und Zeit existierender, unveränderlicher Gegenstand.

(3) *Tatsache* und *Sachverhalt*: Wenn ich vor einer roten Rose stehe, sie sehe und sage ‚Diese Rose ist rot', dann mache ich eine wahre Aussage oder Behauptung. Die Aussage ist wahr, weil der behauptete Sachverhalt besteht. Ein bestehender, wirklicher Sachverhalt ist eine Tatsache. Es gibt Sachverhalte, die möglich oder fiktiv sind. Ein möglicher, nicht-realer Sachverhalt wird im folgenden Satz formuliert: ‚Die Arbeitslosenquote in der BRD erreichte 2004 ihren niedrigsten Stand seit 50 Jahren'. Fiktive Sachverhalte sind von möglichen Sachverhalten dadurch unterschieden, dass sie Aussagen über nicht-reale Gegenstände, z. B. Fabelwesen (Zentauren, Einhörner) oder Figuren der Dichtung (Lady Macbeth, Tristan und Isolde) machen.

Tatsache, Sachverhalt

(4) *Zustände* sind eine Art von Sachverhalten. Die Sätze ‚Beate ist gut gelaunt', ‚Der Computer ist kaputt' beschreiben unterschiedliche Zustände. Bei Zuständen liegt der Bezug auf das Schema ‚Substanz-Eigenschaft' nahe. Der Zustand des Computers ist so zu verstehen, dass er die kontingente und zeitlich begrenzte Eigenschaft hat, außer Funktion zu sein.

Zustand

(5) *Ereignis*: Die Sätze ‚Im Wallis schneit es heute kräftig', ‚Es beginnt jetzt gerade zu regnen', ‚Beate hat heute morgen Kopfschmerzen' beziehen sich auf unterschiedliche Ereignisse. Ein Ereignis ist ein *partikularer Gegenstand*, der durch Zeit- und Ortsangaben datiert ist. Die Differenz von Ereignissen und Zuständen ist nicht offensichtlich. Eine oberflächliche Einschätzung sieht einen Kontrast darin, dass Zustände länger andauernd oder nicht dynamisch sind. Das ist aber nicht befriedigend. Zustände, beispielsweise der Zustand guter Laune, in dem Beate sich befindet, können sehr kurz sein.

Ereignis

Nach Ansicht einiger Ontologen müssen Ereignisse nicht durch Rückgriff auf Substanzen und deren Eigenschaften bestimmt werden. Aufgrund bestimmter Schwierigkeiten des Substanzbegriffs wird das als Vorteil beurteilt.

Ereignisse können als die grundlegende ontologische Kategorie behandelt werden. Beispiele für Ereignisse geben die folgenden Sätze: ,Beate hat heute morgen Kopfschmerzen', ,J.S. Bach wurde am 21.3.1685 in Eisenach geboren', ,Paul macht gerade das Fenster zu'.

Aktivität

(6) *Aktivitäten* können als eine Art von Sachverhalten bestimmt werden: ,Hegel schimpft', ,Das Wasser rinnt'. Nicht jeder Sachverhalt ist eine Aktivität. Der fiktive Sachverhalt ,Das Einhorn ist blauäugig' bezieht sich nicht auf eine Aktivität. Manche Autoren ordnen Aktivitäten unter die Kategorie der Ereignisse ein. Andere berücksichtigen Aktivitäten als eine eigenständige Kategorie. Dabei wird oft betont, dass Aktivitäten sich von Vorgängen mit einem Kulminationspunkt oder Ergebnis (,Aussteigen', ,Überschreiten', ,Ankommen') dadurch unterscheiden, dass sie gleichförmig sind. ,Schauen' kann als Aktivität bestimmt werden, während ,den Spielfilm sehen' oder ,den Täter wiedererkennen' Vorgänge mit spezifisch gegliederter Struktur und Erfolgsbedingungen sind.

Handlung

(7) *Handlungen* können als eine Unterart von Ereignissen aufgefasst werden. In die Rubrik der Handlungen fallen auch die Erkenntnis- und Sprachhandlungen von Individuen. Sie sind für die Philosophie des Geistes zentral. Häufig wird der Unterschied von Geschehnissen ohne Handlungscharakter und Handlungen folgendermaßen erläutert: Wenn Gerhard seine Hand hebt, um etwa bei einer Abstimmung mitzuwirken, dann handelt es sich bei der Armbewegung um eine absichtliche, zielgerichtete Handlung. Wenn ein Arzt bei der Untersuchung mit einem Gegenstand gegen das Knie von Gerhard klopft und der Unterschenkel eine nicht willkürlich herbeigeführte Reflexbewegung macht, dann handelt es sich um einen natürlichen Vorgang bzw. ein Ereignis.

1.2.2. Erkenntnistheorie

Mit den Bedingungen der Wissensbildung und Erkenntnis und mit der Frage, welche Arten des Wissens es gibt, beschäftigt sich die Erkenntnistheorie. Anhand der beiden folgenden Sätze werden einige grundlegende Punkte vorgestellt:

(a) Die Dufourspitze ist 4634 m hoch.
(b) Beate weiß, dass die Dufourspitze 4634 m hoch ist.

Überzeugung

Der Satz (a) bezieht sich auf einen bestehenden Sachverhalt in der Welt. Der Satz (b) bezieht sich explizit auf eine bestimmte *Überzeugung* von Beate. Diejenigen Überzeugungen, die wahr sind und auf guten Gründen basieren, gelten als Wissen. Der Zusammenhang mit der Wahrheit ist für das Wissen entscheidend. Das Verhältnis von *Wissen* und *Meinung* (auch: Glauben im Sinn des Für-wahr-Haltens) ist dadurch bestimmt, dass nicht alle Meinungen wahr sind. Während (b) ein Element des Wissens von Beate formuliert, wird in (c) eine Meinung formuliert, die in Widerspruch zu (b) steht:

(c) Beate glaubt, dass die Dufourspitze 3634 m hoch ist.

Da das, was Beate glaubt, nicht mit den Tatsachen übereinstimmt, handelt es sich in (c) nicht um Wissen, sondern um eine falsche Überzeugung. Überzeugung (oder: Meinung, Glauben, Für-wahr-Halten) ist nicht hinreichend für Wahrheit und Wissen. Es kann sein, dass jemand überzeugt ist, die Höhe der Dufourspitze zu kennen, sich hier aber täuscht. Er glaubt etwas zu wissen, weiß es aber nicht.

Während (a) als unabhängig von (b) aufzufassen ist, gilt das Umgekehrte nicht. Beates Wissen (b) ist abhängig von der einschlägigen Tatsache. Wäre die Dufourspitze nicht 4634 m hoch, dann besäße Beate kein Wissen, sondern sie hätte eine falsche Überzeugung. Ebenso ist (c) offensichtlich abhängig von (a).

Die Grundstruktur von Sätzen, die Zustände des Wissens, Glaubens, Meinens usw. artikulieren, sieht wie folgt aus:

(d) S x-t, dass *p*.

Die Beispielsätze (b) und (c) sind Konkretisierungen dieses Schemas. Mit ‚S' wird das Subjekt bezeichnet. ‚x' steht für verschiedene Verben, mit denen *propositionale Einstellungen* ausgedrückt werden: ‚wissen', ‚glauben', ‚hoffen', ‚wünschen' etc. Als ‚propositional' werden Einstellungen bezeichnet, in denen das Subjekt sich auf bestimmte Propositionen hin ausrichtet. Eine *Proposition* ist (i) ein Sachverhalt oder (ii) eine mentale Entität (Gedanke, Überzeugung) oder (iii) eine Aussage, deren Gehalt durch einen Sachverhalt gebildet wird. Der Begriff der Proposition ist ein sehr wichtiges Element der Logik, Erkenntnistheorie und Sprachphilosophie. Es gibt unterschiedliche Auffassungen über Propositionen. Eine radikale Position nimmt an, dass es vom Denken und Sprechen unabhängige Propositionen gibt. Diese sind die Bezugspunkte individueller Denk- und Sprechakte. Eine moderate Position bestimmt Propositionen als mentale oder sprachliche Einheiten.

Proposition

An Stelle der Proposition steht in (d) die Variable ‚p'. Man kann die Formel ‚S glaubt, dass p' auch umformulieren und sagen: ‚S glaubt, dass das-und-das der Fall ist'. Zu einer mit ‚p' bezeichneten Proposition kann ein Subjekt sehr unterschiedliche Einstellungen einnehmen. Mögliche Einsetzungen in das Schema (d) ergeben solche Aussagen wie ‚Heidi hofft, dass es morgen schneit', ‚Marcus weiß, dass der Autor des ‚Phaidon' der Lehrer des Aristoteles war', ‚Hubert glaubt, dass Iowa und Wyoming Nachbarstaaten sind'.

Die Tatsache, dass Individuen in ihren kognitiven Akten auf etwas ausgerichtet oder bezogen sind, wird durch den Begriff der *Intention* erfasst. Die propositionalen Einstellungen sind durch die Stellungnahme des Subjekts zu objektiven Sachverhalten definiert. Aus diesem Grund werden sie den intentionalen Zuständen des Subjekts zugeordnet. *Intentionalität* gilt als ein entscheidendes Merkmal des Geistes. Mitunter wird die These vertreten, dass Intentionalität eine notwendige und hinreichende Bedingung des Geistes und das zentrale Charakteristikum des Bewusstseins ist.

Intentionalität

Das Wissen, welches in ‚dass p'-Sätzen artikuliert ist, wird als *propositionales Wissen* bezeichnet. Ohne jeden Zweifel ist das propositionale Wissen aufgrund seines Zusammenhangs mit den Begriffen der Wahrheit, der Rechtfertigung und der Behauptung eine zentrale Form des Wissens. Die Erkenntnistheorie und die Theorie der Rationalität bemühen sich darum zu bestimmen, was die Grundlage des Wissens sind: Woher wissen wir, dass wir etwas wissen? Worin besteht eigentlich die Rechtfertigung oder Begründung unseres Wissens? Wann ist eine Überzeugung rational? Welche Meinungen müssen als irrational gelten und warum?

Das propositionale Wissen ist die in der Erkenntnistheorie am meisten beachtete, aber nicht die einzige Form von Wissen. Der Gegenbegriff ist der des *nicht-propositionalen Wissens*. Unter diesen Oberbegriff fallen unter

,Wissen, wie'

anderem das so genannte *praktische Wissen* oder das ,*Wissen, wie*'. Was ist damit gemeint? – Offensichtlich ist es eine Sache, ein großes Wissen über die Geographie der Alpen einschließlich der Höhe unterschiedlicher Gipfel zu besitzen. Etwas anderes ist es, wenn jemand weiß, wie man einen Viertausender besteigt. Jemand, der gelähmt ist, kann über umfangreiches propositionales Wissen über die Alpen verfügen. Er ist aber nicht in der Lage, die Dufourspitze zu ersteigen. Er kann das praktische Wissen, das ein guter Bergsteiger anwendet, nicht erwerben und nicht aktualisieren. Der Bergstei-

Können

ger hat ein praktisches Wissen, er verfügt über Fähigkeiten und ein *Können*. Diese sind sicherlich nicht unabhängig von propositionalem Wissen und vielfältigen Informationen. Aber das propositionale Wissen ist nicht hinreichend für das praktische Wissen. Ein weiterer Kandidat für ein nicht-propositionales Wissen sind sensorische Diskriminationsleistungen, wie etwa die Fähigkeit, minimale Farbunterschiede oder geringe Variationen der Höhe eines Tons zu unterscheiden.

Die Erkenntnistheorie ist für die Philosophie des Geistes von zentraler Bedeutung, weil Erkennen und Wissensbildung mustergültige Fälle dessen sind, was man als geistige oder mentale Aktivitäten bezeichnet.

1.2.3. Sprachphilosophie und Logik

Da Wissen und Erkennen bei Menschen sich im Medium der Sprache vollziehen, hat auch die Sprachphilosophie große Bedeutung für die Philosophie des Geistes. Wenn Philosophen sich mit der Sprache beschäftigen, so beschreiben sie nicht die Grammatik und historische Entwicklung einzelner Sprachen. Vielmehr denken Philosophen über das Wesen und die Prinzipien der Sprache im Allgemeinen nach: Ist die Sprache das Repertoire an Zeichen, das Menschen für die Kommunikation verwenden? Hat man einen zureichenden Sprachbegriff, wenn man die Sprache als ein Instrument der Verständigung bestimmt? Wie ist das Verhältnis von sprachlichen Zeichen zu nicht-sprachlichen Zeichen wie Piktogrammen oder Gesten aufzufassen? Welche Bedeutung hat der Schritt von einer Sprache, die ausschließlich in der mündlichen Kommunikation verwendet wird, zu einer Sprache, die auch in Schriftform gebraucht wird?

Der Zusammenhang der Sprache und des Denkens ist für die Sprachphilosophie ebenso zentral wie die Verbindung der Sprache mit der sozialen Interaktion (vgl. (29), S. 94–104). Beide Themen sind ,Dauerbrenner' der Diskussion:

Ist das Denken eine Voraussetzung für das Sprechen? Oder gilt umgekehrt: ,Die Sprache ist eine Bedingung des Denkens'? Ist soziale Interaktion die Bedingung für die Sprache? Oder ist die Sprache die Voraussetzung der Interaktion?

Im 20. Jahrhundert entwickelte sich die Sprachphilosophie zu einer der wichtigsten philosophischen Disziplinen. Die meisten Sprachphilosophen gehen von den folgenden Thesen aus:

(1) Der Zugang zur Welt ist durch die Sprache vermittelt.
(2) Wissen und Erkennen sind nicht psychische Akte, die unabhängig von der Sprache vollzogen oder untersucht werden können.

Eine Reihe von Philosophen ist der Ansicht, dass die Sprache nicht nur ein Gegenstand der philosophischen Überlegungen ist, sondern dass die Analyse der Sprache die zentrale Form der philosophischen Arbeit ist. In Bezug auf die Autoren, die diese Einstellung einnehmen, spricht man von einem ‚linguistic turn' der Philosophie, einer Wendung zur Sprache. Diese Richtung der Philosophie kann man als sprachanalytische Philosophie von anderen Formen der Sprachphilosophie unterscheiden. Durch die Sprachanalytiker werden erkenntnistheoretische Fragestellungen nicht verdrängt, sondern in einer neuen Perspektive betrachtet. Dabei wird weitgehend die Auffassung vertreten, dass es nicht sinnvoll ist, den Erkenntnisprozess ohne Bezug auf die sprachlichen Strukturen der Erkenntnis zu untersuchen.

‚linguistic turn'

Zwei Einwände können gegen die These von der Abhängigkeit des menschlichen Zugangs zur Welt durch die Sprache angeführt werden: (1) Kinder erbringen bereits vor dem Spracherwerb wichtige kognitive Leistungen; (2) bestimmte Tiere zeigen in ihrem Verhalten ein hohes Maß von Geschicklichkeit oder Intelligenz und sind fähig zu lernen.

Ohne die mit diesen Argumenten aufgeworfenen Detailprobleme zu diskutieren, kann man festhalten, dass Einigkeit in folgendem Punkt besteht: die Sprache ist das wichtigste Medium, in dem Menschen Repräsentationen (Vorstellungen, Darstellungen) der Welt und Wissen über die Welt bilden. Es gibt zwar eine große Vielfalt anderer Repräsentationsformen (Diagramme, Piktogramme, mentale Bilder). Aber sprachliche, speziell die propositionsförmigen Repräsentationen zeichnen sich besonders durch zwei Merkmale aus, aufgrund derer sie für das Erkennen und Handeln zentral sind: (1) Propositionen sind entweder wahr oder falsch; (2) Propositionen stehen in inferentiellen Zusammenhängen.

Inferenz

Ein *inferentieller Zusammenhang* ist eine Verknüpfung von Aussagen und Behauptungen über Sachverhalte zu geordneten Einheiten. Das abschließende Element ist eine Schlussfolgerung aus den vorausgegangenen Sätzen:

S1
(f) Entweder die Dufourspitze oder der Mont Blanc ist der zweithöchste Berg der Alpen.
(g) Der Mont Blanc ist nicht der zweithöchste Berg, sondern der höchste Berg der Alpen.

(h) Die Dufourspitze ist der zweithöchste Berg der Alpen.

(f) und (g) sind die Prämissen des Schlusses. Eine Prämisse ist eine Voraussetzung, aus der (meist in Verbindung mit mindestens einer weiteren Prämisse) eine Schlussfolgerung (auch: Konklusion) gezogen wird.

Wer glaubt, dass die beiden Sätze (f) und (g) wahr sind, der sollte auch (h) akzeptieren. Logisch gültig heißt diese Schlussfolgerung aufgrund der formalen Verhältnisse zwischen den Aussagen. Es ist wichtig, zwei Dinge zu unterscheiden: *logische Gültigkeit* und *Wahrheit*. Die beiden Beispiele S2 und S3 verdeutlichen diese Unterscheidung:

S2
(i) Sokrates war der Lehrer Platons.
(j) Seneca war der Lehrer von Platons Lehrer.

(k) Seneca war der Lehrer des Sokrates.

S3
(l) Alle Rinder sind Nachtigallen.
(m) Alle Nachtigallen singen schön.

(n) Alle Rinder singen schön.

Die Konvention der Logik besagt, dass über der horizontalen Linie die Prämissen des Schlusses angeführt werden und unter die Linie die Konklusion geschrieben wird. Entscheidend ist nun, dass die beiden Schlüsse S2 und S3 logisch gültig (korrekt) sind. Aber die beiden Konklusionen (k) und (n) sind falsch. Denn (j) und (l) sind falsche Prämissen: Seneca war nicht der Lehrer des Sokrates und Rinder sind keine Nachtigallen.

Logisch gültig vs. wahr

Logisch korrektes Schließen garantiert logische Korrektheit der Ableitung, aber nicht Wahrheit der Konklusion. Die Logik abstrahiert in systematischer Weise von den Bedeutungen der Aussagen und konzentriert sich auf ihre strukturellen und formalen Eigenschaften. Dass Seneca nicht der Lehrer des Sokrates war, kann man nicht durch reines, logisches Überlegen herausfinden. Man muss Historiker fragen und empirisches Wissen haben, um eine solche Behauptung zu formulieren und zu begründen. Und auch die Begriffe des Rindes oder der Nachtigall sind keine logischen, sondern biologische Begriffe. Die Aufgabe des Logikers ist es gerade, diejenigen Aspekte von Folgerungen zu bearbeiten, die unter Absehung von konkreten Bedeutungen zugänglich sind. Dabei ergibt sich etwa, dass ein Schlussschema der folgenden Art korrekt ist:

S4
(l) Entweder A oder B
(m) Nicht B

(n) A

Dieses Schema liegt dem Schluss S1 zugrunde. Der Begriff des Schlussfolgerns ist für die Philosophie des Geistes wesentlich, weil Schlussfolgerungen zu den wichtigsten Verfahren gehören, mit denen Menschen Wissen bilden, prüfen und begründen. Als rationale Wesen sind wir dadurch bestimmt, dass wir den Übergang von für wahr gehaltenen Prämissen zu korrekten Konklusionen im Regelfall als zwingend auffassen. Wenn ich von der Wahrheit der Prämissen (i) und (j) überzeugt bin, dann werde ich der Konklusion (k) zustimmen. Die Erfahrung dieses Zwangs ist selbst kein Gegenstand der Logik mehr, sondern sie liegt offensichtlich der Arbeit des Logikers zugrunde. Es handelt sich um eine Struktur menschlicher Rationalität, die Thema der Philosophie des Geistes ist. Argumentationen und Schlussfolgerungen werden im Medium der Sprache vollzogen. Die sprachanalytisch arbeitenden Philosophen bemühen sich darum, die Sprache als ein Mittel und eine Weise des Erkenntnis gewinnenden Weltbezugs zu bestimmen.

1.3. Philosophie des Geistes und die Wissenschaften

Die Psychologie, die Medizin, die Neurowissenschaften, die Linguistik und die Kognitionswissenschaften bearbeiten Fragen, die eine außerordentliche Nähe zu den Problemen der Philosophie des Geistes haben. So ist beispielsweise das Verhältnis der Philosophie des Geistes und der *Psychologie* sehr eng. Die Begriffe, die das Arbeitsfeld der Philosophie des Geistes bezeichnen – Wissen, Erkennen, Denken, Sprechen, Wahrnehmen, Empfinden, Fühlen, Wollen, Wählen, Entscheiden, Handeln, Bewusstsein, Selbstbewusstsein – sind alle auch Gegenstände psychologischer Theoriebildung. Es ist nicht leicht, die psychologischen Herangehensweise und die philosophische Art der Auseinandersetzung mit diesen Begriffen eindeutig zu unterscheiden.

Während die Psychologie als empirische Wissenschaft die angeführten Zustände und Vorgänge beim Menschen erforscht, werden diese in der Perspektive der Philosophie des Geistes teilweise unabhängig vom Menschen behandelt. So werden Formen der Erkenntnisbildung im Rahmen der Forschung über Künstliche Intelligenz (KI) oder der Kognitionswissenschaften am Beispiel von Computern und Automaten untersucht. Daher ist es nicht sinnvoll, in allen Fällen eine durchgängige Bedeutungsgleichheit der Prädikate ‚mental' und ‚psychisch' zu unterstellen. Manche Forscher gehen davon aus, dass es mentale Zustände bei Computern oder Automaten, also bei nicht belebten Individuen, gibt bzw. geben kann.

Angesichts der Entwicklungen der Neurowissenschaften und der Kognitionswissenschaften sind manche Zeitgenossen der Philosophie gegenüber skeptisch eingestellt: Wieso brauchen wir heute überhaupt eine *Philosophie* des Geistes? Reicht es nicht aus, dass die empirischen *Einzelwissenschaften* sich den jeweiligen Phänomenen, z.B. der Wahrnehmung, dem Denken oder der Empfindung, zuwenden und diese erforschen? Was kann ein Philosoph überhaupt zum Phänomen der Wahrnehmung und ähnlichen Phänomenen sagen? Sind philosophische Auffassungen nicht entweder unvereinbar mit den wissenschaftlichen Forschungsergebnissen oder bloße Wiederholung von bereits bekanntem Wissen? Wenn sie mit den Ergebnissen der Wissenschaften unvereinbar sind, dann scheinen die philosophischen Auffassungen in einer wissenschaftsdominierten Kultur inakzeptabel zu sein. Wenn die philosophischen Auffassungen mit den wissenschaftlichen Ergebnissen übereinstimmen, dann scheinen sie nicht interessant, weil sie im Vergleich mit den Wissenschaften nichts Neues zu bieten haben. Und ist nicht offensichtlich, dass die Naturwissenschaft die einzige Autorität auf diesem Gebiet ist, da alle geistigen Funktionen beim Menschen Prozesse des zentralen Nervensystems (ZNS), insbesondere des Gehirns, als Grundlage haben, so dass man eigentlich das Gehirn meint, wenn man vom Geist spricht?

Die in diesen Fragen zum Ausdruck kommenden Meinungen gehen auf irrtümliche Vorstellungen über Aufgaben und Möglichkeiten der Philosophie zurück. Es ist richtig, dass die Psychologie primär an empirischem Wissen über psychische Zustände und Funktionen interessiert ist. Ein wesentlicher Teil der Arbeit der Psychologen besteht in der Suche nach Erklärungen für das Auftreten bestimmter psychischer Phänomene. Durch empirische Untersuchungen wird der Versuch gemacht, ein Wissen über die Bedingungen und Ursachen zu gewinnen. Richtig ist auch, dass die Philosophen keine empirischen Ergebnisse liefern, die mit den Resultaten der psychologischen Forschung konkurrieren können. Philosophen sind keine empirischen Forscher. Dies heißt aber nicht, dass ihre Arbeit durch die Naturwissenschaften überflüssig gemacht wird. Zu einem erheblichen Teil besteht die Arbeit der Philosophen in der Analyse der Begriffe, die für den Bereich des Psychischen konstitutiv sind. Dabei ist nicht nur an die Begriffsanalyse im Sinn der Benennung von notwendigen und hinreichenden Bedingungen für die korrekte Verwendung des Begriffs zu denken. Der Rekonstruktion von Begriffsnetzen, also des Zusammenspiels und der Abhängigkeiten unterschiedlicher Begriffe, kommt eine große Bedeutung zu. Die Analyse der Grundbegriffe vermittelt einen Einblick in die Vernetzung dieser Begriffe, ihre Abhängigkeiten und die Bedingungsverhältnisse. Die Aufgabe der Philosophie besteht also nicht darin, empirisches Wissen über kausale Verhältnisse zu formulieren. Durch Nachdenken und begriffliche Analyse kann man nicht herausfinden, welches die Ursachen z. B. einer Wahrnehmungsstörung sind. Die experimentelle Forschung ist Sache der Einzelwissenschaftler, in diesem Fall also der Psychologen, der Neurowissenschaftler und der Mediziner.

Empirische Forschung vs. begriffliche Analyse

Im Gegensatz zu langen Perioden der Geschichte herrscht heute ein breiter Konsens darüber, dass geistige/mentale Eigenschaften, Aktivitäten und Funktionen bei Menschen auf der Grundlage der Prozesse des zentralen Nervensystems (ZNS) auftreten. Grob gesprochen: Ohne Gehirn kein Geist. Wenn man voraussetzt, dass diese Sicht der Dinge richtig ist, dann lautet die philosophisch brisante Frage ‚Wie ist das Verhältnis von Gehirn und Geist angemessen zu bestimmen?'. Diese Frage muss man unter Bezugnahme auf das von den Wissenschaften gebildete empirische Wissen beantworten. Aber das empirische Wissen allein genügt hier nicht. Denn in die einzelwissenschaftliche Theoriebildung gehen begriffliche Unterscheidungen und Voraussetzungen ein, die selbst nicht Ergebnisse empirischer Forschung sind. Und hier liegt der Zuständigkeitsbereich der Philosophie. Philosophen wissen, dass sie die Arbeit der empirischen Wissenschaftler nicht ersetzen können, und sie wollen das auch nicht tun. Sie interessieren sich für die Voraussetzungen, Grundlagen und die Methoden der Wissenschaften. Insbesondere untersuchen Philosophen in ihrer Funktion als Wissenschaftstheoretiker diejenigen Grundbegriffe, die in den einzelnen Wissenschaften eine fundierende Rolle übernehmen. In vielen Fällen geschieht die Untersuchung von Grundbegriffen in konstruktiver Kooperation mit den Einzelwissenschaften.

Am Beispiel des oben genannten Konzepts der inferentiellen Beziehungen zwischen Propositionen oder Aussagen lässt sich die Stellung der Philosophie des Geistes in Abhebung von den empirischen Wissenschaften verdeutlichen. Eine empirische Untersuchung des Erkennens und Denkens kann beschreiben, wie Menschen faktisch Schlussfolgerungen ziehen und welche Regeln sie dabei anwenden. Eine empirische Untersuchung rechtfertigt aber diese normativen Regeln nicht. Sie diagnostiziert die Anwendung oder Missachtung bestimmter Regeln. Sie erklärt aber nicht, weshalb bestimmte Regeln befolgt werden sollen. Das philosophische Interesse gilt neben der Bestimmung der Regeln gerade dieser Frage der Rechtfertigung und Begründung des normativen Status der entsprechenden Prinzipien. Weshalb ist es vernünftig, angemessen und sinnvoll, den logischen Inferenzregeln zu folgen? Dies ist eine Frage, auf die eine philosophische Logik und eine philosophische Erkenntnislehre eine Antwort geben müssen. Vom philosophischen Standpunkt aus kann man mit Blick auf die propositionalen Einstellungen sagen: Eine propositionale Einstellung als mentalen Zustand zu charakterisieren heißt, diese Einstellung in ihren inferentiellen Zusammenhängen mit anderen propositionalen Einstellungen betrachten. Ohne den rational geregelten Zusammenhang mit anderen Einstellungen lässt sich überhaupt kein Zustand als mentaler, propositionaler Zustand ansprechen.

Die Philosophie des Geistes ist aber auch an mentalen Zuständen interessiert, die keine propositionale Struktur haben. In erster Linie ist dabei an die als ‚*Qualia*' bezeichneten Empfindungen zu denken. Eine Schmerzempfindung ist zunächst einmal ein bewusstes Erlebnis, das eine eigentümliche Qualität – eben die Qualität des Schmerzes – hat. Qualia-Verteidiger sagen ‚Eine Schmerzempfindung kann bewusst erlebt werden, ohne dass das entsprechende Erlebnis der Bezugspunkt einer propositionalen Einstellung oder einer begrifflichen Repräsentation ist'. Aus diesem Grund ist es falsch zu sagen: ‚Alles Bewusstsein hat einen Gegenstand'. Denn die basale Schmerzempfindung ist einfach ein bestimmter qualitativer Bewusstseinszustand. Man spricht auch von *phänomenalem Bewusstsein*. In dieser Perspektive betrachtet gibt es nicht-begriffliche und nicht-propositionale Gehalte des Mentalen. Der Zusammenhang dieser mentalen Gehalte mit den propositionalen Elementen des Mentalen ist ein kontrovers debattiertes Thema der Philosophie des Geistes, das in Kapitel 7 behandelt wird.

Begriff des Bewusstseins

Eine weitere Aufgabe der Philosophie des Geistes besteht in der Klärung des Begriffs ‚Bewusstsein'. Tatsächlich stehen die meisten mentalen Prozesse und Zustände in einem Zusammenhang mit dem Phänomen des Bewusstseins. Während die empirischen Wissenschaften nach kausalen Bedingungen für das Auftreten bestimmter bewusster Erlebnisse suchen, gilt das philosophische Interesse der Analyse und Erläuterung des Begriffs ‚Bewusstsein'. Philosophen fragen danach, ob es begrifflich sinnvoll ist, die Möglichkeit zu erwägen, dass Bewusstseinszustände identisch mit bestimmten Zuständen des ZNS sind. Oder sie überlegen, ob der Begriff des Bewusstseins von der Art ist, dass man Bewusstsein auf neuronale Aktivitäten reduzieren kann. Diese Fragen werden von der Philosophie des Geistes in enger Verbindung mit den empirischen Wissenschaften erörtert.

Neben der Analyse von Grundbegriffen und des Zusammenhangs verschiedener Begriffe leisten Philosophen als Wissenschaftstheoretiker einen wesentlichen Beitrag, der gerade für die Einzelwissenschaften, die mentale Phänomene erforschen, von Bedeutung ist. Als Wissenschaftstheoretiker begleiten Philosophen die einzelwissenschaftliche Theoriebildung mit kritischer Aufmerksamkeit und sie rekonstruieren die Strukturen der wissenschaftlichen Theorien. Dies ist insbesondere dann von Bedeutung, wenn bestimmte Themen entweder nicht klar einer einzigen Wissenschaft zugeordnet werden können oder wenn sie eng mit Fragen der Ethik zusammenhängen. In allen diesen Fällen ist die begriffliche Differenzierungskompetenz der Philosophie vonnöten.

1.4. Zusammenfassung, Lektürehinweise, Fragen und Übungen

Zusammenfassung

Die Einleitung hat den Arbeitsbereich der Philosophie des Geistes vorgestellt und eine erste Orientierung über die Disziplin gegeben. Die Philosophie des Geistes untersucht das Feld geistiger (auch: mentaler) Aktivitäten und Funktionen wie Wissen, Erkennen, Denken, Sprechen, Wahrnehmen, Empfinden, Fühlen, Wollen, Wählen, Entscheiden, Handeln. Im Zusammenhang mit diesen mentalen Funktionen werden auch die Phänomene des Bewusstseins und Selbstbewusstseins in der Philosophie des Geistes erörtert.

Aufgrund des breiten Spektrums ihrer Themen steht die Philosophie des Geistes in enger Verbindung zu mehreren Teilbereichen der Philosophie. Die wichtigsten Disziplinen wurden kurz vorgestellt.

Die Metaphysik/Ontologie behandelt umfassende Fragen über Sein und Denken. Die metaphysische Grundposition des Materialismus vertritt die Auffassung, dass die Wirklichkeit materieller Natur ist. Der metaphysische Idealismus vertritt die entgegengesetzte Auffassung: die Wirklichkeit ist geistiger/ideeller Natur. Einige zentrale ontologische Grundbegriffe (Substanz, Eigenschaft, Tatsache/Sachverhalt, Zustand, Ereignis, Aktivität) wurden erläutert.

Neben Metaphysik und Ontologie spielt die Erkenntnistheorie eine wichtige Rolle für die Bearbeitung der Probleme, die in der Philosophie des Geistes diskutiert werden. Eine Skizze der Aufgaben und Grundbegriffe der Erkenntnistheorie führte die wichtige Unterscheidung des propositionalen Wissens und des praktischen Wissens ein.

In engem Zusammenhang mit der Erkenntnistheorie untersucht die Sprachphilosophie das Wesen der Sprache und die Formen des Sprechens. Sprachphilosophen analysieren auch das Verhältnis von Denken und Sprechen. Für die Philosophie des Geistes ist die Sprache ein wichtiges Phänomen, weil sie für die Menschen das zentrale Medium der Wissensbildung und Wissensvermittlung ist. Die Verbindung zwischen Sprachphilosophie und Logik ist außerordentlich eng. Die Logik thematisiert die inferentiellen Zusammenhänge zwischen Aussagen. Insbesondere befasst sie sich mit den formalen Regeln des Schlussfolgerns.

Abschließend haben wir das Verhältnis der Philosophie des Geistes zu den Wissenschaften betrachtet. Die Psychologie, die Medizin, die Neurowissenschaften, die Linguistik, die Kognitionswissenschaften untersuchen mit verschiedenartigen Methoden Phänomene, die auch in das Arbeitsgebiet der Philosophie des Geistes fallen. Anders als die empirischen Wissenschaften haben Philosophen aber nicht die Aufgabe, kausale Erklärungen für empirische Sachverhalte zu finden. Die Philosophen behandeln grundlagentheoretische Fragen. Sie tragen durch die Analyse von Begriffen und begrifflichen Zusammenhängen zur Beantwortung der im Bereich des Mentalen auftretenden Fragen bei. Dabei kommentieren sie kritisch die Arbeit der empirischen Wissenschaften oder rekonstruieren als Wissenschaftstheoretiker die Form und den Aufbau der einzelwissenschaftlichen Theoriebildung.

Lektürehinweise

Es gibt eine beträchtliche Anzahl von Einführungen in die Philosophie des Geistes. Die Bücher unterscheiden sich hinsichtlich ihres Umfangs, ihrer Schwerpunktsetzung und ihres Preises. Alle Einführungen konzentrieren sich auf die so genannte Analytische Philosophie des Geistes. Daher wird die Tradition – von einigen Autoren wie Descartes oder Platon abgesehen – nicht oder nur ausnahmsweise berücksichtigt. Richtungen wie der Deutsche Idealismus oder die Phänomenologie werden ausgeklammert.
Der von P. Bieri herausgegebene Sammelband (47) enthält einige der wichtigsten Beiträge zur Philosophie des Geistes. Aufgrund der umfangreichen und exzellenten Einleitungen des Herausgebers kann das Buch auch als Einführung benutzt werden. Im Anhang hat Bieri umfangreiche Literaturlisten veröffentlicht. Fast alle maßgeblichen Texte der Debatte im 20. Jahrhundert sind dort aufgeführt.
A. Beckermann hat eine sehr ausführliche Einführung veröffentlicht (497 Seiten), die hilfreiche Erläuterungen der teilweise sehr technischen Terminologie einiger Autoren bietet (36).
Das Buch M. Pauens (44) ist knapper gehalten und straff gegliedert. Pauen behandelt die wichtigen Problemfelder ‚Subjektivität' und ‚Willensfreiheit' (320 Seiten).
Die Monographie von M. Carrier und J. Mittelstraß (139) ist nicht als Einführung konzipiert. Die Autoren bieten aber eine klare Präsentation des Leib-Seele-Problems, die auch für den Anfänger mit Gewinn zu lesen ist. Ein Vorzug dieses Buchs ist die wissenschaftstheoretische Kompetenz der Autoren, die mit einer differenzierten Sicht des Verhältnisses von theoretischer Begriffsbildung und menschlichem Selbstverständnis verbunden ist (322 Seiten).
In englischer Sprache ist eine Vielzahl von einführenden Büchern erhältlich.
Neben den Sammelbänden mit Aufsätzen verschiedener Autoren (45), (51), (52), gibt es Gesamtdarstellungen mit unterschiedlichen Schwerpunktsetzungen.
T. Crane konzentriert sich in (37) auf den Bereich mentaler Repräsentation einschließlich der Künstlichen Intelligenz. Sein Buch ist gut geschrieben und bietet verlässliche Information (259 Seiten).
J. Heil gibt mit (39) einen informativen, kompetenten und erfreulich klar strukturierten Überblick über die wichtigsten Bereiche der Philosophie des Geistes (238 Seiten).
Auch J. Kims Buch (40) stellt die Standardtheorien vor und bietet eine Einführung in die Problematik mentaler Repräsentation und mentalen Gehalts (257 Seiten).
Die Einführung E. J. Lowes (41) zeichnet sich durch eine unprätentiöse und solide philosophische Vorgehensweise aus. Das Buch gibt über die Standardtheorien hinausgehend gute Einführungen zu den Bereichen der Wahrnehmungstheorie, der Handlungstheorie und der personalen Identität (318 Seiten).
K. T. Maslin Buch (42) gibt eine vergleichsweise umfangreiche Einführung, die didaktisch strukturiert ist (Übungsfragen, Zusammenfassungen) und grundlegende Inhalte in verständlicher Form vermittelt (332 Seiten).
Für denjenigen, der nicht ein umfangreiches Buch durcharbeiten will, empfiehlt sich die Lektüre des einleitenden ‚Essay on Mind' von Samuel Guttenplan zu dem von ihm herausgegebenen ‚Companion to the Philosophy of Mind' ((55), S. 1–107).

Zu 1.2.1.:
Für einen Überblick über die Geschichte und Bedeutung der Termini ‚Metaphysik' und ‚Ontologie' vgl. die entsprechenden Artikel in (31) und (33); zur Allgemeinen Ontologie vgl. (19).
Zu 1.2.2.:
Überblick über die Erkenntnistheorie vermitteln: (3), (5), (9) und (11).
Zu 1.2.3.:
Zur Orientierung im Gebiet der Sprachphilosophie und Logik sind zu empfehlen: (1), (15), (20), (21), (28), (29), (30).

Zum Verhältnis der Philosophie und der Psychologie vgl. den Artikel ‚Psychologie' in (31) VII, Spalte 1599–1653, insbesondere die Abschnitte E und F, Spalten 1620–1639.

Fragen und Übungen

1. Welche Bedeutung des Wortes ‚Geist' ist in dem Ausdruck ‚Philosophie des Geistes' maßgeblich? Welche Bedeutungen spielen keine Rolle?
2. Nennen Sie wichtige Aktivitäten und Funktionen, die in den Themenbereich der Philosophie des Geistes fallen.
3. Was ist die Aufgabe der Ontologie? Lesen Sie den Artikel ‚Ontologie' in (33) und beantworten Sie folgende Fragen: (1) Seit wann wird der Terminus gebraucht? (2) Ist das Verhältnis von Ontologie und Metaphysik eindeutig fixiert?
4. Was ist eine Substanz? Welche beiden Arten von Eigenschaften kann man unterscheiden?
5. Was ist der Unterschied zwischen einer Tatsache und einem Sachverhalt?
6. Geben Sie eine Definition des Ereignis-Begriffs.
7. Psychologen, Mediziner, Neurowissenschaftler erforschen geistige Strukturen und Funktionen. Inwiefern unterscheiden sich das Interesse und die Vorgehensweise des Philosophen von diesen Naturwissenschaftlern?

2. Leib und Seele: Grundbegriffe und Modelle

Die westlich-europäische Philosophie hat seit der Antike ein reichhaltiges Repertoire an Begriffen entwickelt, mit denen geistige Eigenschaften, Aktivitäten und Funktionen bestimmt werden. In diesem Kapitel werden die wichtigsten Modelle vorgestellt, die in der Tradition über den Geist und das Verhältnis von Körper und Seele ausgearbeitet wurden. Unter dem Titel ‚Leib-Seele-Problem' steht dieses Thema bis in die Gegenwart hinein im Mittelpunkt lebhafter Diskussionen.

Wir konzentrieren uns in diesem Kapitel auf drei klassische Autoren: Platon und Aristoteles (2.1.) sowie Descartes (2.2.1.). Sie haben Konzeptionen entwickelt, die auch noch unter gegenwärtigen Bedingungen systematisch relevant sind.

Im Anschluss an die Vorstellung von Descartes' Begriff des Geistes und seiner Konzeption des Verhältnisses von Körper und Geist lernen wir vier verschiedene Theorietypen kennen, die nach einer Lösung für die von Descartes hinterlassenen Probleme suchen: Okkasionalismus (2.2.2.), Substanzmonismus (2.2.3.), Psychophysischer Parallelismus (2.2.4.), Epiphänomenalismus (2.2.5.).

2.1. Konzeptionen der Antike

Ursprüngliche Bedeutung von „psyche"

In der frühen Antike – etwa der Zeit Homers (8. Jahrhundert v. Chr.) – war die Vorstellung verbreitet, dass am Ende des Sterbeprozesses ein Lufthauch den menschlichen Körper verlässt. Das griechische Wort für das, was mit dem letzten Ausatmen aus dem Körper entweicht, ist ‚psyche'. Nachdem die ‚psyche' aus dem Körper herausgetreten ist, hat das Leben den Körper verlassen. Zurück bleibt der Leichnam. Der Leiche werden keine mentalen Eigenschaften mehr zugeschrieben. Bei Homer bezeichnet ‚psyche' das Prinzip des Lebens. In der Zeit nach Homer wurde ‚psyche' zu einem Begriff, der die vitalen, mentalen und affektiven Zustände und Funktionen umfasst.

Diese archaische Konzeption der Seele besagt nicht unbedingt, dass die Seele immateriell ist. Im Gegenteil, die Seele wird oft als ein feiner, luftartiger Stoff beschrieben. Ähnliche Vorstellungen, in denen die Seele als Prinzip des Lebens wie Luft oder Atem beschrieben wird, finden sich auch in den biblischen Texten und verschiedenen Religionen. Diese weite Verbreitung von Vorstellungen über ein Prinzip des Lebens, das im Sterbeprozess den Körper verlässt, bezeugt ein universales Interesse. Im Bereich philosophischer Überlegungen wird dieses Interesse als Frage nach dem Verhältnis von Leib und Seele (oder: Körper und Geist) artikuliert: Wie ist die Beziehung von Leib/Körper und Seele/Geist zu erläutern? Wodurch wird etwas zu einem belebten Wesen? Was sind die Ursachen von Geburt und Tod?

In der klassischen griechischen Philosophie (5. Jahrhundert v. Chr.) waren veränderte Vorstellungen von der ‚psyche' verbreitet. Es entstand die Konzeption einer immateriellen Natur der Seele. Lange Zeit hindurch war mit dem Konzept einer immateriellen Seele die Vorstellung der Unsterblichkeit verbunden. Wenn die Seele immateriell ist, dann bedeutet der Tod des Körpers möglicherweise nicht das absolute Ende der Existenz. Denn dann besteht die Möglichkeit, dass die individuelle Seele nach der Trennung vom Körper vielleicht sogar außerhalb des Bereichs der Dinge in Raum und Zeit weiter existiert.

2.1.1. Platon

Begriff der Seele

Insbesondere der Name Platons wird heute in Verbindung mit dem Begriff der immateriellen Seele gebracht. Es ist hier nicht entscheidend, ob Platon selbst davon überzeugt war, dass die Seele unabhängig vom Körper existiert und unsterblich ist. In Platons Texten wird kein stringenter argumentativer Beweis für die Annahme der Körperunabhängigkeit der Seele und ihre Unsterblichkeit formuliert. Sicher ist aber, dass diese Vorstellungen in vielen Dialogen Platons eine wichtige Rolle spielen. Zu den bekanntesten Texten gehören ‚Menon', ‚Phaidon', ‚Phaidros' und ‚Symposion' (vgl. (71), (76), (79), (81), (85)).

In diesem Abschnitt wird die Argumentation des ‚Menon' vorgestellt (vgl. (63)). Der Dialog entfaltet die Konzeption des Wissens durch Wiedererinnerung (griechisch: ‚anamnesis') und formuliert die These der *Immaterialität der Seele*. Das Gespräch behandelt die Frage, wie Erkenntnis und Wissen gewonnen werden. Sokrates bezieht sich dabei auf Vorstellungen, die das Wesen der Seele betreffen (Menon, 81 c–d) und erwähnt in diesem Zusammenhang die folgenden Thesen:

- Die Seele ist im Gegensatz zum Körper nicht sterblich.
- Die Seele wird mehrfach geboren (Wiedergeburtslehre).
- Die Seele hat vor ihrer Geburt (Verbindung mit einem Körper) ein unbeschränktes Wissen, sie schaut die Ideen. Die Geburt ist gleichbedeutend mit einem Wissensverlust oder dem Vergessen des in der Betrachtung der Ideen zugänglichen Wissens.
- Das Lernen der Menschen ist nichts anderes als ein Sich-Erinnern an das (vorgeburtliche) Wissen.

Wichtig ist der Umstand, dass Sokrates selbst diese Auffassungen nicht als eigene Thesen behauptet. Sie werden unter Vorbehalt formuliert. Aber der Verlauf des Gesprächs scheint einen plausiblen Kern dieser mythischen Vorstellungen aufzudecken. Das geschieht im Rahmen eines von Sokrates durchgeführten Experiments (Menon, 82b–85c). Sokrates bittet seinen Gesprächspartner Menon darum, einen seiner Sklaven zu rufen. Die Tatsache, dass Sokrates sein Gespräch mit einem Sklaven führt, ist kein Zufall. Sokrates spricht mit dem Sklaven und nicht mit Menon selbst, weil es ihm darauf ankommt, etwas über die Seele des Menschen und den *Erkenntnisprozess* im Allgemeinen zu zeigen. Er will etwas über den Erwerb des Wissens und der Erkenntnis demonstrieren, was für alle Menschen gilt, und nicht nur für Menschen, die eine bestimmte Ausbildung und Vorbildung besitzen. Der Sklave ist also hier das Musterbeispiel für einen nicht ausgebildeten Menschen. Sokrates will

Menon durch das Gespräch mit dem Sklaven beweisen, dass Lernen eine bestimmte Art des Erinnerns ist. Und er will ihm zeigen, dass der Sklave tatsächlich diese Form des Erinnerns vollzieht. Er kann nicht auf zuvor Gelerntes zurückgreifen und er wird nicht von Sokrates unterrichtet.

Das Gespräch zwischen Sokrates und dem Sklaven behandelt eine geometrische Aufgabe. Für das Verständnis der Textpassage ist es wichtig daran zu denken, dass die mathematischen Disziplinen in der antiken griechischen Kultur ein großes Ansehen besaßen und speziell in der Platonischen Akademie eine außerordentliche Bedeutung hatten. Die Geometrie ist ein Musterbeispiel für eine streng aufgebaute Theorie. Sokrates fordert den Sklaven auf, die Fläche eines gleichseitigen Vierecks zu verdoppeln. Natürlich kann der Sklave, der keinen Schulunterricht hatte, die Aufgabe nicht auf Anhieb lösen. Der Dialog zeigt, wie Sokrates den Sklaven durch Fragen schrittweise dazu bringt, die richtige Lösung der Aufgabe zu formulieren. Das Ziel der Unterhaltung mit dem Sklaven besteht darin zu beweisen, dass ein Mensch durch selbständiges Nachdenken dazu in der Lage ist, Wissen zu gewinnen. Da er das Wissen nicht aus der Erfahrung gezogen hat, muss die Quelle des Wissens woanders gesucht werde. Das Verhalten des Sklaven, der am Ende des Gesprächs die ihm gestellte Aufgabe richtig löst, wird von Sokrates als Wiedererinnerung (‚anamnesis') bezeichnet:

Erkennen als Wiedererinnerung

Sokrates: Obwohl er von niemandem belehrt, sondern nur befragt wurde, wird er doch zu Wissen kommen, indem er selbst aus sich das Wissen hervorholt?
Menon: Ja.
Sokrates: Und ‚selbst aus sich das Wissen hervorholen' heißt das nicht ‚sich erinnern'?
Menon: Ja, sicher. […]
Sokrates: Und wenn immer schon die Wahrheit über die Wirklichkeit in der Seele ist, ist die Seele unsterblich. Deshalb musst du Mut haben und dich bemühen, auf das, was du zufällig jetzt nicht weißt – es ist nur etwas, an das du dich nicht erinnerst –, die Suche zu richten und dich zu erinnern. (Menon, 85d–86b; (63), S. 53 ff.)

Die Textpassage des ‚Menon' argumentiert in Bezug auf mathematisches Wissen dafür, dass es sich um ein erfahrungsunabhängiges Wissen handelt. Die Menschen verfügen über Wissen, das sie nicht durch Sinneswahrnehmungen und andere Erfahrungen gewinnen. Beispiele hierfür sind mathematisches Wissen und erfahrungsunabhängiges Wissen über abstrakte Gegenstände. Platon nennt diese Gegenstände ‚Ideen'. Ideen sind abstrakte Gegenstände. Diese abstrakten Gegenstände existieren nicht in Raum und Zeit. Sie sind nicht sinnlich wahrnehmbar. Sie sind ewig, unveränderlich.

Ideenlehre

Die so genannte Ideenlehre gehört zu den schwierigen und kontrovers diskutierten Lehrstücken der Philosophie Platons. Eine der Aufgaben, die sie zu erfüllen hat, ist die folgende: Wenn wir wissen wollen, was die Bedeutung von Prädikaten oder Allgemeinbegriffen ist, so reicht es offensichtlich nicht aus, auf Beispiele der Verwendung der jeweiligen Begriffe zu verweisen. Denn ein solcher Verweis setzt voraus, dass man die Bedeutung bereits kennt, oder weiß, dass es sich bei dem vorliegenden Gebrauch um eine sinnvolle und korrekte Verwendung des Begriffs und um keinen Irrtum handelt. Jeder, der an Diskussionen über soziale und politische Fragen beteiligt war, kennt diese Situation. Ein Teilnehmer behauptet, das Wesen sozialer Gerechtigkeit sei durch den Handlungstyp x erfüllt. Ein anderer vertritt die Auffassung, soziale Gerechtigkeit sei in Handlungen des Typs y verwirklicht. Und ein Dritter betont die Bedeutung des Handlungstyps z. Woher weiß man, was richtig ist? Sind x, y, z tatsächlich entscheidend? Gibt es weitere relevante Kandidaten? – Der Verweis auf die Ideen hilft nach Platons Überzeugung aus solchen Schwierigkeiten heraus. Wenn ich wissen möchte, was Gerechtigkeit ist bzw. wie die Bedeutung des Begriffs der Gerechtigkeit richtig zu erklären ist, dann muss ich nach Platons Konzeption die Idee der Gerechtigkeit selbst erkennen. Einzelne Handlungen oder Urteile, von denen man sagen könnte, sie hätten die Eigenschaft der Gerechtigkeit, sind Platon zufolge stets nur unvollkommene Exemplifikationen des Begriffs der Gerechtigkeit. Allgemeinbegriffe sind Ideen und keine empirischen Objekte. Es hilft daher nicht weiter, einzelne empirische Beispiele zu betrachten. Man muss begriffliche Anstrengungen unternehmen und sich auf die Bedeutung der Gerechtigkeit besinnen (‚erinnern‘).

Diese Grobskizze soll kein Argument dafür sein, dass Platons Ideenlehre ein in systematischer Hinsicht haltbares Lehrstück darstellt. Um dieses Problem zu diskutieren, wäre es erforderlich, auf die Details der Platon-Texte einzugehen. Die Skizze hat lediglich die Aufgabe, den Zusammenhang zwischen dem Begriff der immateriellen Seele und der Erkenntnislehre zu verdeutlichen. Da sinnliche Wahrnehmung ein materieller Vorgang ist, können die abstrakten Gegenstände (Ideen) nicht durch sie erfasst werden. Wenn die Seele unabhängig vom materiellen Körper ist, dann ist es möglich, dass sie in einem Zustand existiert, in dem sie die Ideen auf eine nicht-sinnliche Weise erkennt. Platon glaubt, dass das Wissen von den Ideen durch die Annahme einer immateriellen Beschaffenheit der Seele plausibel gemacht werden kann.

Die Ideenlehre hat eine Problematik in die Philosophie eingebracht, die bis heute von großer Bedeutung ist: die Frage nach den Bedingungen der Erkenntnis, formuliert als eine Frage nach *Erkenntnisbedingungen, die unabhängig von der Erfahrung sind,* und als Frage nach den *Bedingungen, welche die Erfahrung überhaupt erst möglich machen.* Platons Nachfolger haben dieses Thema unter anderem als Frage nach angeborenen Ideen diskutiert. Die Leistung, dieses Problem gesehen zu haben, gehört zu den wichtigen Verdiensten Platons.

2.1.2. Aristoteles

Aristoteles bestreitet die Möglichkeit einer vom Körper getrennten Existenz der Seele des einzelnen Menschen. Er ist hierin grundsätzlich anderer Auffassung als sein Lehrer Platon.

Seele und Körper

Dass Aristoteles die körperunabhängige Existenz der Seele und ihre Immaterialität ablehnt, bedeutet nicht, dass er die Seele einfach mit einem bestimmten Körper identifiziert. Die geistigen Eigenschaften, die Aktivitäten des Denkens eines bestimmten Gedankens oder der Ausführung einer Handlung können nach Aristoteles nicht den materiellen Körpern als solchen zugeschrieben werden. Wir sagen nicht ‚Der Körper des Sokrates denkt über den Begriff der Gerechtigkeit nach'. Sondern wir sagen ,Sokrates denkt über den Begriff der Gerechtigkeit nach'. Und damit scheinen wir eher den spezifisch organisierten Körper – also nach Aristoteles die Seele – und nicht die Summe materieller Partikel zu meinen, aus denen der Organismus besteht.

Die Aristotelische Konzeption der Psyche umfasst die Lebensfunktionen nicht nur der Menschen, sondern aller *Lebewesen* (Pflanzen, Tiere). Der zentrale Text, in dem Aristoteles den Begriff der Psyche entwickelt, ist die Abhandlung ,Über die Seele' (meist wird der lateinische Titel gebraucht ,De anima'; (57)). Belebte Gegenstände unterscheiden sich von den unbelebten Dingen dadurch, dass sie eine Seele haben. Was ist genauer betrachtet die Grundlage dafür, von einem Gegenstand zu sagen, er habe eine Psyche? Nach Auffassung des Aristoteles sind hierfür die Funktionen des Stoffwechsels, der Reproduktion, des Wachsens und Vergehens ausschlaggebend (De An. 415a23–26). Alle Pflanzen, Tiere, Menschen weisen diese Funktionen auf. Durch sie sind diese Wesen von den unbelebten Dingen unterschieden. Es gibt kein Lebewesen, dem diese Funktionen fehlen.

Der Aristotelische Begriff der Psyche impliziert also nicht notwendigerweise spezifisch kognitive oder rationale Kompetenzen. Anders als manche Pflanzen, die lediglich über die genannten elementaren Fähigkeiten verfügen, besitzen andere Lebewesen weitere Funktionen. Zentral sind vor allem die folgenden Fähigkeiten: (i) Wahrnehmungen zu machen, (ii) Vorstellungen zu haben, (iii) Lust oder Schmerz zu fühlen, (iv) etwas anzustreben, (v) sich im Raum fortzubewegen und (v) zu denken.

Funktionen des Lebendigen

Ein großer Teil der Ausführungen der Aristotelischen Psychologie ist der Definition der einzelnen Funktionen und der Frage nach den wechselseitigen Abhängigkeitsverhältnissen zwischen ihnen gewidmet. So schreibt Aristoteles, dass das Streben nach etwas notwendigerweise eine Vorstellung des Erstrebten impliziert. Die Vorstellung aber ist entweder (wie manchmal beim Menschen) mit dem Denken oder (wie beim Menschen und anderen Lebewesen) mit der Sinneswahrnehmung verbunden (De An. 433b28). Darüber hinaus ist die Fähigkeit zur Wahrnehmung von entscheidender Bedeutung, weil mit ihr Lust und Schmerz einhergehen. Und wo diese sind, da trifft man notwendigerweise auch das Streben an (De An. 413b24).

Aristoteles entwickelt ein Stufen-Modell, in dem die Lebewesen in einer hierarchischen Ordnung nach zunehmender Komplexität, Leistungsfähigkeit und Vollkommenheit angeordnet sind. Im Fall der Pflanzen ist die Psyche maßgeblich durch Stoffwechsel und Reproduktionsfähigkeit bestimmt. Bei der Psyche der Tiere kommen die Sinnesempfindungen, Vorstellungen, Begehren und Ortsbewegung hinzu. Die Psyche des Menschen ist darüber hinaus durch die Vernunftfähigkeit ausgezeichnet.

Sicherlich klingt es im Rahmen des heutigen Sprachgebrauchs merkwürdig, von der Seele der Pflanzen zu sprechen. Das sollte aber kein Hindernis sein, die sachliche Begründung der Redeweise des Aristoteles zu sehen. Er erkennt einen engen Zusammenhang zwischen den elementaren biologischen Prozessen und geistigen Funktionen. Damit stellt Aristoteles ein Gegengewicht zu einer strikten Trennung von Körper und Geist her, wie sie in den Texten seines Lehrers Platons begegnet. Aristoteles beschreibt das Verhältnis von Körper und Seele in einer Weise, die verdeutlicht, dass die Seele zwar nicht mit dem Körper identisch ist. Die Seele ist aber auch nicht völlig unabhängig vom Körper. Die Seele wird von Aristoteles als die *Form eines Lebewesens* begriffen. Form wird hier verstanden als *Struktur* oder *funktionale Organisation* im Gegensatz zu dem bloßen Material, aus dem ein Organismus besteht.

„Notwendig [...] muß die Seele ein Wesen als Form(ursache) eines natürlichen Körpers sein, der in Möglichkeit Leben hat" (De An. 412a20, (57), S. 61).

Hylemorphismus

Aufgrund der griechischen Wörter für Stoff (‚hyle') und Form (‚morphe') wird diese Konzeption des Verhältnisses von Körper und Seele als *Hylemorphismus* bezeichnet.

Aristoteles unterscheidet zwischen dem Stoff, aus dem Einzelgegenstände bestehen, und der Form, in der der Stoff organisiert ist. Ein einfaches Beispiel kann das illustrieren. Marmor ist ein Material, das für sehr verschiedenartige Zwecke verwendet werden kann. Man kann Marmorplatten als Fußbodenbelag gebrauchen, man kann aus Marmorblöcken Säulen oder Statuen herstellen. Eine aus Marmor gefertigte Venus-Statue ist nicht deshalb eine Darstellung der Venus, weil sie aus einem bestimmten Marmorblock hergestellt wurde. Derselbe Stoff hätte für die Herstellung einer Zeus-Statue dienen können. Die Venus-Statue ist wegen ihrer Form oder Gestalt das, was sie ist. Analoges gilt nach Aristoteles für Lebewesen. Sie sind spezifische Entitäten aufgrund der Organisation ihrer Teile, nicht aufgrund der ungeformten Materie.

Entscheidend ist die Tatsache, dass Aristoteles trotz seiner Ablehnung der These von der Körperunabhängigkeit und separaten Existenz der Seele keinen pauschalen Materialismus vertritt, der behauptet, es gäbe nur materielle Gegenstände, die materielle Eigenschaften besitzen. Die Position des Aristoteles ähnelt einem *Eigenschaftsdualismus*. Die mentalen Eigenschaften kommen nicht dem Körper an und für sich zu, sondern sie gehören zu einem in bestimmter Weise geformten Körper.

Eigenschaftsdualismus

Die Lebewesen werden von Aristoteles nicht nur durch die Bestimmung der Form beschrieben, in der ihre Materie organisiert ist. Besondere Bedeutung kommt den *Funktionen* zu, die durch den zweckmäßig geformten Stoff erfüllt werden können. Ohne Bezug auf die Zwecke und Funktionen lässt sich nach Aristoteles kein Begriff eines Gesamtorganismus bilden. Am Beispiel eines einzelnen Wahrnehmungsorgans, z.B. des Auges, kann man nachvollziehen, wie das gemeint ist. Die Augen eines Lebewesens dienen der visuellen Wahrnehmung. Wenn man nicht über den Begriff des Sehens verfügen würde, dann wäre man außerstande, einen angemessenen Begriff der Augen von Lebewesen zu bilden.

Die hohe Wertschätzung der mentalen Fähigkeiten bei Aristoteles kommt darin zum Ausdruck, dass er den Menschen als ein Lebewesen bezeichnet, das den ‚logos' besitzt (Pol. 1253a10f.). Mit ‚logos' ist das *Denken* und *Sprechen* gemeint. Beides wird als eng zusammengehörig gesehen. Die spätere lateinische Übersetzung ‚animal rationale' (von lateinisch ‚ratio' = Vernunft) verschiebt den Akzent dann in Richtung auf das möglicherweise nicht-artikuliert oder sogar als sprachunabhängig konzipierte Denken.

Die Eigenheit der Menschen im Vergleich mit allen anderen Tieren besteht nach Aristoteles nicht nur in der allgemeinen Sprach- und Erkenntnisfähigkeit. Menschen sind die einzigen Lebewesen, die handeln (EN 1139a20). Tiere zeigen zwar ein unter Umständen hoch spezifisches Repertoire von Verhaltensweisen. Die Menschen aber können im Gegensatz zu anderen Lebewesen aufgrund von Überzeugungen und Gründen handeln. Für das *Handeln aus Gründen* ist es wesentlich, dass die Menschen evaluative und ethische Unterscheidungen (nützlich, vs. schädlich, gut vs. schlecht, gerecht vs. ungerecht) treffen können (Pol. 1253a16–18). Diese Unterscheidungsfähigkeit ist ausschlaggebend im Hinblick auf die praktischen Entscheidungen zwischen konkurrierenden Handlungsoptionen. Der Mensch kann Handlungen, Absichten und Handlungsmittel daraufhin beurteilen, ob sie im ethischen Sinn gut/schlecht oder im Hinblick auf Ziele des Handelns gut/schlecht sind. Beide Fragen unterscheiden sich. Brutus kann überlegen, ob es ethisch gut ist, Caesar zu ermorden, und er kann überlegen, ob ein bestimmter Dolch ein gutes Instrument ist, um Cäsar zu töten.

Handeln

Zu den für die Handlungstheorie relevanten Konzepten gehören die Begriffe des Guten, der Überzeugung, des Wunsches, des Wollens, der Überlegung, der Absicht, der Freiwilligkeit, der rationalen Wahl oder Entscheidung. Dass Menschen nicht ausschließlich von vernünftigen Überlegungen geleitet werden, war Aristoteles sehr deutlich bewusst. Deshalb hat er im Buch VII der ‚Nikomachischen Ethik' unter anderem das Problem der Unbeherrschtheit oder Willensschwäche (‚akrasia') diskutiert. Unter Unbeherrschtheit ist der Fall des Handelns wider bessere Einsicht gemeint. Ein Beispiel hierfür ist ein Mensch, der regelmäßig Drogen konsumiert, obwohl er die Überzeugung hat, dass dies für seine Gesundheit schädlich ist. In diesem Fall entsteht das folgende Problem. Weshalb handelt ein vernünftiges Wesen entgegen seinen rationalen Überzeugungen? Wie ist so etwas überhaupt möglich? Diese Frage führt in die Details der Handlungstheorie (vgl. (298)). Wesentlich ist es zu erkennen, dass Aristoteles ein umfassendes Bild der Bedeutung des Mentalen in den verschiedenen Dimensionen des theoretischen und praktischen Denkens entwickelt. Die Lebenspraxis der Menschen wird durch ihre Fähigkeit getragen, Beziehungen zwischen verschiedenen Überzeugungen und Wünschen zu erkennen und herzustellen sowie auf der Grundlage von Überzeugungen zu handeln.

2.2. Das Leib-Seele-Problem in der Neuzeit

Die Frage, wie der Zusammenhang von Leib und Seele zu verstehen ist, gehört zu den wichtigsten Themen der Philosophie der Neuzeit. In diesem Abschnitt werden zentrale Positionen vorgestellt, die das Leib-Seele-Problem zu lösen versuchen. Weil das Leib-Seele-Problem eine klare Stellungnahme zum Verhältnis der Bereiche des Materiellen (Physischen) und Mentalen erfordert, werden Fragen von vergleichsweise großer Allgemeinheit verhandelt. Nach P. Bieri besteht das Leib-Seele-Problem aus drei Thesen, die oft gemeinsam für wahr gehalten werden (vgl. (47), S. 5). Das Problem besteht darin, dass die Sätze nicht kompatibel sind. Das heißt: Es scheint unmöglich, dass diese drei Sätze gleichzeitig wahr sein können:

(1) Mentale Phänomene sind nicht-physische Phänomene.
(2) Mentale Phänomene sind im Bereich physischer Phänomene kausal wirksam.
(3) Der Bereich physischer Phänomene ist kausal geschlossen.

Die These (1) formuliert den Kern aller dualistischen Positionen. Die These (2) bezieht sich auf die kausale Wirksamkeit des Mentalen, die unter dem Stichwort ‚Interaktionsproblem' oder ‚mentale Verursachung' diskutiert wird. Die These (3) ist Ausdruck eines weithin unumstrittenen Prinzips einer naturwissenschaftlichen Einstellung. Ein physisches Phänomen zu erklären heißt, seine physischen Ursachen anzugeben. Dabei wird die zusätzliche Annahme gemacht, dass physische Phänomene ausschließlich physische Ursachen haben.

In den folgenden Abschnitten wird zunächst der Dualismus Descartes' vorgestellt (2.2.1.). Danach werden die Versuche der Nachfolger Descartes' präsentiert, die unübersehbaren Probleme des Cartesianischen Dualismus zu lösen. Bei den aus diesen Bemühungen hervorgegangenen Theorien handelt es sich um den Okkasionalismus (2.2.2.), den psychophysischen Parallelismus (2.2.3.), den Substanzmonismus (2.2.4.) und den Epiphänomenalismus (2.2.5.).

2.2.1. Descartes

In der Philosophie der Neuzeit spielen dualistische Konzeptionen des Verhältnisses von Körper und Geist eine außerordentlich wichtige Rolle. Eine der am häufigsten diskutierten Positionen wurde von dem französischen Philosophen René Descartes formuliert.

2.2.1.1. Die Suche nach Gewissheit und der methodische Zweifel

Descartes stellt sich die Aufgabe, die Grundlagen der Erkenntnis zu klären und das Wesen des Geistes zu bestimmen. Zu diesem Zweck führt er in den ‚Meditationen über die Grundlagen der Philosophie' (1641) ein Gedankenexperiment durch. Er nimmt an, dass alle seine Meinungen und Überzeugungen falsch seien. Dieser uneingeschränkte Zweifel soll zeigen, ob überhaupt etwas Gewisses und Unbezweifelbares erkannt werden kann. Falls es gelingt, etwas Unbezweifelbares zu entdecken, hat man ein *Fundament der Erkenntnis* gefunden. Das wäre für die Entwicklung der Wissenschaften und der Philosophie ein wertvoller und grundlegender Fortschritt. Der *Zweifel* hat bei Descartes eine *methodische Funktion* zu erfüllen. Er taucht nicht plötzlich auf und betrifft zufällig einzelne Überzeugungen, sondern er wird zielgerichtet eingesetzt und betrifft sämtliche Überzeugungen. Dieser Zweifel ist nicht das Symptom einer existenziellen Verunsicherung. Er ist ein Mittel, um systematisch nach etwas zu suchen, das sich als unbezweifelbar d. h. als vollkommen gewiss erweisen wird. Descartes schreibt:

Zweifel als Methode

„[S]o sehe ich mich endlich gezwungen, zuzugestehen, daß an allem, was ich früher für wahr hielt, zu zweifeln möglich ist [...]; daß ich folglich auch diesem allen, nicht minder als dem offenbar Falschen, fortan meine Zustimmung auf vorsichtigste versagen muß, wenn ich zu etwas Gewissem gelangen will." – „Und ich will solange weiter vordringen, bis ich irgend etwas Gewisses, oder, wenn nichts anderes, so doch zum mindesten das für gewiß erkenne, daß es nichts Gewisses gibt." ((93), S. 15 und 17)

Die drei Etappen des Zweifels

Die Arbeit des Zweifelns vollzieht sich in drei Etappen, wobei der Zweifel mit jeder Stufe radikaler und umfassender wird (vgl. (11), S. 29–38 und (119), S. 74–83):

1. Descartes stellt in einem ersten Schritt fest, dass die *Sinneswahrnehmungen* uns manchmal täuschen. Die Sinne sind also keine zuverlässige Quelle des Wissens. Daher kann man sich bei der Suche nach einem sicheren Fundament des Wissens nicht auf das verlassen, was man durch die Sinne erfahren hat.

2. Im zweiten Schritt behauptet Descartes: Es geschieht manchmal, dass jemand schläft und doch glaubt, zu wachen und bestimmte Handlungen auszuführen. Dabei können dem Träumenden die Dinge genau so erscheinen wie im Wachzustand. Können wir uns sicher sein, dass diese Täuschung über den eigenen *Bewusstseinszustand* nicht permanent vorliegt? Gibt es ein sicheres und verlässliches Merkmal, das es uns erlaubt herauszufinden, ob wir träumen oder wachen? – Nach Descartes' Auffassung ist es nicht möglich, ohne weiteres ein solches Merkmal anzugeben.

Während der erste Schritt die Zuverlässigkeit unserer Überzeugungen über die sinnlich wahrgenommenen Eigenschaften von Gegenständen erschüttert, wird im zweiten Schritt das Wissen über die eigenen mentalen Zustände als ungewiss dargestellt. Dadurch wird auch die Überzeugung als ungewiss ausgewiesen, dass es reale Gegenstände im Gegensatz zu bloß eingebildeten Objekten gibt. Denn wenn ich nicht mehr mit Sicherheit einen Traumzustand von einem Wachzustand unterscheiden kann, wird auch die Unterscheidung zwischen einem realen Pferd und einem bloß geträumten Pferd ungewiss.

3. Im dritten Schritt radikalisiert Descartes den Zweifel nochmals. Er überlegt, ob es nicht denkbar ist, dass ihn ein allmächtiger böser Dämon hinsichtlich aller seiner Bewusstseinsinhalte und Überzeugungen täuscht. Hiermit werden nun auch die *mathematischen Sätze* (z.B. ‚3 + 2 = 5') und die *abstrakten Wahrheiten* von dem Zweifel erfasst. Nicht nur die Überzeugungen hinsichtlich der materiellen Gegenstände sind in Zweifel gezogen, sondern schlechterdings alle Überzeugungen erscheinen als hinfällig. Alles, was für wahr gehalten wird, könnte das Resultat der Manipulationen eines allmächtigen Manipulators sein. Die einzige Überzeugung, die sich als zweifelsresistent erweist, ist die Überzeugung, dass es einen Denker gibt, der alle diese möglicherweise irrtümlichen Gedanken denkt.

‚Ich denke, ich bin'

Damit hat Descartes' methodischer Zweifel das Ziel erreicht. Er hat einen Satz entdeckt, der allem Zweifel widersteht: „[D]ieser Satz: ‚*Ich* bin, *ich* existiere' [ist], so oft ich ihn ausspreche oder in Gedanken fasse, notwendig wahr […]." ((93), S. 18).

Von jedem meiner Gedanken weiß ich, dass es sich um meinen Gedanken handelt. Dies gilt auch bei irrtümlichen Gedanken. Diese Erkenntnis bleibt übrig, wenn ich alle meine Überzeugungen ihrem Gehalt nach für falsch halte. Auch falsche Überzeugungen brauchen ein Subjekt, einen Träger der Überzeugung, ein Ich. Es ist also nicht möglich, dass ich etwas –

wenn auch etwas Falsches – denke, aber nicht existiere. Descartes hat gefunden, was er sucht: eine Überzeugung, die gegen jeden Irrtum immun zu sein scheint. Der Satz ,Ich denke den Gedanken G' ist jedes Mal wahr, wenn ich den Gedanke G denke. Die Tatsache, dass der Gedanke G einen Irrtum beinhaltet, macht den Satz ,Ich denke den Gedanken G' nicht zu einem falschen Satz. Insofern ist das ,ich denke' immun gegen Täuschung und Irrtum.

Zwei Anmerkungen sind angebracht, um dieses Ergebnis richtig zu verstehen:

,Ich denke, also bin ich'

(1) Die grundlegende Einsicht Descartes' wird oft in der Formulierung „Ich denke, also bin ich" angegeben. Diese Formulierung wird von Descartes selbst verwendet (vgl. ,Von der Methode', IV, 1; (92), S. 53 und ,Die Prinzipien der Philosophie', I, 7; Descartes (94), S. 2). Wenn man den Satz ,Ich denke, also bin ich' leicht verändert und eine Prämisse hinzufügt, dann scheint es sich bei Descartes' fundamentalem Prinzip um die Konklusion einer Schlussfolgerung aus Prämissen zu handeln:

1. Prämisse	Um zu denken, muss man sein
2. Prämisse	Ich denke
3. Konklusion	Ich bin

Es ist von großer Bedeutung zu sehen, dass ein solches Argument *nicht* den Absichten Descartes' entspricht. Falls man es mit einem Syllogismus (d.h. einer logischen Ableitung einer Konklusion aus Prämissen) zu tun hätte, könnte man ja den Zweifel weiter fortführen und in Frage stellen, ob denn die Prämissen tatsächlich unbezweifelbare Wahrheiten aussagen. Descartes selbst weist einen seiner Kritiker auf diesen Punkt hin und betont die unmittelbare Evidenz des „Ich denke, ich bin". Bei dem Gedanken „Ich denke, ich bin" handelt es sich nach Descartes' Überzeugung um eine unmittelbar evidente, nicht bezweifelbare Wahrheit. Diese ist das Fundament aller weiteren Erkenntnis (vgl. (93), S. 127f.).

Tatsächlich liegt hier aber ein Problem. Descartes' Zweifel führt zu dem Befund, dass das Vorhandensein eines gegenwärtigen Denkens nicht bezweifelt werden kann. Wenn man diese Feststellung akzeptiert, kann man aber dennoch die Frage stellen, weshalb diese Diagnose die Existenz einer Substanz, eines selbstständigen Ich garantiert. Woher weiß Descartes mit unbezweifelbarer Sicherheit, dass es ein substanzartiges Ich gibt, das den Gedanken denkt? Wäre es nicht möglich, dass Denkvorgänge jeweils mentale Ereignisse sind, die keine substantiellen Träger haben? Gehört zum Begriff des Ich nicht so etwas wie eine Einheit, die sich über einen Gegenwartsmoment hinaus in der Zeit erstreckt? Ist diese Einheit bereits durch ein momentan auftretendes aktuelles Bewusstsein garantiert?

G.C. Lichtenberg hat diese Schwäche der Ausführungen Descartes' pointiert zur Sprache gebracht:

,Es denkt'

„*Es denkt,* sollte man sagen, so wie man sagt: *es blitzt.* Zu sagen *cogito,* ist schon zu viel, so bald man es durch *Ich denke* übersetzt. Das *Ich* anzunehmen, zu postulieren, ist praktisches Bedürfnis." (zitiert nach (33), S. 607)

Diese Fragen implizieren nicht, dass eine Konzeption des Bewusstseins und Denkens, die keine substantiellen Träger vorsieht, eine wirklich tragfähige Option darstellen würde. Sie weisen aber darauf hin, dass Descartes' These offensichtlich mit Annahmen operiert, die entgegen seiner Darstellung nicht völlig evident gemacht wurden (zu weiteren, nicht begründeten, Annahmen bei Descartes vgl. (11), S. 31 und (119), S. 82f.).

(2) Der Begriff des Denkens ist bislang recht allgemein verwendet worden. Im folgenden Abschnitt beantwortet Descartes die Frage ‚Was bin ich für ein Wesen?' und gibt dabei eine Erläuterung, aus der ersichtlich ist, wie er den Begriff des Denkens gebraucht:

„Ich bin also [...] ein denkendes Ding (res cogitans), d. h. Geist (mens), Seele (animus), Verstand (intellectus), Vernunft (ratio) – lauter Ausdrücke, deren Bedeutung mir früher unbekannt war. Ich bin aber ein wahres und wahrhaft existierendes Ding, aber was für ein Ding? Nun ich sagte es bereits – ein denkendes. [...] Was aber bin ich [...]? Ein denkendes Ding! Und was heißt das? Nun, – ein Ding, das zweifelt, einsieht, bejaht, verneint, will, nicht will und das auch Einbildung und Empfindung hat." ((93), S. 20f.)

Der Begriff des Denkens wird in einer sehr weiten Bedeutung gebraucht. Unter den Begriff des Denkens (‚cogitatio') fallen bei Descartes nicht nur Gedanken im engeren Sinn (Überzeugungen und Urteile der Form ‚a ist F'), sondern auch das Wollen, das Vorstellen und das Empfinden. Bewusstseinszustände mit dem Gehalt ‚Ich denke' werden von Descartes als unbezweifelbar und evident ausgezeichnet. Sie bilden das Fundament aller Erkenntnis. Aufgrund der herausgehobenen Stellung dieser Bewusstheit des eigenen Denkens wird Descartes' Philosophie oft als eine Selbstbewusstseinstheorie verstanden.

Formen des Denkens

2.2.1.2. Substanzdualismus

Descartes' Philosophie wird heute als Standardbeispiel für eine Position angeführt, die man als ‚Substanzdualismus' bezeichnet. Ein Substanzdualismus ist eine Theorie, die davon ausgeht, dass es zwei unterschiedliche Substanzen gibt. Alles, was ist, lässt sich durch diese beiden Substanzen sowie ihre Eigenschaften und Beziehungen bestimmen.

Wenn man unter Substanz ein eigenständiges, vollkommen unabhängiges Einzelwesen versteht, dann ist diese Auffassung allerdings falsch. Descartes schreibt, dass eigentlich nur Gott eine Substanz ist. Gott ist kausal vollkommen unabhängig, er ist im höchsten Sinn selbständig. Alle anderen Dinge sind abhängig von Gott.

Gott ist Substanz

„Unter Substanz können wir nur ein Ding verstehen, das so existiert, daß es zu seiner Existenz keines anderen Dinges bedarf; und eine Substanz, die durchaus keines anderen Dinges bedarf, kann man nur als eine *einzige* denken, d. h. als Gott. Alle anderen aber können, wie wir einsehen, nur mit Gottes Beistand existieren. Deshalb gebührt der Name Substanz Gott und den übrigen Dingen nicht in gleichem Sinne, *univoce*, wie man in den Schulen sagt, d. h. es gibt keine deutlich einzusehende Bedeutung dieses Wortes, welche Gott und den Geschöpfen gemeinsam wäre." (Prinzipien, I, 51; (94), S. 17f.)

Gott ist ein unendliches, nicht geschaffenes Wesen. Die Rede von einem Substanzdualismus ist nur dann angemessen, wenn man bedenkt, dass sich dieser Begriff ausschließlich auf die von Gott geschaffenen Substanzen bezieht. Die geschaffenen, endlichen Substanzen unterscheiden sich aufgrund ihrer Attribute: *Denken* und *Ausdehnung*. Ein *Attribut* ist eine wesentliche Eigenschaft. *Körper* sind durch das Attribut der Ausdehnung gekennzeichnet. Die *Seelen* oder *Geister* sind durch die substantielle Eigenschaft des Denkens charakterisiert. Was ist die Grundlage für diese Zweiteilung von Gegenständen (Körper vs. Geister) und die Zuordnung wesentlicher Eigenschaften (Ausdehnung vs. Denken)? Das grundlegende Motiv scheint darin zu bestehen, dass Körperlichkeit mit Ausdehnung notwendigerweise verbunden ist. Wir können uns keinen nicht-ausgedehnten Körper denken. Aber wir haben – so jedenfalls die Sichtweise Descartes' – keine Vorstellung davon, welche Eigenschaften eines ausgedehnten Dinges für das Denken notwendig und hinreichend sein könnten. Selbst wenn wir in unserem eigenen Fall überzeugt wären, dass wir denkende Wesen sind, die nur dank der Verbindung mit einem Körper existieren, würde uns das nicht dazu berechtigen, den Begriff eines körperlosen denkenden Wesens für inkonsistent und logisch defekt zu halten. Den Begriff eines unausgedehnten Körpers hingegen kann man nicht bilden, weil widersprüchliche Bestimmungen zusammengefügt würden. Alle diese Überlegungen machen die Konzeption einer körperunabhängigen Seele im Rahmen der Cartesianischen Philosophie plausibel.

Körper vs. Geist

Das Verhältnis von Körper und Geist ist nach Descartes' Überzeugung dadurch bestimmt, dass Körper und Geist prinzipiell voneinander unabhängig sind. Beide Substanzen haben jeweils unterschiedliche und unabhängige Eigenschaften. Der Körper ist wesentlich ein ausgedehntes Ding. Die Seele ist wesentlich ein denkendes Ding. Im Begriff der Seele, die unabhängig vom Körper ist, liegt für Descartes nichts Widersprüchliches. Da in der Wirkungsgeschichte Descartes' die Konzeption des Körpers und des Geistes als zweier prinzipiell unterschiedener Substanzen im Mittelpunkt steht, hat sich der Terminus ‚Substanzdualismus' eingebürgert.

Descartes ist also hinsichtlich des Leib-Seele-Verhältnisses ein Substanzdualist. Aber was ist die Begründung für diese These der Unabhängigkeit von Körper und Geist? Woher weiß Descartes, (i) dass der Geist vom Körper und (ii) dass der Körper vom Geist unabhängig ist?

Die beiden Gegenstandsarten – Körper und Seele/Geist – sind die Grundelemente dessen, was ist. Die Unterscheidung dieser beiden Substanzarten basiert auf dem Kontrast zweier wesentlicher Eigenschaften. Körperdinge sind wesentlich ausgedehnt im Raum. Es gibt keinen Körper, der nicht ausgedehnt ist. Das ist kein empirischer Befund, der aus der Untersuchung aller Körper hervorgeht, sondern eine begriffliche Wahrheit, die aus dem Begriff des Körpers folgt.

Ausdehnung

Der Geist hingegen ist wesentlich durch das Denken bestimmt. Es gibt keinen Geist, der nicht denkt. Für den Cartesianer ist ausschlaggebend, dass man den Begriff des Denkens nicht dadurch verstehen kann, dass man sich den Begriff des Körpers aneignet. Von der Ausdehnung zum Denken führt anscheinend kein Weg.

Denken

„[Ich erkannte], daß ich eine Substanz bin, deren ganzes Wesen oder deren Natur nur darin besteht, zu denken und die zum Sein keines Ortes bedarf, noch von irgendeinem materiellen Dinge abhängt, so daß dieses Ich, d. h. die Seele, durch die ich das bin, was ich bin, völlig verschieden ist vom Körper, ja daß sie sogar leichter zu erkennen ist als er, und daß sie, selbst wenn er nicht wäre, doch nicht aufhörte, alles zu sein, was sie ist." (‚Von der Methode […]' (92), S. 55)

Unterschied von Ich und Körper

Die Details der Haltbarkeit der Argumentation für die Unterschiedenheit von Ich und Körper müssen hier nicht weiter erörtert werden. Eine detaillierte Auseinandersetzung mit Descartes wird auf die einzelnen Phasen seiner Überlegungen und die Schritte seiner Argumentation eingehen. Dabei sind die Fragen zu unterscheiden, (1) ob Körper und Geist begrifflich unterscheidbar sind, (2) ob Körper und Geist grundsätzlich voneinander unabhängig sind im Sinn der Möglichkeit der Existenz von Körperdingen, die nicht denken, und von denkenden Dingen, die nicht ausgedehnt sind, (3) ob Körper und Geist tatsächlich voneinander unabhängig sind in dem Sinn, dass ich als ein denkendes Wesen nur zufällig mit einem bestimmten Körper verbunden bin.

Die letzte Frage ist besonders brisant. Denn auch für den Cartesianer stellt sich die Frage, wie die beiden prinzipiell unabhängigen Substanzen des Körpers und des Geistes beim Menschen zusammenhängen. Auch wenn die prinzipielle Unabhängigkeit von Seele und Körper angenommen wird, bezweifelt Descartes nicht, dass im Menschen Seele und Körper in einer engen Verbindung stehen.

2.2.1.3. Interaktion von Körper und Geist

Menschen sind denkende Wesen und Menschen haben einen Körper, mit dem sie sich im Raum bewegen. Wenn ich denke ‚Ich habe Zahnschmerzen und sollte zum Zahnarzt gehen', dann werde ich in der Regel losgehen, um mich behandeln zu lassen.

Im Folgenden werden die in der Literatur allgemein üblichen Abkürzungen ‚ψ' und ‚φ' gebraucht. Die Buchstaben ‚ψ' und ‚φ' sind im Griechischen die Anfangsbuchstaben der einschlägigen Begriffswörter: ‚ψ' (ausgesprochen ‚psi') ist der Anfangsbuchstabe des griechischen Substantivs ‚psyche' (= Seele); ‚φ' (ausgesprochen ‚phi') ist der Anfangsbuchstabe des Wortes ‚physis' (= Natur). Bei einem ‚ψ-Ereignis' handelt es sich um ein psychisches oder mentales Ereignis, bei einem ‚φ-Ereignis' handelt es sich um ein physisches Ereignis.

Die Schmerzempfindung (ψ_1) ist durch neuronale Prozesse (φ_1) verursacht. Die Schmerzempfindung führt zu meiner Entscheidung, den Arzt aufzusuchen (ψ_2). Die Entscheidung bewirkt, dass ich meinen Körper in Bewegung setze und in die Arztpraxis gehe (φ_2). Die Schmerzempfindung (ψ_1) und die Entscheidung (ψ_2) sind mentale Zustände oder Ereignisse. Die neuronale Aktivität (φ_1) und die Körperbewegung (φ_2) sind physische Zustände oder Ereignisse.

Mentale Verursachung

Damit stellt sich die Frage ‚Wie kann etwas Mentales die Ursache eines physischen Zustands sein? Wie kann etwas Unausgedehntes, das nicht im

Raum existiert, auf einen im Raum befindlichen Körper einwirken?'. Diese Frage wird als das *Problem der mentalen Verursachung* bezeichnet. Dieses Problem stellt eine außerordentliche Herausforderung für Descartes dar. Wie erklärt er, dass die Gedanken auf die Körper einwirken? Wie kann er das Denken als die Ursache von Körperbewegungen begreifen, wenn er doch den Körper und den Geist als Gegenstände unterschiedlicher Art bestimmt?

Natürlich war Descartes sich darüber im Klaren, dass er einen Vorschlag für die Verbindung von Mentalem und Physischem formulieren muss, wenn er elementare Funktionen des Menschen berücksichtigen will. Er nimmt deshalb ausdrücklich an, dass die beiden Substanzen (Körper und Geist) aufeinander einwirken. Da die Möglichkeit der Wechselwirkung zwischen den beiden Substanzen berücksichtigt ist, wird Descartes' Modell auch als eine *Interaktionstheorie* bezeichnet. Die Interaktion zwischen dem Körper und dem Geist findet nach Descartes an einer bestimmten Stelle im menschlichen Organismus statt. Er glaubt, dass die Zirbeldrüse (Epiphyse) der Ort ist, an dem Impulse aus dem Körper vom Geist aufgenommen werden und Einwirkungen des Geistes auf den Körper stattfinden (vgl. (91), S. 716–718, 813, 823, 824–854, 1060f., 1070ff., 1103ff. und (139), S. 17–20).

Lokalisierung der Wechselwirkung

Vom Stand der heutigen Neurowissenschaften aus betrachtet scheint die Theorie über die Zirbeldrüse als Ort der Einwirkung des Geistes auf den Körper ziemlich skurril. Philosophisch gesehen besteht das Problem aber nicht so sehr darin, dass Descartes sich hinsichtlich der Funktionsweise der Zirbeldrüse geirrt hat. Das Problem besteht hauptsächlich darin, dass man nicht versteht, wie der Geist kausal auf den Körper einwirken kann. Wie kann etwas Nicht-Körperliches einen Körper bewegen? Diese Frage war bereits in der antiken Philosophie, insbesondere von den Stoikern, als Einwand gegen die These von der Immaterialität der Seele erörtert worden:

„(1) […] Nichts Unkörperliches interagiert mit einem Körper und kein Körper mit etwas Unkörperlichem; sondern es interagiert ein Körper mit einem Körper. (2) Nun interagiert die Seele mit dem Körper, wenn dieser krank ist und geschnitten wird, und der Körper mit der Seele; er wird ja rot, wenn sie sich schämt, und bleich, wenn sie sich fürchtet. (3) Also ist die Seele ein Körper." ((64), 45C, S. 324)

Dass Descartes zum Interaktionsproblem keine stichhaltige Erklärung anzubieten hat, stellt ein massives Defizit seiner Überlegungen dar. Er selbst behauptet, es sei eine „sehr gewisse und sehr evidente alltägliche Erfahrung", dass die körperlose Seele den Körper bewegen kann ((91), S. 1308, Übersetzung durch mich). Das aber ist keine überzeugende Argumentation, sondern die Artikulation einer tief verankerten Überzeugung.

Insgesamt ist klar, dass für Descartes die Unabhängigkeit von Geist und Körper metaphysisch/ontologisch grundlegend ist. Sie erscheint ihm plausibel, weil der Geist, die Seele, das Denken nach Cartesianischer Überzeugung bestimmt werden können, ohne auf den Körper zurückzugreifen. Die für den Cartesianischen Dualismus charakteristische Konzeption psychophysischer Interaktion lässt die folgenden vier Möglichkeiten zu:

(1) Ein physisches Ereignis verursacht ein mentales Ereignis: $\varphi_1 \Rightarrow \psi_1$
Beispiel: Aktivität der Nervenfasern verursacht Zahnschmerzempfindung.
(2) Ein mentales Ereignis verursacht ein anderes mentales Ereignis: $\psi_1 \Rightarrow \psi_2$
Beispiel: Schmerzempfindung verursacht den Wunsch, die Schmerzen loszuwerden.
(3) Ein mentales Ereignis verursacht ein physisches Ereignis: $\psi_3 \Rightarrow \varphi_2$
Beispiel: Die Entscheidung, zum Arzt zu gehen, verursacht die Körperbewegungen in Richtung Arztpraxis.
(4) Ein physisches Ereignis verursacht ein anderes physisches Ereignis: $\varphi_3 \Rightarrow \varphi_4$
Beispiel: Die Bewegungen der Hand des Zahnarztes verursachen die Bewegung des Bohrers in meinem Zahn.

Es sind die in (1)–(3) thematisierten Beziehungen, die durch die Philosophie des Geistes in erhellender Weise erläutert werden müssen. Ohne eine angemessene Vorstellung davon zu vermitteln, wie man sich die Verhältnisse zwischen den hier angeführten Zuständen und Ereignissen zu denken hat, kann keine Theorie des Geistes als gelungen bezeichnet werden.

2.2.2. Okkasionalismus

Die Nachfolger Descartes' haben unterschiedliche Vorschläge gemacht, um das Problem des Verhältnisses von Körper und Geist zu lösen. Dabei wurde zunächst eine metaphysische Theorie diskutiert, die überhaupt *keine Wechselwirkung* von Körper und Geist vorsieht. Vereinfachend kann man den Grundgedanken des Okkasionalismus folgendermaßen skizzieren: Wenn ich den Wunsch habe, meinen Arm zu heben und anschließend mein Arm tatsächlich eine Aufwärtsbewegung ausführt, so ist der Wunsch als mentales Ereignis nur dem Anschein nach die genuine Ursache der Körperbewegung. Der Wunsch löst nicht direkt kausal die Bewegung aus. Er ist lediglich der Anlass dafür, dass die Körperbewegung erfolgt. Die Bezeichnung ‚*Okkasionalismus*' leitet sich her von dem lateinischen Wort ‚occasio' = Gelegenheit, Anlass. Die wichtigsten Vertreter des Okkasionalismus sind Géraud de Cordemoy, Arnold Geulincx und Nicolas Malebranche. Sie schlagen eine Revision weit verbreiteter Vorstellungen vor. Das, was man im Alltag als die Ursache eines Ereignisses bezeichnet, ist nach Auffassung des Okkasionalisten überhaupt nicht die reale Ursache. Der Wunsch, den Arm zu heben, ist nur eine Pseudo-Ursache der anschließenden Armbewegung. Pseudo-Ursachen besitzen überhaupt keine reale kausale Kraft. Sie sind lediglich Anlässe (‚occasiones') für die Wirksamkeit kausaler Kraft. Ein Zusammenhang zwischen dem geistigen Akt und der Körperbewegung wird vom Okkasionalismus zugestanden. Aber diese Verbindung ist anderer Art als die gängige Konzeption von Kausalbeziehung. Weil keine Kausalbeziehung zwischen dem mentalen Zustand und der Körperbewegung angenommen wird, hat sich das Problem einer befriedigenden Konzeption der Interaktion von Körper und Geist erübrigt.

Keine Interaktion

G. de Cordemoy,
A. Geulincx,
N. Malebranche

Auf eine solche Sicht der Dinge reagiert der heutige Leser zunächst mit Unverständnis. Denn bislang ist völlig unklar, welche Konzeption von Kausalität der Okkasionalismus entwickelt. Wo ist nach okkasionalistischer Auffassung die Kraft zu verorten, die die verschiedenen Veränderungen auf der Ebene des Körpers und des Geistes bewirkt? – Für die Okkasionalisten ist die Sache klar. Es gibt eine einzige Quelle kausaler Veränderung im Universum: Gott. Der Okkasionalismus lässt sich vereinfachend in zwei Thesen zusammenfassen:

Kausalität

- *These 1:* Alle endlichen Gegenstände – sowohl körperliche als auch geistige Substanzen – besitzen keinerlei genuine kausale Wirksamkeit.
- *These 2:* Gott ist der einzige genuin kausale Akteur. Gott verursacht direkt und unmittelbar alles, was geschieht.

Diese Thesen haben Anhaltspunkte in Descartes' Denken. Wir hatten gesehen, dass auch bei Descartes Gott als die unendliche und ungeschaffene Substanz, als die Ursache aller endlichen und geschaffenen Substanzen aufgefasst wird. Der Okkasionalismus greift diese Konzeption auf und stellt sie in den Mittelpunkt. Die beiden Thesen des Okkasionalismus können auf drei unterschiedliche Fälle angewendet werden: (a) Beziehungen zwischen physischen Entitäten; (b) Beziehungen zwischen physischen Entitäten und mentalen Entitäten; (c) Beziehungen zwischen mentalen Entitäten. Der Okkasionalismus ist also keine ausschließlich auf das Leib-Seele-Problem zugeschnittene Theorie, sondern eine umfassende Metaphysik.

Der zentrale Punkt ist der Begriff der Verursachung. Verursachung wird nicht nur als eine *regelmäßige* Verbindung von zwei Ereignistypen E1 und E2 bestimmt, so dass E2 auf E1 folgt. Das ist bloße zeitliche Sukzession. Für den Begriff der Verursachung ist zentral, dass E2 *notwendigerweise* aus E1 hervorgeht. Malbranche verlangt von einer genuinen Ursache E1, dass sie ihrem Wesen nach die Kraft hat, E2 notwendigerweise hervortreten zu lassen.

Der Akzent liegt auf der starken Anforderung einer notwendigen Verbindung von Ursache und Wirkung. Eine solche Verbindung ist nur dann notwendig, wenn es widersprüchlich wäre zu sagen ‚Es wäre möglich, dass E1 eintritt und E2 nicht eintritt'. Notwendigkeit der Verbindung von E1 und E2 fordert ausnahmsloses, striktes Auftreten von E2 nach E1.

Körper sind allein durch das wesentliche Merkmal der Ausdehnung (sowie Gestalt, Größe, Beweglichkeit) definiert. Aus der substantiellen Eigenschaft der Ausdehnung lassen sich keine notwendigerweise auftretenden kausalen Wirkungen ableiten. Geist ist durch das Merkmal des Denkens (der Präsenz von Ideen) definiert. Auch hieraus lassen sich keine notwendigerweise auftretenden Wirkungen ableiten. Wenn ich meinen Arm heben will, so habe ich im Bewusstsein Zugang zu diesem Wunsch und ich erfahre üblicherweise, wie mein Arm sich hebt. Aber ich habe im Bewusstsein keinerlei Zugang zu den kausalen Prozessen auf der Körperebene (Nervenaktivität, Muskelaktivität etc.).

Genuine Ursache aller Phänomene sowohl im Bereich der materiellen Gegenstände als auch im Bereich der mentalen Gegenstände ist Gott. Denn nur bei ihm glaubt der Okkasionalist die Kraft annehmen zu können, die notwendigerweise bestimmte Ursachen mit ihren Wirkungen verbindet. Der Okkasionalist behauptet demnach: Wenn eine rollende Billardkugel K1 gegen eine ruhende Billardkugel K2 stößt und danach K2 in Bewegung gerät, dann ist die Bewegung von K2 nicht durch K1 genuin verursacht. Kugeln als passive ausgedehnte Substanzen haben keine Kraft. Sie werden bewegt, können aber weder sich selbst noch anderes bewegen. Die Kraft, Veränderungen herbeizuführen, hat allein Gott. Gott verursacht die Bewegung von K1, er verursacht den Zusammenprall beider Kugeln und er verursacht das anschließende Rollen von K2. Alle Einzelereignisse dieser Serie werden durch Gott kausal bewirkt. Sie werden aber nicht als Einzelereignisse verursacht, sondern als Ereignisse eines bestimmten Typs. Dieser Typ von Ereignissen ist definiert durch das gesetzmäßige Verhalten der Dinge. Da Gott ein rationales Wesen ist, richten sich seine Entscheidungen nach einfachen Gesetzen. Die Naturwissenschaften tun nichts anderes als diese Gesetze zu erforschen und zu formulieren. Manche begehen den Fehler, die lediglich sekundären kausalen Rollen der Körperdinge für genuine kausale Kräfte zu halten. Das, was hinsichtlich der Kausalbeziehungen bei physischen Gegenständen gesagt wurde, wird vom Okkasionalismus auf die mentalen Zustände und auf die Beziehungen zwischen physischen und mentalen Zuständen angewendet. In allen Fällen ist Gott der kausale Akteur.

Die metaphysischen Redeformen des Okkasionalismus wirken heute befremdlich und eventuell erscheinen sie rückständig. Dabei ist zu beachten, dass der Okkasionalismus keine wissenschaftsfeindliche Auffassung in der intellektuellen Szene des 17. Jahrhunderts gewesen ist. Im Gegenteil, die hartnäckige Problematisierung des Kraftbegriffs ist kritisch gegen traditionelle Konzeptionen der Naturphilosophie und gegen die Annahme okkulter Kräfte in der Natur gerichtet.

2.2.3. Substanzmonismus

Der Okkasionalismus wurde im 17. Jahrhundert nicht allgemein akzeptiert. Angesichts der Schwierigkeiten, die Beziehungen von Körper und Geist auf der Basis der Doktrin von zwei Substanzarten in befriedigender Weise zu erfassen, hat der niederländische Philosoph Baruch de Spinoza ein gänzlich neuartiges metaphysisches System geschaffen.

B. de Spinoza

Die grundlegende Entscheidung Spinozas besteht darin, die seit Descartes maßgebliche Konzeption zweier unterschiedlicher Substanzarten aufzugeben. Sein System geht davon aus, dass es eine einzige Substanz gibt, der die beiden unterschiedlichen Attribute der Ausdehnung und des Denkens gleichermaßen zugeschrieben werden. Die Dinge im Universum zerfallen demnach nicht in die zwei Substanzklassen der Körper und der Geister/Seelen. Vielmehr treten physische und mentale Phänomene als Modifikationen einer einzigen grundlegenden Substanz in Erscheinung. Was im Bereich des Denkens als Idee erscheint, das ist im Bereich der Ausdehnung ein Körper. Eigentlich sind die Idee eines Kreises und ein wirklich vorhandener Kreis – z.B. als Gestalt eines Metallstückes – nicht zwei unterschiedliche Entitäten. Es handelt sich um einen Sachverhalt, der unter zwei unterschiedlichen Attributen ausgedrückt wird. Diese Konzeption einer einzigen Substanz hat direkte Folgen für das Verhältnis von Körper und Geist. Es gibt keine Wechselwirkung zwischen einem als Substanz gedachten Körper und einem als Substanz gefassten Geist. Es gibt keinerlei kausale Beziehungen zwischen Substanzen, sondern ausschließlich Modifikationen der einen unendlichen

Eine einzige Substanz

Substanz. Die körperlichen und die geistigen Zustände eines Menschen sind Zustände *einer* Substanz.

Spinoza sagt, dass die eine *unendliche Substanz* (Gott) unendliche viele Attribute besitzt. Wir kennen allerdings von diesen nur zwei: das Denken und die Ausdehnung. Alle weiteren Bestimmungen des Seins werden als Modi (von lateinisch ‚modus' = Weise, Art) der Substanz bestimmt. Ein Modus ist eine Determination von Attributen. So kann das Attribut der Ausdehnung in unendlich vielfältigen Weisen spezifiziert sein: ein bestimmtes gleichseitiges Dreieck hat etwa eine Seitenlänge von 5 cm.

Spinozas System ist im Hinblick auf jüngere Theorien von Interesse, weil er die Annahme von zwei grundlegend verschiedenen Gegenstandsarten aufgibt und nur noch von zwei unterschiedlichen Attributen der einen Substanz spricht. Diese Konzeption zeigt Ähnlichkeiten mit dem im 19. Jahrhundert von W. James und anderen formulierten *Neutralen Monismus*, der einen Dualismus von Eigenschaften mit der Annahme einer einzigen Art von Substanzen verbindet.

Neutraler Monismus

2.2.4. Psychophysischer Parallelismus

Ein weiterer Lösungsvorschlag zum Leib-Seele-Problem wurde von Gottfried Wilhelm Leibniz ausgearbeitet. Leibniz verhält sich gegenüber der Philosophie Descartes' kritisch. Er ist durch die monistische Konzeption Spinozas beeindruckt, ohne jedoch dessen Version des Substanzmonismus zu übernehmen. Leibniz geht davon aus, dass die Grundelemente des Universums einfache Substanzen sind. Diese sind immateriell. Aber sie sind nicht im Sinn des Cartesianischen Dualismus rein geistiger Art. Denn sie sind mit einem Körper verbunden (vgl. Monadologie, §§ 1–8 und §§ 62–63; (102) Band 1, S. 438–443 und S. 466–469).

G. W. Leibniz

Die Okkasionalisten werden von Leibniz scharf kritisiert. Die Vorstellung, dass Gott sämtliche kausalen Wirkungen im Universum direkt herbeiführt, erscheint Leibniz abwegig zu sein. Eine Welt, die auf permanente Eingriffe durch den allmächtigen Konstrukteur angewiesen ist, wie dies im Okkasionalismus vorgesehen ist, scheint dem rationalistischen Metaphysiker Leibniz mit der Vollkommenheit Gottes nicht vereinbar zu sein. Ein perfektes Konstrukt funktioniert aufgrund der gegebenen Ausgangsbedingungen. Es ist nicht notwendig, dass der Erfinder permanent in den Funktionsablauf eingreift. Dementsprechend entwickelt Leibniz eine Konzeption, in der Gott als der vollkommene Urheber des Universums alle Veränderungen auf der Ebene der Körper mit allen Veränderungen auf der Ebene der Seelen in Harmonie gebracht hat. Die *Koordination sämtlicher körperlicher und seelischer Vorgänge* in allen Individuen, die im Kosmos jemals existieren, nimmt Gott allerdings nur ein Mal, im Akt der Schöpfung vor. Da sich diese Übereinstimmung auf den gesamten Zeitraum der Existenz der Dinge bezieht, wird von einer von vornherein festgelegten, *prästabilierten Harmonie* gesprochen.

Prästabilierte Harmonie

Der Okkasionalismus und Leibniz' Gedanke der prästabilierten Harmonie stimmen darin überein, dass die alltägliche Auffassung von Ursache-Wirkungs-Zusammenhängen nicht der wahren Beschaffenheit der Welt entspricht. Meine Schmerzempfindung und der Gedanke ‚Ich habe Zahnschmerzen und sollte jetzt zum Zahnarzt gehen' sind diesen Theorien zufolge nicht die tatsächliche Ursache der anschließenden Bewegungen meines Körpers. Das scheint mir nur so. In Wahrheit ist schon immer festgelegt, wie mein Körper sich zu einem bestimmten Zeitpunkt bewegen wird. Die Festlegung gilt aber ebenso auf der Ebene der geistigen Veränderungen. Nicht nur die Bewegungen meines Körpers, auch meine Gedanken und Empfindungen sind von Gott vorherbestimmt worden. Auf der Ebene des Körpers und auf der Ebene der Seele laufen die Prozesse wie in einem Automaten nach den Prinzipien ab, die der Konstrukteur bestimmt hat. Leibniz gebraucht die Metapher von zwei aufgrund ihrer perfekten Konstruktion synchron laufenden Uhren, um die Koordination der beiden unabhängigen Ebenen zu illustrieren (vgl. (102) Band 1, S. 238–241).

Das Problem der Interaktion von Körper und Geist (inklusive der mentalen Verursachung) ist also bei Leibniz buchstäblich aufgelöst. Die Möglichkeit einer Interaktion von Körper und Geist ist prinzipiell ausgeschlossen. Tatsächlich ist die Leibnizsche Metaphysik außerordentlich kompliziert. Es ist nicht zweckmäßig, hier auf ihre Einzelheiten einzugehen (vgl. hierfür die Aufsätze von C. Mercer/R. C. Sleigh und D. Ruterhford in (115)). Entscheidend hinsichtlich des Leib-Seele-Problems ist die Tatsache, dass nach Leibniz die körperlichen und geistigen Veränderungen in einer harmonischen Koordination stehen. Zu glauben, es gäbe kausale Einwirkungen des Geistes auf den Körper und umgekehrt, ist aber ein Irrtum.

2.2.5. Epiphänomenalismus

Eine weitere dualistische Konzeption, die nicht substanzdualistisch verfährt, ist der *Epiphänomenalismus*, der im 19. Jahrhundert eine wichtige Rolle spielte (T. H. Huxley, E. Haeckel). Auch in dieser Theorie wird ein Versuch unternommen, das Problem der mentalen Verursachung zu lösen. Der Epiphänomenalist akzeptiert die Unterscheidung einer Ebene des Physischen und einer Ebene des Mentalen. Er streitet aber strikt ab, dass physische Veränderungen durch den Geist bewirkt werden. *Mentale oder geistige Prozesse* sind *Begleiterscheinungen (Epiphänomene)* der Veränderungen auf der physischen Ebene (vgl. C. D. Broad (125); Birnbacher (137)). Der Epiphänomenalist begreift das Mentale als durch physische Veränderungen verursacht. Und er schließt eine kausale Verursachung von Physischem durch Mentales grundsätzlich aus. Zudem hat das Mentale aber auch keine kausale Kraft innerhalb seiner eigenen Sphäre. Ein mentaler Prozess kann keinen anderen mentalen Prozess verursachen. Damit ist der Bereich des Mentalen kausal wirkungslos. Die kausalen Beziehungen sind im Epiphänomenalismus sozusagen Einbahnstraßen, die eine Verbindung vom Mentalen zum Physischen ausschließen:

Mentales als Begleiterscheinung

- (1) Ein physisches Ereignis φ_1 *kann* die Ursache eines mentalen Ereignisses ψ_1 sein: $\varphi_1 \Rightarrow \psi_1$.
- (2) Ein mentales Ereignis ψ_1 *kann nicht* die Ursache eines physischen Ereignisses φ_1 sein: non $(\psi_1 \Rightarrow \varphi_1)$.
- (3) Ein physisches Ereignis φ_1 *kann* die Ursache eines anderen physischen Ereignisses φ_2 sein: $\varphi_1 \Rightarrow \varphi_2$.

- (4) Ein mentales Ereignis ψ_1 *kann nicht* die Ursache eines anderen mentalen Ereignisses ψ_2 sein: non $(\psi_1 \Rightarrow \psi_2)$.

Kausale Wirkungslosigkeit

Mentale Phänomene können überhaupt nicht die Rolle einer Ursache spielen. Die Tatsache, dass der Epiphänomenalismus den Geist als kausal wirkungslos bestimmt, wird oft als Einwand gegen diese Position angeführt. Meine Schmerzempfindungen sind die Wirkung eines physischen Ereignisses, zum Beispiel der Aktivität bestimmter Nervenfasern. Der Epiphänomenalist verbietet es mir aber zu sagen ‚Die Zahnschmerzen sind die Ursache dafür, dass ich zum Zahnarzt gehe'. Die Zahnschmerzen als ein mentales Ereignis verursachen nichts. Sie sind eine bloße Begleiterscheinung der physischen Prozesse.

Nimmt man diese These beim Wort, dann kann man fragen: ‚Was würde passieren, wenn die Begleiterscheinungen nicht auftreten würden?'. Nun, es würde sich auf der physischen Ebene nichts an den kausalen Beziehungen verändern. Zwar würden keine mentalen Schmerzempfindungen mehr feststellbar sein. Ansonsten bliebe aber alles unverändert. Zu einem bestimmten, kausal determinierten Zeitpunkt würde ich aufstehen, um zum Zahnarzt zu gehen usw.

Dies ist eine problematische Sicht der Dinge. Denn der Epiphänomenalist scheint dem Mentalen jegliche Funktion abzusprechen. Mentales ist eine reine Begleiterscheinung (Epiphänomen) des Physischen. Man kann nicht mehr verstehen, weshalb Mentales überhaupt vorkommt. Beim Mentalen scheint es sich um ein vollkommen zufälliges und entbehrliches Phänomen zu handeln. Zwar bietet der Epiphänomenalismus den Vorteil, im Zeitalter der Naturwissenschaften keine spekulativen Annahmen über die kausale Verursachung physischer Ereignisse durch den Geist machen zu müssen. Aber dieser Vorzug scheint mit einem gravierenden Nachteil erkauft zu werden, denn der Geist wird eigentlich überflüssig.

2.3. Zusammenfassung, Lektürehinweise, Fragen und Übungen

Zusammenfassung

In diesem Kapitel wurde eines der klassischen Probleme der Philosophie des Geistes vorgestellt: das Leib-Seele-Problem. Wir haben die Überlegungen dreier klassischer Autoren über die Seele und zum Verhältnis von Seele und Körper (oder: Geist und Leib) kennen gelernt.

Platons Texte bestimmen die Seele als einen vom Körper unabhängigen Gegenstand. Die Seele wird deshalb als unsterblich bezeichnet, weil der Tod des Körpers nicht notwendigerweise ihre Vernichtung bedeutet. Einen wesentlichen Strang in Platons Ausführungen über die Seele bilden die Untersuchungen der Wissensbildung. Der Umstand, dass nicht alles Wissen auf sinnliche Erfahrung zurückzuführen ist, stellt ein wichtiges Motiv für die These der Unabhängigkeit der Seele vom Körper dar. Die körperunabhängige Seele verfügt über angeborene Ideen und besitzt ein Wissen, das aus einer Zeit vor der Geburt d. h. der Vereinigung der Seele mit dem Körper stammt.

Aristoteles entwirft ein vollkommen anders ausgerichtetes Modell der Seele. Die Seele existiert nicht unabhängig vom Körper. Sie tritt nur in Verbindung mit dem Körper auf. Die Seele wird als Struktur oder Form eines belebten Körpers bestimmt. Diese Position wird aufgrund der griechischen Wörter für Stoff (‚hyle') und Form (‚morphe') als Hylemorphismus bezeichnet. Aristoteles betont die enge Verbindung von körperlichen und psychischen Aspekten beim Menschen.

Charakteristisch für die Aristotelische Konzeption ist der Umstand, dass nicht nur die Menschen, sondern alle Lebewesen (auch Pflanzen und Tiere) als beseelte Wesen angesehen werden. Die grundlegenden Eigenschaften sind Stoffwechsel (Ernährung), Reproduktion und Werden/Vergehen. Die Seele des Menschen besitzt darüber hinaus die Fähigkeiten der Wahrnehmung und der Vorstellung sowie das Vermögen des Denkens. Menschen sind durch Rationalität und Sprachkompetenz ausgezeichnet.

In der Neuzeit hat René Descartes eine einflussreiche Lehre über die Seele als immaterielle Substanz formuliert. Er unterscheidet zwei Arten von Substanzen. Es gibt denkende Substanzen (Seelen) und es gibt ausgedehnte Substanzen (Körper). Die Eigenschaften des Denkens und der Ausdehnung werden als wesentliche Eigenschaften der beiden grundlegenden Substanzarten bestimmt. Descartes ist der Auffassung, dass die Seele getrennt vom Körper existieren kann und nicht materieller Natur ist. Das entscheidende Problem, das mit dieser Theorie aufgeworfen wird, lautet: Wie kommt es zu Wechselwirkungen (Interaktion) zwischen der Seele und dem Körper? Dieses Interaktionsproblem wird von Descartes nicht überzeugend gelöst. Seine Nachfolger bemühen sich darum, eine Lösung zu finden.

Die Okkasionalisten leugnen, dass überhaupt eine Interaktion zwischen Körper und Seele stattfindet. Sie halten zwar an der dualistischen Grundvorstellung Descartes' fest, aber sie entwickeln eine eigenwillige Kausalitätstheorie. Diese metaphysische Theorie bestimmt Gott als den Inbegriff der tatsächlichen kausalen Kräfte im Universum und glaubt damit das Interaktionsproblem auflösen zu können.

Eine radikale Antwort auf das Interaktionsproblem, die Descartes' Substanzdualismus verwirft, gibt Spinoza. Er gibt die Lehre der zwei Substanzen auf. In seiner Metaphysik gibt es nur eine einzige Substanz. Diese besitzt die Eigenschaften der Ausdehnung und des Denkens. Mit dieser Konstruktion umgeht Spinoza zentrale Probleme des Cartesianischen Dualismus. Dies gelingt nur aufgrund starker metaphysischer Annahmen.

Leibniz entwickelt den Psychophysischen Parallelismus. Er ist weder von der Lösung der Okkasionalisten noch von der substanzmonistischen Antwort Spinozas überzeugt. Leibniz hält daran fest, dass es zwei unterschiedliche Phänomenbereich – Physisches und Mentales – gibt. Er schlägt eine metaphysische Konstruktion vor, derzufolge auf beiden Ebenen die Ereignisse in einer determinierten Folge ablaufen. Leibniz zufolge ist es eine Illusion zu glauben, es gäbe kausale Einwirkungen des Geistes auf den Körper oder des Körpers auf den Geist. In Wirklichkeit sind die Ereignisse auf der Ebene des Geistes und die physischen Ereignisse voneinander kausal unabhängig. Sie sind gemäß der ‚prästabilierten Harmonie' perfekt aufeinander abgestimmt.

Als letzte Position wurde der Epiphänomenalismus diskutiert. Auch er geht von der Unterscheidung der beiden Bereiche des Physischen und des

Mentalen aus. Er sieht eine kausale Wirksamkeit des Physischen. Mentale Ereignisse sind durch physische Ereignisse verursacht. Aber die mentalen Ereignisse sind kausal wirkungslos. Kein mentales oder psychisches Ereignis kann als solches irgendeine Wirkung verursachen. Der Epiphänomenalist trägt materialistischen Intuitionen Rechnung. Er kommt einer materialistischen Theorie im Vergleich mit den zuvor behandelten Modellen entgegen, ohne die Annahme eines Bereichs des Mentalen oder Psychischen gänzlich aufzugeben. Kritiker betonen, dass der Epiphänomenalismus das Mentale als einen Bereich von funktions- und wirkungslosen Phänomenen bestimmt. Damit verstößt der Epiphänomenalist gegen verbreitete Intuitionen.

Lektürehinweise

Zu 2.1.1.:

Die wichtigsten Platon-Texte sind gut greifbar. Eine günstige und solide zweisprachige Ausgabe des ‚Menon' ist (63). Alle Platon-Dialoge sind in den zweisprachigen, von K. Hülser herausgegebenen ‚Sämtlichen Werken' (62) zu finden. A. Beckermann (36), S. 20–28 gibt eine knappe systematisch orientierte Übersicht über einige zentrale Stellen in Platons Dialogen, in denen das Wesen der Seele thematisiert wird. F. Ricken vermittelt in den von ihm verfassten Abschnitten des Artikels ‚Seele' in (31) IX, Spalte 1–5 einen konzisen Überblick über Platons Seelenbegriff mit weiterführenden Literaturhinweisen.

Zu 2.1.2.:

Die Aristoteles-Texte sind in zahlreichen Ausgaben erhältlich. Die am besten zugängliche zweisprachige Ausgabe von ‚De anima' ist derzeit Aristoteles (57). J. Barnes (65) ist eine knappe, verlässliche und gut lesbare Einführung in das Gesamtwerk. M. C. Nussbaum und A. O. Rorty haben mit (77) eine Aufsatzsammlung veröffentlicht, in der Beiträge von führenden Aristoteles-Forschern über einzelne Aspekte der Seelenlehre abgedruckt sind. R. Sorabji in (67), S. 162–196 und T. Irwin in (68), S. 56–83 geben gute Gesamtdarstellungen der Aristotelischen Psychologie.

Zu 2.2.:

P. Bieri stellt in (47), S. 1–28 das Leib-Seele-Problem im Kontext der gegenwärtigen Philosophie in erhellender und präziser Weise vor. Der Artikel ‚Leib-Seele-Verhältnis' in (31) V, Spalte 185–206, gibt einen Überblick über die historische Entwicklung des Problems mit Literaturverweisen.

Zu 2.2.1.:

Bei dem klassischen Text, auf den die neuzeitlichen Debatten über das Leib-Seele-Problem zurückgreifen, handelt es sich um: R. Descartes ‚Meditationen über die Grundlagen der Philosophie mit den sämtlichen Einwänden und Erwiderungen' (93). Weitere Werke von Descartes, die für das Thema einschlägig sind: ‚Von der Methode [...]' in (92), ‚Die Prinzipien der Philosophie' (94), ‚Die Leidenschaften der Seele' (95). Einen Überblick über die unterschiedlichen Arbeitsfelder Descartes und seine Konzeption des Leib-Seele-Verhältnisses bietet die Aufsatzsammlung (112). G. Gabriel führt in gut nachvollziehbarer und verlässlicher Weise in Descartes' Philosophie im Zusammenhang der erkenntnistheoretischen Zentralprobleme ein: (11), S. 9–38. D. Perler bietet in (119) eine konzise Darstellung, in der auch die problematischen Aspekte der Cartesianischen Philosophie klar herausgearbeitet und abgewogen beurteilt werden.

Zu 2.2.2.:

Géraud de Cordemoy (87) ist der einzige derzeit in deutscher Sprache gut greifbare Text eines Autors, der den Okkasionalismus vertritt. (105) ist ein unglücklicherweise vergriffener, also nur in Bibliotheken auffindbare Übersetzung von Malebranche. Im Buchhandel sind nur französische Ausgaben erhältlich. (121), S. 405–422 gibt solide

historische Informationen über Malebranches Okkasionalismus. (118) ist die derzeit beste Präsentation der Philosophie Malebranches in einem Sammelband.
Zu 2.2.3.:
Spinozas ‚Ethik' ist in einer leicht zugänglichen, zweisprachigen Ausgabe greifbar: (107). Der von D. Garrett herausgegebene Sammelband (113) vereinigt eine Reihe von Aufsätzen, die die wesentlichen Aspekte der Philosophie Spinozas behandeln.
Zu 2.2.4.:
Eine gute Auswahl der Schriften von Leibniz ist in (102) zusammengestellt. Die einzelnen Abhandlungen sind in zahlreichen Einzelausgaben erhältlich. H. Holzhey (114), S. 995–1159 informiert über Leben, Entwicklungsphasen und Forschungsliteratur. N. Jolley Sammelband (115) enthält Artikel zu einzelnen Entwicklungsabschnitten und Schwerpunkten der Philosophie von Leibniz.
Zu 2.2.5.:
C. D. Broad (125), S. 118 und 470–473 ist eine klassische Präsentation des Epiphänomenalismus. D. Birnbacher (137), S. 59–79 argumentiert für den Epiphänomenalismus als Lösung des Leib-Seele-Problems. T. H. Huxley (131) gilt als ‚Erfinder' des Epiphänomenalismus.

Fragen und Übungen

1. Welche Auffassung über das Verhältnis von Leib und Seele wird Platon zugeschrieben? In welchem Verhältnis stehen Körper und Seele nach Platon?
2. Welcher Zusammenhang wird im ‚Menon' zwischen der Wiedererinnerung und dem Begriff des Wissens dargelegt?
3. Was bedeutet der Ausdruck ‚Hylemorphismus'? Suchen Sie in einem der im Literaturverzeichnis angegebenen Handbücher nach einer Erklärung.
4. Vergleichen Sie die Konzeption der Seele (psyche) bei Platon und Aristoteles: Was sind die wichtigsten Unterschiede?
5. Welche Aufgabe will Descartes mit seinen ‚Meditationen' lösen?
6. Wie definiert Descartes die Begriffe des Körpers und des Geistes?
7. Welchen Unterschied kann man zwischen dem Satz „cogito, sum" und dem Satz „cogito, ergo sum" machen?
8. Denken Sie sich ein Bespiel für das Interaktionsproblem aus und schreiben Sie das Beispiel nieder.
9. Erläutern Sie die Bedeutung des Ausdrucks ‚Okkasionalismus'. Berücksichtigen Sie dabei auch die etymologische Herkunft dieser Bezeichnung.
10. Bei Leibniz wird das Interaktionsproblem aufgelöst. Welche Sichtweise wird mit dem von ihm vertretenen psychophysischen Parallelismus vorgeschlagen? Erläutern Sie knapp den Grundgedanken der Konzeption.
11. Der Epiphänomenalismus macht einen Vorschlag, das Verhältnis von Mentalem und Physischem hinsichtlich der kausalen Verbindungen zu klären. Welche Kausalketten werden vom Epiphänomenalisten zugelassen, welche werden ausgeschlossen?

3. Varianten des Materialismus

Nachdem in Kapitel 1 Grundlagen der Philosophie des Geistes erläutert und in Kapitel 2 die wichtigsten traditionellen Begriffe und Modelle des Geistes und des Zusammenhangs von Körper und Geist behandelt wurden, skizziert dieses Kapitel zunächst die für die Gegenwart ausschlaggebenden Entwicklungen der Wissenschaften (3.1.). In einem zweiten Schritt wird das Programm des Behaviorismus und seiner philosophischen Anhänger vorgestellt. Der Behaviorismus präsentiert sich als eine Bewegung, die die unhaltbar spekulativen Modelle der traditionellen Philosophie beseitigt und einer naturwissenschaftlichen Zugangsweise zum Durchbruch verhilft (3.2.). Die radikale behavioristische Konzeption wird durch Autoren kritisiert, welche die Einseitigkeit der Orientierung an einer Idealsprache bemängeln. G. Ryles Überlegungen zum Begriff des Geistes sind ein gutes Beispiel für diese Haltung (3.3.). Ryle ist ein wichtiger Autor, weil er sowohl gegenüber den spekulativen Begriffsbildungen der Tradition – insbesondere gegenüber dem Cartesianischen Dualismus – kritisch eingestellt ist wie auch die verengte Sichtweise des Behaviorismus angreift (3.4.). In Ryles eigener Konzeption des Geistes spielt der Begriff der Disposition eine entscheidende Rolle (3.5.).

3.1. Jenseits des Cartesianischen Dualismus

Die bisher vorgestellten Positionen zum Leib-Seele-Problem stellen metaphysische Thesen über die Beschaffenheit des Körpers und der Seele auf. Angesichts der Schwierigkeiten, mit denen die untersuchten Theorien konfrontiert sind, bietet sich die Möglichkeit an, den Dualismus ganz aufzugeben und einen *Materialismus* zu vertreten. Unter gegenwärtigen Bedingungen spielt der Materialismus eine dominante Rolle. Im Zusammenhang mit den Naturwissenschaften, insbesondere den Neurowissenschaften und der Kognitionswissenschaft, findet er breite Zustimmung. Ein Materialist behauptet entweder, dass mentale Phänomene eine bestimmte Art von materiellen Phänomenen sind, oder er geht davon aus, dass Mentales durch Bezugnahme auf materielle Entitäten und Prozesse erklärt werden kann. In der Regel tritt der Materialismus in einer substanztheoretischen Version auf. Das bedeutet zunächst: Substanzen sind die Grundelemente der Wirklichkeit. Eine Substanz ist ein Einzelding, das ein Träger von Eigenschaften ist. Der Materialismus kann in monistischer Weise konzipiert sein. Eine monistische Theorie nimmt an, dass eine einzige Substanz beziehungsweise eine einzelne Art von Substanzen die Bestandteile der Realität konstituiert.

Materialismus

Um die Spezifik eines monistischen Materialismus deutlich werden zu lassen, ist es sinnvoll, verschiedene Spielarten monistischer Theorien voneinander abzuheben. Mit Bezug auf die Philosophie des Geistes kann man die folgenden Varianten eines klassischen substanztheoretischen Monismus unterscheiden:

- (1) *Idealismus*: Der Geist wird durch eine mentale oder immaterielle Substanz gebildet. Physische Manifestationen des Geistes sind auf der Basis der immateriellen Substanz und ihrer Eigenschaften zu erklären. Statt ‚Idealismus' werden auch die Ausdrücke ‚*Mentalismus*' oder ‚*Immaterialismus*' verwendet.
- (2) *Materialismus*: Der Geist wird durch eine materielle (auch: physische) Substanz konstituiert; geistige (oder: mentale) Phänomene sind auf der Basis materieller Gegenstände und ihrer Eigenschaften zu erklären. Die Bezeichnungen ‚*Physikalismus*' oder ‚*Naturalismus*' werden als weitgehend gleichbedeutend gebraucht.
- (3) *Neutraler Monismus*: Es gibt eine einzige Substanz, der sowohl physische wie auch mentale Eigenschaften zukommen. Die fundamentale Substanz selbst ist weder als physisch noch als mental angemessen zu bestimmen. Der Substanzmonismus Spinozas gehört in diese Kategorie. Spinoza vertritt gegen den Cartesianischen Dualismus die These, dass es lediglich eine Substanz gibt, der sowohl materielle als auch geistige Eigenschaften zugeschrieben werden können.

Spätestens seit dem Ende des 19. Jahrhunderts ist ein Trend zum Materialismus zu beobachten. Das hängt mit dem Geltungsverlust der traditionellen Metaphysik, dem Zusammenbruch des Deutschen Idealismus, aber vor allem mit der rasanten Entwicklung der Naturwissenschaften und den Erfolgen der Medizin zusammen. Diese Stichworte stehen für wichtige Faktoren eines umfassenden Prozesses der *Verwissenschaftlichung* des Weltbezugs. Diese Entwicklung bestimmt die Lebensverhältnisse in der gesamten westlich-europäischen Kultur. Die Konsequenzen dieses Prozesses gehen weit über den Bereich der Philosophie und der Wissenschaften hinaus. Die Namen Kopernikus, Kant, Darwin und Freud stehen für Innovationsschübe oder wissenschaftliche Revolutionen, die in den Bereichen der Astronomie, der Metaphysik, der Zoologie/Anthropologie und der Psychologie traditionelle Auffassungen erschüttert haben. Die Theorie des *Kopernikus* zerstörte die Gewissheit, dass sich die Erde und ihre Bewohner im Zentrum des Universums befinden. *Kant* destruierte die Ansprüche der traditionellen Metaphysik, verlässliches und begründbares Wissen über Gott und die menschliche Seele zu vermitteln. *Darwins* Evolutionsbegriff bedeutete für eine Sichtweise, die den Menschen als ein der Tierwelt überlegenes Vernunftwesen betrachtete, eine radikale Provokation: Der Mensch wird jetzt als eine mit anderen Tierarten in genetischer Verbindung stehende Tierart begriffen. *Freuds* Theorie des Unbewussten attackierte die Konzeption des autonomen und vernünftigen Individuums, indem entscheidende Triebkräfte des Verhaltens aus dem Bereich des Bewusstseins und der rationalen Kontrolle in das Unbewusste verlagert wurden. Kopernikus, Kant, Darwin und Freud stehen für die Destruktion maßgeblicher traditioneller Vorstellungen. Mit der Zerstörung metaphysischer Überzeugungen geht eine Aufwertung wissenschaftlicher Erkenntnis einher. Grob vereinfachend gesagt: Die Wissenschaften treten an die Stelle der traditionellen Metaphysik.

Verwissenschaftlichung

Die angesprochene Verwissenschaftlichung bildet sich auch auf der Ebene der Institutionen ab, in denen die Forschung organisiert ist. Symptomatisch ist hier die Verselbständigung der Psychologie als ein eigenständiges Fach innerhalb der Universität. Bis in die zweite Hälfte des 19. Jahrhunderts hinein wurde die Psychologie als Teilbereich der Philosophie gelehrt. Nachdem bereits zu Anfang des 19. Jahrhunderts vereinzelt Forderungen nach einer als Erfahrungswissenschaft mit quantifizierenden Methoden betriebenen Psychologie formuliert worden waren (vgl. (130)), gewannen physikalische und mathematische Methoden, Experimente und Testverfahren immer mehr an Bedeutung. Eine Fülle von Arbeiten zur Sinnesphysiologie und Wahrnehmungspsychologie dokumentieren diese Tendenz, für die die Namen G. T. Fechner, Hermann v. Helmholtz und Wilhelm Wundt stehen. Die Gründung des ersten psychologischen Instituts an der Universität in Leipzig durch W. Wundt im Jahr 1879 signalisiert die definitive Verselbständigung der Psychologie als Wissenschaft.

Die Erwartung, dass die Fragen der Philosophie des Geistes im Rahmen einer materialistischen Konzeption Antworten finden können, stützt sich auf die Erfahrung, dass viele ehemals unverständliche Phänomene durch den Fortschritt der naturwissenschaftlichen Forschung erklärt wurden. Nun erwarten viele, dass die Naturwissenschaften auch für das Verhältnis von Geist und Körper erschöpfende Erklärungen geben werden. Im Verlauf dieser Entwicklung werden die Wissenschaften zu Instanzen, die die Einstellung zur Welt insgesamt bestimmen. Mit den Worten des amerikanischen Philosophen Wilfrid Sellars: „[D]ort, wo es darum geht, die Welt zu beschreiben und zu erklären, [ist] die Wissenschaft das Maß aller Dinge [...], sowohl der bestehenden als auch der nichtbestehenden." ((149), S. 72). Im Verlauf der Lektüre werden die Konsequenzen des skizzierten Prozesses der Verwissenschaftlichung deutlich werden. Die gegenwärtige Philosophie des Geistes ist in außerordentlich hohem Maß durch ihn bestimmt.

Naturwissenschaften als Autorität

3.2. Behaviorismus

Der Behaviorismus trat zu Beginn des 20. Jahrhunderts als eine Richtung innerhalb der Psychologie auf. Die *behavioristische Psychologie* schränkt den Bereich der zu erforschenden Phänomene strikt auf das beobachtbare Verhalten ein. Diese Forderung gibt der Richtung ihren Namen. Die Bezeichnung ‚Behaviorismus' ist abgeleitet aus dem amerikanischen Substantiv ‚behavior' (englisch ‚behaviour'), das mit ‚Verhalten' übersetzt wird. Das Verhalten von Individuen wird vom Behavioristen durch Beschreibung von Reizen und Reaktionen erklärt. Der Behaviorismus konzentriert sich auf das Verhalten und er wendet sich in seiner radikalen Variante gegen alle Versuche, die so genannte innere Erfahrung von Individuen zu erforschen.

Als empirische Forschungsrichtung ist der Behaviorismus darauf ausgerichtet, beobachtbares Verhalten zu erklären. Im Zentrum des behavioristischen Interesses stehen zwei Momente: Erstens die *Reize*, die aus der Umgebung auf einen Organismus einwirken, und zweitens die *Reaktionen*, die der Organismus aufgrund der Reizeinwirkung zeigt. Das klassische Reiz-Reaktionsmuster ist der leichte Schlag gegen das Knie und die Reflexreaktion, die durch diesen Reiz ausgelöst ist. Im Rahmen eines vergleichsweise elementaren Modells von Nervenprozessen und Muskelaktivität ist das auftretende Verhalten

Reize und Reaktionen

auf der Basis des einwirkenden Reizes hinreichend zu erklären. Das Glaubensbekenntnis des Behavioristen besagt, dass sich im Prinzip alle Formen des Verhaltens im Rahmen dieses Modells erfassen lassen.

Die klassischen Arbeiten von J. B. Watson und B. F. Skinner waren durch eine Kritik an Verfahren der älteren Psychologie motiviert (vgl. (187), (190)). Die traditionelle Psychologie hatte der *Introspektion*, der Selbstbeobachtung psychischer Zustände, große Bedeutung zugebilligt. Die Behavioristen kritisieren die Selbstbeobachtung, weil sie unzuverlässig und nicht wissenschaftlich überprüfbar ist. Dank der Konzentration auf Reize und Reaktionen erübrigt sich nach behavioristischer Überzeugung die Berücksichtigung innerer Zustände. Diese bleiben als interne Zustände in der ‚black box', der für den wissenschaftlichen Psychologen unzugänglichen dunklen Kiste.

J. B. Watson, einer der Pioniere des Behaviorismus, stellt 1913 fest: „Die Psychologie [...] ist ein rein objektiver, experimenteller Zweig der Naturwissenschaft. Ihr theoretisches Ziel ist die Vorhersage und Kontrolle von Verhalten." ((40), S. 29).

Das sind klare Worte. Voraussage und Kontrolle sind wichtige Ziele naturwissenschaftlicher Forschung. Nichts spricht dagegen, sie auch als Ziele der Psychologie zu beachten. Aber der Behaviorismus beschränkt die Aufgaben der Psychologie auf Voraussage und Kontrolle des Verhaltens. Und dies ist problematisch. Denn sicherlich ist es falsch zu behaupten, dass die Beschreibung, das Erklären und Verstehen psychischer Vorgänge keine legitimen Interessen und Aufgaben der Psychologie sind. Der Behaviorismus hat eine extrem eingeschränkte Konzeption der Psychologie.

Beobachtbares Verhalten

Entscheidend ist es, den Begriff des Verhaltens, der im Zentrum des behavioristischen Ansatzes steht, genauer zu betrachten. Der Begriff des Verhaltens ist komplex. Es ist sinnvoll, die folgenden vier Aspekte zu unterscheiden:

„(i) Physiologische Reaktionen: zum Beispiel Schweißbildung, Speichelfluß, Erhöhung des Pulsschlags, Erhöhung des Blutdrucks, Muskelzuckungen.
(ii) Körperbewegungen: zum Beispiel das Heben des Armes, mein auf den Kühlschrank in der Küche Zugehen, das Werfen eines Baseballs, das an der Tür Kratzen einer Katze, die Linkswendung einer Ratte in einem Labyrinth.
(iii) Handlungen, die Körperbewegungen involvieren: zum Beispiel das Schreiben einer Einladung, einen Freund grüßen, ein Buch aus der Bibliothek aussortieren, einkaufen gehen, einen Scheck ausstellen, die Mutter anrufen.
(iv) Handlungen, die keine sichtbaren Körperbewegungen involvieren: zum Beispiel nachdenken, raten, berechnen, beurteilen, entscheiden." ((40), S. 32)

Zumindest (iv) ist für den Behaviorismus problematisch. Da die behavioristische Beobachtung auf äußerlich manifestes Verhalten eingeschränkt ist, gibt es hier für den Behavioristen nichts Beobachtbares. Entweder leugnet der Behaviorist, dass es innere Vorgänge wie beispielsweise Überlegen und Nachdenken überhaupt gibt. Oder er akzeptiert, dass es solche inneren Vorgänge gibt. In diesem Fall behauptet er, dass innere Zustände oder Vorgänge durch Beobachtung von äußeren Verhalten zugänglich sind. Die erste Option ist radikal, aber wenig überzeugend. Denn innere Vorgänge werden bei der Beschreibung und Erklärung von Verhalten oft angeführt. Die zweite Option ist problematisch, denn die Verbindungen von äußerem Verhalten und inneren Vorgängen sind komplex und nicht eindeutig. So ist das Fehlen von Schmerzverhalten im Fall der Selbstbeherrschung oder Verstellung nicht dazu geeignet, die Behauptung des Fehlens entsprechender innerer Zustände zu begründen.

Der Behaviorismus ist nicht ausschließlich als eine psychologische Forschungsrichtung bedeutsam, sondern er hat auch innerhalb der Philosophie Anhänger gefunden. Im Allgemeinen wird für die dem Behaviorismus nahe stehende philosophische Richtung die Bezeichnung ‚*Logischer Behaviorismus*' gebraucht. Neben der Bezeichnung ‚Logischer Behaviorismus' werden auch die Benennungen ‚Analytischer Behaviorismus' und ‚Semantischer Physikalismus' verwendet. Unterschiede zwischen diesen verschiedenen Bezeichnungen betreffen Details, die im Rahmen dieser Einführung nicht behandelt werden. Wichtige Vertreter des Logischen Behaviorismus sind Rudolf Carnap und Carl Gustav Hempel. Der Logische Behaviorismus hat seinen Namen dem Umstand zu verdanken, dass die Philosophen, die Sympathien für den Behaviorismus hegten, meist aus dem Lager des Logischen Positivismus stammten. Der Logische Positivismus (auch: ‚Logischer Empirismus') entwickelte in der ersten Hälfte des 20. Jahrhunderts auf sprachphilosophisch-logischen Grundlagen eine Wissenschaftstheorie, die das Modell einer nach strengen logischen und methodologischen Regeln aufgebauten Einheitswissenschaft konzipiert. Die Grundlage dieser Einheitswissenschaft ist die Physik. Die Sprache der Physik wird als Universalsprache der Wissenschaft aufgefasst:

‚Logischer Behaviorismus'

Die Sprache der Physik als Universalsprache

„*[J]eder Satz der Psychologie [kann] in physikalischer Sprache formuliert werden* […]. Dies ist eine Teilthese der allgemeinen These des *Physikalismus,* daß *die physikalische Sprache eine Universalsprache* ist, d.h eine Sprache, in die jeder Satz übersetzt werden kann." – „*[D]ie Psychologie ist ein Zweig der Physik.*" ((184), S. 107 und 142)

Der Grundsatz des Logischen Behaviorismus lautet:

- *(LB) Jede sinnvolle Aussage über mentale oder psychische Phänomene kann in eine bedeutungsgleiche Aussage übersetzt werden, die ausschließlich physische Phänomene – nämlich Phänomene des Verhaltens und des Körpers – erwähnt.*

Dem Prinzip LB liegt die Erwartung zugrunde, dass die Übersetzung eines mentalen Begriffs in einen physikalischen Begriff mit einem Gewinn verbunden ist. Durch die Übersetzung wird die Sprache der Psychologie und der Philosophie des Geistes von mentalistischen oder psychologischen Begriffswörtern und deren problematischen Mehrdeutigkeiten gereinigt.

Wesentlich ist die Tatsache, dass der Behaviorismus als eine philosophische Konzeption Aussagen über psychische Phänomene (ψ-Sätze) in Aussagen über physische Körper (φ-Sätze) übersetzt bzw. die ψ-Begriffe mit Hilfe der Begriffe der physikalischen Sprache analysiert und bestimmt. Sätze, die mentale Begriffe enthalten, werden in Sätze übersetzt, die keine mentalen, sondern ausschließlich physikalistische Begriffe enthalten. Mit den Worten von C.G. Hempel:

„All psychological statements which are meaningful, that is to say, which are in principle verifiable, are translatable into statements which do not involve psychological concepts, but only the concepts of physics. The statements of psychology are consequently physicalistic statements. Psychology is an integral part of physics." ((46) Band I, S. 18. Ganzes Zitat im Original kursiv)

Hempel schränkt den Bereich sinnvoller Sätze auf diejenigen Sätze ein, die im Prinzip verifizierbar, d.h. in der Erfahrung zu bestätigen sind. Sätze sind demnach nur dann bedeutungsvoll, wenn die Bedingungen bekannt sind, unter denen die Satzaussage durch die Erfahrung als wahr erwiesen würde. Dieser Umstand wird auch mit der Formulierung zum Ausdruck gebracht: *Überprüfbarkeit (Verifizierbarkeit)* ist das *Sinn-Kriterium* für Aussagen. Nur das, was sich empirisch überprüfen und nachweisen lässt, ist ein sinnvoller Gegenstand von Aussagen: „Ein Satz besagt nicht mehr als das, was an ihm nachprüfbar ist." ((184), S. 116).

Verifizierbarkeit

Die Allgemeinheit von LB ist verwirrend. Unter welchen Voraussetzungen ist ein psychologischer Ausdruck richtig durch ein physikalistisches Wort übersetzt worden? Übersetzung meint Synonymie oder Äquivalenz der sprachlichen Ausdrücke. Ein Blick auf die seinerzeit viel beachtete Arbeit C. G. Hempels macht deutlich, wie der Logische Behaviorismus vorgeht. Hempel schlägt eine behavioristische Übersetzung des Satzes „Paul hat Zahnweh" vor:

„(a) Paul windet sich und macht Gesten von der und der Art.
(b) Auf die Frage ‚Was ist denn los?' äußert Paul die Worte ‚Ich habe Zahnweh'.
(c) Eine nähere Untersuchung ergibt, daß bei ihm ein Zahl faul ist und das Zahnfleisch frei liegt.
(d) Pauls Blutdruck, seine Verdauungsprozesse und seine Reaktionszeiten zeigen die und die Veränderungen.
(e) In Pauls zentralem Nervensystem kommen die und die Prozesse vor." ((40), S. 35)

Diese Analyse zeigt, wie der Logische Behaviorist einen Satz behandelt, der sich auf einen Schmerzzustand bezieht. Der Fall des Schmerzes ist deshalb aufschlussreich, weil Schmerzzustände oft als typische Fälle von mentalen Phänomenen angesehen werden, in denen das Erleben in der Ich-Perspektive entscheidend ist und einen Vorrang vor der Beobachterperspektive hat. Der Logische Behaviorismus akzeptiert kein solches Privileg der Ich-Perspektive und verzichtet auf den Begriff des Bewusstseins.

Die von Hempel vorgeschlagenen Übersetzungen des Satzes „Paul hat Zahnweh" sind problematisch. Zwar sagt Hempel ausdrücklich, dass sein Übersetzungsvorschlag keine abgeschlossene Liste darstellt, sondern mit Ergänzungen versehen werden kann. Aber es ist nicht die Offenheit des Übersetzungsvorschlags, die Schwierigkeiten bereitet. Besonders (b) bietet den Kritikern eine Angriffsmöglichkeit, weil es sich hierbei nicht um einen unkontroversen Fall von beobachtbarem Verhalten handelt. Mündlicher Sprachgebrauch involviert zwar artikulatorische Körperbewegungen des

Probleme

Mundes usw. Aber die Körperbewegungen an sich sind ebenso wenig wie die als physikalisches Phänomen aufgefassten akustischen Vorgänge das, worauf es ankommt, wenn jemand spricht. Es gibt einen signifikanten Unterschied zwischen Schallwellen, Geräuschproduktion einerseits und bedeutungsvoller mündlicher Rede andererseits. Nicht die Schallwellen als solche, sondern die bedeutungstragenden Worte sind im Fall (b) der Bezugspunkt einer psychologischen Untersuchung. Die Schallwellen sind das Medium der Äußerung. Sie sind nicht mit dem Sprechakt identisch, sondern ein Mittel zur Realisierung des Sprechakts. Dieser könnte unter Umständen auch durch die gestischen Zeichen der Taubstummensprache vollzogen werden. Diesen Unterschied müsste der Logische Behaviorist erschöpfend berücksichtigen. Kommunizieren, die Absicht und der Wille, sich verständlich zu machen, sind komplexe soziale und psychische Vorgänge. Eine Zurückführung der für sie zuständigen Begriffe auf äußerlich beobachtbares Verhalten und das Vokabular der Physik ist durch den Logischen Behavioristen nicht in überzeugender Weise durchgeführt worden.

Natürlich wird der Behaviorist insbesondere das körperliche Schmerzverhalten als einschlägig heranziehen: Sich-winden, Stöhnen, das Gesicht-Verzerren, all das sind charakteristische Formen von Schmerzverhalten. Entscheidend ist aber die Frage, wie man den Zusammenhang der Begriffe ‚Schmerz' und ‚Schmerzverhalten' genau auffasst. Dass zwischen dem Schmerzverhalten (a) und dem Schmerz eine außerordentlich enge Verbindung besteht, ist nicht strittig. Unklar ist allerdings, wie eng diese Verbindung ist. Ein logischer Zusammenhang besteht jedenfalls nicht. Beim Schmerzverhalten eines Schauspielers oder Simulanten ist kein Schmerz vorhanden, obwohl das ansonsten charakteristische Verhalten vorliegt.

Das Gegenstück zum Simulanten und Schauspieler ist der Gelähmte. Er hat Schmerzen, aber er kann keine als Schmerzverhalten zu interpretierenden Körperbewegungen ausführen. Der Behaviorist kann ihm keine Schmerzen zuschreiben. Das Beispiel des Gelähmten und der Fall eines Stoikers, der zwar Schmerzen hat, aber sein Schmerzverhalten unterdrückt, sind für den Behaviorismus fatal. In diesen Fällen ist die Identifikation von Schmerz und Schmerzverhalten verfehlt. Die These des Behaviorismus, dass alle mentalen Begriffe mit der physikalischen Sprache bestimmt werden können, muss angesichts dieser Einwände als gescheitert gelten.

3.3. Von der Idealsprache zur Umgangssprache

Der Logische Behaviorismus hat eine ausgesprochen anspruchvolle Konzeption der Wissenschaft. Er vertritt mit dem Sinn-Kriterium der *Verifizierbarkeit* eine Theorie der Sprache, die starke normative Festlegungen vornimmt. Verifizierbarkeit bedeutet, dass man die Bedingungen angeben kann, unter denen der Satz sich als wahr erweist. Man spricht auch davon, dass die *Wahrheitsbedingungen* von Sätzen formuliert werden können. Die Wahrheit einer einfachen Aussage ‚Diese Tomate ist rot' ist dadurch bedingt, dass dem durch den Ausdruck ‚Diese Tomate' bezeichneten Gegenstand tatsächlich das Merkmal ‚rot' zukommt. Die Wahrheit komplexer Aussagen ergibt sich aus der Wahrheit der Teilaussagen. Wahrheitsbedin-

Wahrheitsbedingungen

gungen spielen im Logischen Behaviorismus eine zentrale Rolle. Der Bereich sinnvoller Aussagen wird durch das Verifikationsprinzip vom Bereich der sinnlosen Sätze abgetrennt. Eine Aussage ist sinnlos, wenn man nicht sagen kann, unter welchen überprüfbaren Bedingungen sie sich als wahr erweist. Die sinnvollen Aussagen sollen den Regeln einer *Idealsprache* oder einer *Universalsprache* unterliegen, die nach logischen Erfordernissen gedacht ist.

Die Konzeption der Idealsprache wurde aus unterschiedlichen Gründen kritisiert. Einige der prominentesten Autoren, die Kritik vorbrachten, werden trotz unterschiedlicher Auffassungen im Detail als Vertreter einer *Philosophie der normalen Sprache* bezeichnet: John L. Austin, Ludwig Wittgenstein und Gilbert Ryle. Wittgenstein ist ein Sonderfall, weil er mit seinem ‚Tractatus' zunächst eine Philosophie einer idealen Sprache formuliert hatte. Später revidierte er diese Theorie grundlegend.

Die Bezeichnung ‚Philosophie der normalen Sprache' deutet bereits an, in welche Richtung die Gedanken dieser Philosophen gehen. Sie fordern keine radikal neue Sprache. Sie sind davon überzeugt, dass die Umgangssprache mit all ihren Vieldeutigkeiten und Unklarheiten selbst bereits die wichtigsten Mittel beinhaltet, mit denen man philosophische Probleme behandeln kann. Das Projekt der Konstruktion einer einheitlichen idealen Sprache, die primär an logischen und formalen Zwecken orientiert ist, wird aufgegeben.

Aussagen und Behauptungen

Ein Punkt, an dem Beschränkungen der Konzeption einer Idealsprache deutlich werden, lässt sich vergleichsweise einfach illustrieren. Austin, Wittgenstein und andere haben darauf hingewiesen, dass Aussagesätze zwar eine zentrale Funktion in der Sprache haben. Die natürliche Sprache kennt aber vielfältige Redeformen, die keine Aussagen sind: Fragen, Befehle, Interjektionen (‚Oh!', ‚Ach!', ‚Au!', ‚Juhuu!'), Gebete, Bitten. Diese Redeformen haben alle keine Wahrheitsbedingungen, denn sie sind nicht wahr oder falsch. Dennoch sind sie nicht sinnlos. Eine Strategie, hierauf zu reagieren, besteht darin, die Rede von den Wahrheitsbedingungen zu ergänzen und mit Bezug auf die nicht-aussagenförmigen Redeformen von den Bedingungen zu sprechen, unter denen die Redeformen erfolgreich oder akzeptabel sind. Einen Befehl zu verstehen, hieße zu wissen, unter welchen Bedingungen man sagen würde, der Befehl sei ausgeführt worden. Man spricht daher in Erweiterung des Begriffs der Wahrheitsbedingungen von *Erfüllungsbedingungen* oder *Verständlichkeitsbedingungen* der Rede. Damit ist es möglich, den Bereich sinnloser Rede, der unter der Herrschaft der Idealsprache recht umfangreich ausfällt, zu reduzieren. Viele Redeweisen, die in der alltäglichen Sprache eine wichtige Rolle spielen, können so in das Reich des Sinns integriert werden.

Andere Redeformen

Erfüllungsbedingungen

Der britische Philosoph Gilbert Ryle hat zunächst der Philosophie der idealen Sprache nahe gestanden. Ryle behandelt später aber die philosophischen Probleme mit Mitteln der gewöhnlichen Umgangssprache. Dabei ist die Konzeption der Kategorienfehler zentral. Ryle ist davon überzeugt, dass philosophische Argumente weitgehend mit den Mitteln der Umgangssprache formuliert werden können. Es ist seiner Ansicht nach nicht notwendig, eine Kunstsprache oder eine formalisierte Sprache zu entwickeln, um wichtige philosophische Probleme zu behandeln. Seiner Auffassung nach besteht ein wesentlicher Teil der philosophischen Arbeit darin, Missverständnisse aufzuzeigen, die bestimmten Theorien und Konzeptionen zugrunde liegen. Dies geschieht nicht in erster Linie durch deduktive und induktive Argumente, die einzelne Fehler der kritisierten Konzeptionen nachweisen. Stattdessen werden absurde Konsequenzen der Theorien aufgezeigt (‚reductio ad absurdum') oder missverständliche Annahmen und Voraussetzungen benannt.

3.4. Ryles Kritik an Descartes' Dualismus

In seinem Buch ‚Der Begriff des Geistes' (‚The concept of mind') formuliert Gilbert Ryle eine aggressive und stellenweise glänzend formulierte Kritik am Cartesianismus (148). Die außerordentliche Wirkung, die er mit seinem Buch erzielte, ist zu einem großen Teil auf die griffige und teilweise amüsant zu lesende Polemik gegen den Cartesianismus zurückzuführen. Ryles Vorgehensweise macht es dem Leser allerdings nicht immer leicht, den sachlichen Ertrag zu erkennen. Mitunter vermittelt der Text den Eindruck der Unübersichtlichkeit. Das ist kein Mangel der Darstellung, sondern entspricht nach Ryles Auffassung der Lage der Dinge: „In philosophy, generalizations are unclarifications." ((179), S. 255). Ein wesentlicher Impuls Ryles ist es, vor Vereinfachungen und Pauschalisierungen zu warnen. Durch diese Haltung unterscheidet er sich von den Behavioristen. Ryle ist durch ein Interesse an begrifflicher Präzision und Strenge motiviert. Aufschlussreich ist in diesem Zusammenhang auch die Tatsache, dass Ryle sich zwar als scharfer Kritiker des Cartesianischen Dualismus und des Idealismus präsentiert, aber nicht als Vertreter des Materialismus/Physikalismus auftritt. Ryle führt keine ontologischen Gründe an, um seine Auffassung über das Verhältnis von Körper und Geist zu untermauern:

„[Der] Gegensatz zwischen Materie und Geist [wird] aufgelöst werden [...] Der Glaube an den polaren Gegensatz zwischen Geist und Materie ist der Glaube daran, daß sie Ausdrücke desselben logischen Typs sind." ((148), S. 23)

Die Überzeugung, dass es sich bei den Begriffen des Geistes und des Körpers um Begriffe desselben logischen Typs handelt, ist nach Ryle verantwortlich für die endlosen Verwirrungen im Kontext des Leib-Seele-Problems. Der erste Schritt Ryles besteht in der Destruktion des Dualismus von Körper und Geist. Ryle protestiert gegen die Cartesianischen Lehre von der Seele oder vom Geist, die er folgendermaßen darstellt: Descartes geht davon aus, dass der Mensch als Verbindung von zwei unabhängigen Substanzen – Geist und Körper – existiert. Der Geist kann angeblich ohne den Körper sein. Descartes behauptet, dass der Körper des Menschen als ein ausgedehnter, räumlicher Gegenstand den Kausalgesetzen gehorcht. Das Verhalten und die Zustände des Körpers können von Beobachtern festgestellt und beschrieben werden. Anders verhält es sich mit dem Geist. Er ist kein räumlicher Gegenstand. Er unterliegt auch nicht den Kausalgesetzen. Äußere Beobachter können die Zustände und Aktivitäten des Geistes nicht beobachten, denn diese Zustände und Aktivitäten sind privat. Das Ich hat direkte und unmittelbare Kenntnis seiner eigenen geistigen Zustände und Aktivitäten. Einem äußeren Beobachter sind diese nicht direkt zugänglich.

Ein zentraler Punkt der Cartesianischen Auffassung des Geistes besteht in der Vorstellung, jedes geistige Wesen, jeder Mensch könne die eigenen geistigen Tätigkeiten und Zustände sozusagen im eigenen Inneren wahrnehmen und ‚sehen'. Diese Vorstellung motiviert die Rede von der *Introspektion*, von einem nach innen gewendeten Blick. Der Blick nach innen vermittelt ein unmittelbares und vollkommen sicheres Wissen von den eigenen geistigen Zuständen. Im Unterschied zu üblichen Sehvorgängen von Objekten im Raum ist der Bereich des inneren Blicks so beschaffen, dass immer nur ein einziges Wesen die jeweiligen Objekte erfassen kann. René kann seine und nur seine geistigen Aktivitäten beobachten und im Inneren sehen. Er kann aber nicht die geistigen Akte von Antoine sehen und Antoine nicht diejenigen von René.

Introspektion

Im Cartesianischen Dualismus wird Introspektion mit Gewissheit verbunden. Der Cartesianer sagt: ‚Wenn ich mir bewusst bin, Zahnschmerzen zu haben, wenn ich an meine Zahnschmerzen denke, dann ist es gewiss, dass ich an meine Zahnschmerzen denke. Anders als bei der äußeren Wahrnehmung ist es ausgeschlossen, dass eine andere Person behauptet, ich würde mich irren. Selbstbewusstsein ist unmittelbar, gewiss und immun gegen Täuschung'. Ryle ist der Ansicht, dass diese Auffassung vollkommen verfehlt ist. Er bezeichnet die Cartesianische Theorie als das „Dogma vom Gespenst in der Maschine". Wie begründet er seine These? Nach Ryle liegt eine verhängnisvolle Kategorienverwechslung (‚category mistake') vor (vgl. (148), S. 13–17). Der Terminus ‚Kategorienverwechslung' ist für Ryle grundlegend. Mit Hilfe eines anschaulichen Beispiels erläutert er seine Bedeutung. Ein mit dem westlichen Bildungssystem nicht vertrauter Ausländer kommt in eine Universitätsstadt. Man zeigt ihm die Unterrichtsgebäude, Bibliothek, Verwaltungsgebäude, Sportplätze und Labors der Universität. Nachdem er das alles gesehen hat, stellt er die Frage ‚Wo ist denn die Universität?'. Die Frage zeigt, dass er die Bedeutung des Begriffs ‚Universität' nicht versteht. Er begreift nicht, dass all die Gebäude, die er gesehen hat, Teile der Universität sind. Er ist sich nicht darüber im Klaren, dass ‚Universität' die Bezeichnung für die Institution ist, deren einzelne Teile in den je für bestimmte Zwecke errichteten Gebäuden untergebracht sind. Die Erwartung des Besuchers, es gäbe neben all den Gebäuden, die er besichtigt hat, noch ein weiteres Gebäude, das die Universität ist, basiert auf einer Kategorienverwechslung.

Kategorienverwechslung

Der Begriff der *Kategorienverwechslung* kann in folgender Weise definiert werden:

„*Zwei Ausdrücke *a* und *b* gehören genau dann zu derselben Kategorie, wenn man *a* in allen Kontexten, in denen die Verwendung von *a* sinnvoll ist, durch *b* ersetzen kann, ohne daß Unsinn entsteht, und umgekehrt.
*Einen Kategorienfehler begeht, wer einen Ausdruck *a* so behandelt, als gehöre er zur Kategorie *A*, während er in Wirklichkeit zur Kategorie *B* gehört." ((36), S. 78)

Diese Definition bringt das oben angeführte Beispiel Ryles auf den Punkt: der ausländische Student erkennt nicht, dass die Ausdrücke ‚Bibliothek' und

‚Universität' nicht derselben Kategorie angehören. Er behandelt den Ausdruck ‚Universität' so, als ob er derselben Kategorie angehöre wie ‚Bibliothek', ‚Mensagebäude', ‚Juristisches Institut' etc.

Nach Ryles Auffassung ist der Cartesianische Dualismus nichts anderes als ein einziger Kategorienfehler. Ryles Diagnose besagt, dass Begriffe, die im Bereich der Körper und ihres Verhaltens sinnvoll angewendet werden (‚Ding', ‚Eigenschaft', ‚Material', ‚Zustand', ‚Ursache', ‚Wirkung') durch die Cartesianische Theorie des Geistes auf einen anderen Bereich – den des Mentalen und Geistigen – übertragen werden. Diese Übertragung ist ein Kategorienfehler. Er ist durch die folgende Überlegung motiviert: Wörter, die sich auf mentale Vorgänge beziehen, lassen sich nicht als Bezeichnungen von mechanischen Prozessen interpretieren. Es handelt sich demzufolge um Bezeichnungen von nichtmechanischen Prozessen. Mechanische Gesetze erklären die Vorgänge im Raum als Wirkungen anderer räumlicher Vorgänge. Die Gesetze für nicht-räumliche, mentale Vorgänge sind entsprechend als Wirkungen anderer nicht-räumlicher Vorgänge im Geist zu erklären. Der Geist ist ein Gegenstand anderer Art als der Körper. Mentale Vorgänge sind Ursachen und Wirkungen. Aber es handelt sich um Ursachen und Wirkungen anderer Art als Körperbewegungen.

Die paramechanische Hypothese

Diese Vorstellung einer Kausalität im Bereich des Geistigen, der klar unterschieden ist vom Bereich der Körper, nennt Ryle „paramechanische Hypothese" ((148), S. 19). Der Bereich des Mentalen und Geistigen ist damit einerseits getrennt vom Feld der Körper und des Materiellen. Die Prinzipien, die das Verhalten der geistigen Objekte bestimmen, sind aber ganz analog zu denen in der Körperwelt. Es handelt sich um kausale Verhältnisse. Nach Ryles Überzeugung ist eine solche Sichtweise in gewisser Weise verführerisch, weil sie eine einheitliche Struktur des Bereichs geistiger Phänomene suggeriert. Allerdings führt diese Suggestion in die Irre. Tatsächlich ist der Bereich des Geistigen komplexer und keineswegs einheitlich.

In diesem Zusammenhang ist zu beachten, dass Ryle den psychologischen Behaviorismus ablehnt. Er glaubt, dass der Behaviorismus falsch und gescheitert ist. Aber auch falsche Theorien können verdienstvoll sein, wenn durch sie verfestigte, dogmatische Anschauungen und Denkgewohnheiten der Philosophie erschüttert werden. Genau dies ist eine unbestreitbare Leistung des Behaviorismus in Hinsicht auf die Cartesianische Zwei-Welten-Doktrin ((148), S. 449–452). Der Cartesianische Paramechanismus erleidet eine entscheidende Niederlage. Ryle kritisiert aber nicht nur die dualistischen Paramechanisten, sondern ebenso die Mechanisten. Nicht nur der Cartesianische Dualismus ist verfehlt, auch ein pauschaler Monismus geht an der Komplexität der Verhältnisse vorbei. Das Resultat ist sowohl hinsichtlich des Cartesianischen Dualismus als auch des Behaviorismus negativ. Worin besteht Ryles positiver Beitrag zur Philosophie des Geistes?

3.5. Dispositionen

Ryle argumentiert dafür, dass mentale Begriffe in wesentlichen Aspekten als *Dispositionsbegriffe* zu analysieren sind ((148), Kapitel 5). Dispositionen sind nicht-manifeste Eigenschaften. Manifeste Eigenschaften sind Eigenschaften, die aktuell vorliegen und beobachtet werden. Sie können in kategorischen Sätzen (Aussagesätzen) festgestellt werden. Dispositionen hingegen werden in contrafaktischen Konditionalsätzen expliziert.

Contrafaktischer Konditionalsatz

Ein *contrafaktischer Konditionalsatz* ist ein ,wenn-dann'-Satz. Der erste Teil eines solchen Satzes (,Wenn ...') formuliert einen faktisch nicht vorliegenden Sachverhalt. Der ganze ,wenn-dann'-Satz informiert darüber, was der Fall wäre, wenn die Bedingungen des Vordersatzes erfüllt wären. Ein solcher Satz stellt also keine Behauptung über einen tatsächlich vorliegenden Zustand auf. Er vermittelt ein Wissen darüber, was unter bestimmten Bedingungen geschehen würde.

Das folgende Beispiel erläutert, wie das gemeint ist: Jemand sieht ein Glas auf einem Tisch und sagt ,Wenn das Glas auf den Steinboden fallen würde, dann würde es zerbrechen'. Seine Aussage bezieht sich nicht auf einen tatsächlich vorliegenden Sachverhalt – das Glas ist ja nicht wirklich auf den Boden gefallen und zerbrochen –, sondern auf einen möglichen Verlauf. Das intakte Glas hat die Disposition, die Anlage, unter bestimmten Bedingungen, die aktuell nicht erfüllt sind, zu zerbrechen. Das Alltagswissen und ein erheblicher Teil des wissenschaftlichen Wissens bestehen im Wissen über solche Dispositionen.

Ryle betont, dass die Dispositionsaussage einen gesetzesartigen Zusammenhang feststellt. Dispositionsaussagen sind aber von Kausalaussagen zu unterscheiden. Eine Kausalaussage wie ,Das Glas zerbrach, weil es auf den Steinboden gefallen war' bezieht sich auf zwei Ereignisse: die Ursache (das Glas fällt auf den Steinboden) und die Wirkung (das Glas zerbricht). Beide Ereignisse treten sukzessive auf. Das ist logisch zu unterscheiden vom Fall der Dispositionsaussagen. Die Disposition wird fixiert als ein bestimmtes mögliches Verhalten des Gegenstands unter identifizierbaren Bedingungen. Ein zerbrechliches Glas ist auch dann ein zerbrechliches Glas, wenn es faktisch niemals zerbricht. Kausalaussagen beziehen sich auf sukzessiv auftretende Ereignisse. Dispositionsaussagen beziehen sich auf mögliche Ereignisse. Nur dann, wenn sowohl das Verhalten als auch die Bedingungen hinreichend geklärt und spezifiziert sind, ist die Dispositionsaussage bedeutungsvoll.

Die Philosophie des Geistes interessiert sich nicht für Dispositionen physikalischer Entitäten, wie die Zerbrechlichkeit von Glas oder die Wasserlöslichkeit von Zucker. Wichtige Dispositionen in der Philosophie des Geistes betreffen *Fähigkeiten, Neigungen, Emotionen* und *mentale Eigenschaften* von Individuen. In allen diesen Fällen ist es von erheblicher Bedeutung zu wissen, unter welchen Bedingungen ein bestimmtes Verhalten oder ein psychisches Phänomen manifest werden kann. Die Komplexität der Sachlage ist in wesentlicher Hinsicht dadurch bestimmt, dass die für die Philosophie des Geistes und der Psychologie interessanten Dispositionen häufig erworbene Dispositionen sind.

Mentale Zustände und Eigenschaften als Dispositionen

Der Unterschied von *erworbenen* und *nicht-erworbenen* (konstitutiven oder angeborenen) *Dispositionen* ist wichtig. Beispiele für nicht-erworbene Dispositionen sind leicht zu finden, wenn man an die mit den allgemeinen Körperfunktionen zusammenhängenden Zustände denkt: Alle Menschen sind durstig, wenn sie lange Zeit keine Flüssigkeitszufuhr hatten. Beispiele für erworbene Dispositionen lassen sich im Zusammenhang mit erlernten

Fähigkeiten oder Verhaltensmustern finden, die nicht alle Menschen zeigen. Bei Geiz, Großherzigkeit, Rachsucht, Mildtätigkeit handelt es sich oft um erworbene Dispositionen. Neben charakterlichen Dispositionen (Geiz, Humor, Freundlichkeit, Eifersucht, Verlässlichkeit/Unzuverlässigkeit, Jähzorn) gehören auch Fertigkeiten zu den mit Dispositionsbegriffen erfassten Eigenschaften von Individuen. Eine exzellente Simultandolmetscherin oder ein hervorragender Basketballspieler benötigen hartes Training, um ihre Fertigkeiten zu erwerben. Bei den erworbenen Dispositionen kann man zwischen absichtlich durch Übung angeeigneten Dispositionen und unabsichtlich erworbenen Dispositionen unterscheiden. Die Fähigkeiten der Simultandolmetscherin sind Beispiele für Ersteres. Die Dispositionen eines Süchtigen sind exemplarisch für nicht absichtlich erworbene Dispositionen. Die genannten Unterscheidungen spielen in der Alltagspsychologie eine große Rolle. Aber sie sind nicht präzise definiert und voneinander unterschieden. Es ist nicht in allen Fällen klar, inwiefern charakterliche Dispositionen als erworben oder angeboren bzw. konstitutiv zu betrachten sind. Nach Ryle kann der Begriff der Intelligenz ebenso wie die Begriffe des Wissens und der Überzeugung als Dispositionsbegriff aufgefasst werden.

Unterstellt man unter Ausklammerung der wissenschaftstheoretischen Debatte um die Dispositionsbegriffe (vgl. (36), S. 92–98), dass die Dispositionszuschreibung im Hinblick auf physikalische Gegenstände unproblematisch ist, so besteht zumindest bei den mentalen Dispositionsausdrücken eine Schwierigkeit. Eine einheitliche und abschließende Angabe der Bedingungen im Vordersatz ist nicht möglich. Die Tatsache, dass es nicht gelingt, Dispositionen durch eine abgeschlossene Menge von Bedingungen zu identifizieren, schwächt den Wert von Dispositionsbegriffen.

Probleme der Dispositionsbegriffe

Anhand der Charaktereigenschaft des Geizes kann dies gut erläutert werden. Nehmen wir an, A sei ein wohlhabender Handwerker. A hat ein beträchtliches Vermögen, keine Schulden und die Auftraggeber stehen Schlange bei ihm. A ist mit Arbeit überlastet und seine Gesundheit leidet unter dem beruflichen Stress. Dennoch nimmt A alle Aufträge an. Er verhält sich nicht rational. Er schädigt sich selbst, denn er wird seine Gesundheit ruinieren. Warum tut er das? Weil seine Geldgier so groß ist. Geld ist für ihn nicht in erster Linie ein Mittel, um bestimmte Zwecke zu realisieren und Bedürfnisse zu befriedigen. Er begehrt das Geld an und für sich, ganz unabhängig davon, ob er es für die Befriedigung bestimmter nachvollziehbarer Bedürfnisse benötigt. A ist geizig. Die folgende Konditionalaussage scheint auf ihn zuzutreffen:

(D1) Immer wenn A die Möglichkeit hat, mit einem zusätzlichen Auftrag Geld zu verdienen, nimmt er den Auftrag – trotz seiner Überlastung – an.

Selbstverständlich kann Geiz durch eine Vielzahl weiterer Bedingungen bestimmt werden. Entscheidend ist, dass die Bedingungen nicht strikt und ausnahmslos gelten. Möglicherweise wird man auch dann behaupten A sei geizig, wenn sein Verhalten in einem bestimmten Fall (D1) falsifiziert. Das ist etwa dann der Fall, wenn A einen Auftrag von B ablehnt.

(D2) Immer wenn ein Farbiger ihm einen Auftrag erteilen will, lehnt A aufgrund rassistischer Vorurteile diesen Auftrag wegen angeblicher Überlastung ab.

Zwar ist es tatsächlich wahr, dass A überlastet ist. Aber es ist tatsächlich falsch, dass dies der wahre Grund für A's Ablehnung ist. Wäre der Kunde B kein Farbiger, würde A den Auftrag annehmen. (D2) falsifiziert (D1) und zwingt zu einer Modifikation. Das grundsätzliche Problem liegt aber darin, dass es zwischen A's Geiz, seinen rassistischen Vorurteilen und anderen Einstellungen weitere Verbindungen geben kann, die erneut zu Modifikationen von (D1) zwingen. Möglicherweise kann das faktische Verhalten von A auch mit einer ganz anderen Erklärung plausibel gemacht werden, beispielsweise dadurch, dass A alle Aufträge trotz Überlastung aufgrund der Disposition (D3) annimmt:

(D3) Immer wenn A einen Auftrag erhält, dann nimmt er ihn – trotz seiner Überlastung – an, denn er befürchtet, die Kunden zu verärgern und als arroganter Geschäftsmann in Verruf zu geraten.

In diesem Fall ist A nicht geizig, sondern furchtsam. Er verhält sich opportunistisch. Da A sachliche Gründe für eine Ablehnung hat, ist es nicht verständlich, weshalb er diese nicht beherzigt. Die Einschätzung durch Andere ist ihm wichtiger als sein eigenes Wohlergehen. Angenommen, die einzige Ausnahme zu (D3) ist die Abweisung von farbigen Kunden, so ist die Erläuterung zu (D2) möglicherweise auch zu revidieren. Es sind nicht so sehr A's eigene Vorurteile, die ihn zur Ablehnung von Aufträgen führen. A passt sich möglicherweise der Vorurteilsstruktur seines Umfelds an.

Das Verhalten von A kann innerhalb eines beträchtlichen Spektrums sowohl mit (D1) als auch mit (D3) kompatibel sein. Ein Problem der Verwendung des Dispositionsbegriffs liegt daran, dass nicht deutlich ist, welche Beobachtungen für die Zuschreibung einer Disposition als notwendig und hinreichend zu erachten sind. Zudem ist nicht eindeutig geklärt, auf welche Weise man präzise zwischen alternativen Möglichkeiten der Zuschreibung entscheiden kann. Es ist einfach nicht absehbar, unter welchen Umständen man davon ausgehen könnte, dass man eine hinreichend genaue Erfassung der Disposition A's erreicht hat.

Fazit

Trotz dieser theoretischen Mängel kommt den Erklärungen durch Dispositionen eine große Bedeutung zu. Unser Wissen über uns und andere Menschen ist offensichtlich nicht nur durch die Beobachtung des körperlichen Verhaltens, sondern in ganz erheblichem Maß durch zwei weitere Faktoren gebildet. Das erste Element ist die Identifizierung der Körperbewegungen als Aktualisierung von bestimmten Handlungsmustern (die Armbewegung x als Aktualisierung des Handlungsmusters ‚Stimmabgabe bei einem Abstimmungsverfahren' im Gegensatz zum Handlungsmuster ‚Wortmeldung in einer Diskussion'). Das zweite Element ist die Verknüpfung der beobachteten Aktualisierung von Handlungsmustern mit den für das Individuum spezifischen Dispositionen. Das gegebene Beispiel ist einfach und nicht stark differenziert. Aber es sollte ersichtlich sein, dass unser Wissen über Personen und ihre Psyche in erheblichem Maß aus Wissen über Dispositionen besteht. Wenn ich entscheiden kann, ob A aufgrund von (D1), (D2) oder (D3) handelt, dann habe ich vergleichsweise spezifisches Wissen über A.

Ryles Strategie geht dahin, die Komplexität geistiger Dispositionen ausdrücklich hervorzuheben. Die mentalen Dispositionsbegriffe beziehen sich nicht auf einheitliche und fest bestimmte Vorgänge. Die Dispositionsbegriffe in der Philosophie des Geistes sind nicht bestimmte, sondern bestimmbare Begriffe ((148), 52). Das heißt, ich kann die Charaktereigenschaft ‚Geiz' erläutern, indem ich typische Verhaltensweisen und Bedingungen für diese Verhaltensweisen anführe. Ich kann aber nicht davon ausgehen, dass ich *alle* Bedingungen für das Phänomen des Geizes in einer Liste von Bedingungen erfasse. Der zuletzt genannte Punkt ist aber entscheidend für das Projekt einer wissenschaftlichen Psychologie. Als Defizite des Behaviorismus kann man mit Ryle zwei Punkte betonen: (1) Dispositionsbegriffe können nicht abschließend definiert werden; (2) die Zuschreibung einer Disposition erfolgt offensichtlich nicht ohne Berücksichtigung anderer mentaler Zustände. Die Frage, welche mentalen Zustände für die Zuschreibung einer bestimmten Disposition relevant sind, wird durch die Theorie des Behaviorismus nicht beantwortet.

3.6. Zusammenfassung, Lektürehinweise, Fragen und Übungen

Zusammenfassung

Die Entwicklung der Philosophie des Geistes ist seit dem 19. Jahrhundert durch eine übergreifende Verwissenschaftlichung des Weltbezugs charakterisiert. Die metaphysisch fundierten Theorien über das Verhältnis von Körper und Geist wurden scharf kritisiert und als unbegründete Spekulationen abgelehnt. Spätestens seit dem Ende des 19. Jahrhunderts gewannen materialistische Auffassungen zunehmend an Einfluss. Der Materialismus geht entweder davon aus, dass mentale Phänomene eine bestimmte Art von materiellen Phänomenen sind oder dass Mentales durch Bezugnahme auf materielle Sachverhalte erklärt werden kann.

Der Behaviorismus misstraut der Introspektion als Zugang zu psychischen Zuständen. Er verwirft traditionelle Konzeptionen psychischer und mentaler Phänomene. Der Behaviorist verlangt eine Beschränkung auf die Beobachtung von Reizen und Reaktionen. Ziele der Theoriebildung sind Erklärung, Vorhersage und Kontrolle des Verhaltens. Allein das beobachtbare Verhalten ist die Grundlage für die Zuschreibung mentaler Zustände.

Der Logische Behaviorismus postuliert die Übersetzbarkeit sinnvoller Sätze über mentale/psychische Phänomene in bedeutungsgleiche Sätze über die entsprechenden physischen Phänomene.

Das Beispiel des mentalen Zustands der Schmerzempfindung konfrontiert den Behavioristen mit starken Einwänden. Aufgrund beobachtbaren Verhaltens ist es unmöglich, einem Gelähmten oder einem Stoiker Schmerzen zuzuschreiben. Der Fall des Simulanten ist für den Behavioristen ebenfalls problematisch. Denn hier ist der Fall möglich, dass der Behaviorist dem Simulanten aufgrund des beobachtbaren Verhaltens Schmerzen zuschreibt, weil auf der Ebene beobachtbaren Verhaltens keine gegenteilige Evidenz gegeben ist.

Eine Diagnose der Defizite des Cartesianischen Dualismus bietet G. Ryle mit seinem Konzept der Kategorienverwechslung. Nach Ryles Auffassung handelt es sich beim dualistischen Leib-Seele-Konzept um eine Reihe folgenschwerer Begriffsverwirrungen. Ryle ist kein Anhänger des psychologischen Behaviorismus. Er vertritt die Auffassung, dass Dispositionsbegriffen eine wesentliche Funktion bei der Beschreibung und Erklärung psychischer Vorgänge und manifesten Verhaltens zukommt. Fähigkeiten, Neigungen, Emotionen und charakterliche Eigenschaften können nach Ryle als Dispositionsbegriffe rekonstruiert werden. Diese These ist insofern problematisch, als psychische Dispositionen in der Regel nicht hinreichend präzise durch eine eindeutige Angabe notwendiger und hinreichender Bedingungen bestimmt werden können.

Lektürehinweise

Zu 3.1.:
Gute Gesamtdarstellungen der übergreifenden Entwicklungen im 19. und 20. Jahrhundert sind selten. Zwei solide und aufschlussreiche Arbeiten sind (132) und (133).
Zu 3.2.:
Eine ausgezeichnete Aufarbeitung der Bedeutung des Behaviorismus für die Philosophie des Geistes bietet (40), S. 29–51
Zu 3.3.:
Zur Entwicklung der Sprachkonzeptionen im 20. Jahrhundert: (1), (7), (8), (12), (20), (30), (183).
Zu 3.4. und 3.5.:
Die Primär-Lektüre von (148) ist dringend empfohlen. A. Kemmerling stellt in (144) Ryles Philosophie differenziert und sorgfältig dar. (36), S. 92–97 gibt eine kritische Analyse von Ryles Beitrag zur Philosophie des Geistes.

Fragen und Übungen

1. Nennen Sie die drei Versionen eines substanztheoretischen Monismus und erläutern Sie die einzelnen Positionen.
2. Was versteht man unter dem Prozess der Verwissenschaftlichung des Weltbezugs? Nennen Sie vier Autoren, die für wichtige Einschnitte stehen.
3. Die Behavioristen üben Kritik an der traditionellen Psychologie. Sie bemängeln, dass diese auf die Introspektion zurückgreift: (i) Was versteht man unter ‚Introspektion'?; (ii) Geben Sie ein Beispiel; (iii) Weshalb lehnt der Behaviorismus die Introspektion ab?
4. Formulieren Sie den Grundsatz des Logischen Behaviorismus in eigenen Worten.
5. Was ist gemeint, wenn man sagt: ‚Verifizierbarkeit ist das Sinn-Kriterium für Aussagen'?
6. Nennen Sie Beispiele, die die Grenzen des Behaviorismus aufdecken.
7. Was versteht Ryle unter einer Kategorienverwechslung? Erläutern Sie den Begriff und denken Sie sich ein Beispiel aus.
8. „Eine Disposition ist …": Vervollständigen Sie diesen Satz.

4. Identitätstheorie

Der Behaviorist sagt, es sei sinnlos, über mentale Zustände zu sprechen, die durch Introspektion erfasst werden. Für ihn sind nur die beobachtbaren Reize und die Reaktionen eines Individuums relevant. Im Gegensatz zum Behavioristen akzeptiert der Identitätstheoretiker die Rede von mentalen Zuständen. Er gesteht auch zu, dass mentale Zustände introspektiv wahrgenommen werden können. Allerdings unterscheidet sich die Identitätstheorie vom Dualismus durch die These, dass es sich bei den mit mentalen Prädikaten bestimmten Zuständen um eine spezielle Art von materiellen Zuständen handelt. Mentale und physikalistische Begriffe haben denselben Bezugspunkt. Es gibt keine vom Bereich des Materiellen grundsätzlich unterschiedene Sphäre des Geistes. Sowohl der Behaviorismus wie auch die Identitätstheorie gehören zu den Theorien, die dem Cartesianischen Dualismus gegenüber sehr kritisch eingestellt sind. Aber sie unterscheiden sich in charakteristischer Weise voneinander. Die grundlegende Intuition, die den unterschiedlichen Varianten der Identitätstheorie zugrunde liegt, lautet ‚Mentale Zustände sind identisch mit körperlichen Zuständen'. Bei den körperlichen Zuständen, die hier einschlägig sind, handelt es sich vorrangig um die Zustände des Gehirns und des Nervensystems. Der Slogan der Identitätstheorie ist: ‚Der Geist ist das Gehirn'.

‚Der Geist ist das Gehirn'

Bevor ich die Einzelheiten dieser Theorie über das Verhältnis des Mentalen und Physischen darstelle, werde ich im ersten Abschnitt dieses Kapitels einige allgemeine Anmerkungen zum Begriff der Identität machen und verschiedene Konzeptionen der Identität vorstellen (4.1.). Anschließend werden die beiden maßgeblichen Varianten der Identitätstheorie der Philosophie des Geistes diskutiert: die Typen-Identitätstheorie (4.2.) und die Token-Identitätstheorie (4.3.). Nachdem beide Varianten der Identitätstheorie vorgestellt wurden, diskutiere ich grundsätzliche Einwände gegen die Identitätsthese (4.4).

4.1. Identität

Der Begriff der Identität gehört zu den wichtigsten und fundamentalen Begriffen, die wir verwenden. Das gilt sowohl für alltägliche wie auch theoretische Zusammenhänge. Im Alltag wird der Identitätsbegriff unseren Wahrnehmungen und Urteilen ständig zugrunde gelegt. Wenn wir einen Gegenstand als ein so-und-so-Ding wahrnehmen, dann identifizieren wir ihn als Exemplar einer Art. Wenn wir ein Einzelding wiedererkennen, dann sind wir überzeugt, dass wir dasselbe Einzelding zuvor bereits wahrgenommen hatten. Im Bereich der Philosophie des Geistes spielt der Identitätsbegriff hauptsächlich bei der Diskussion der These der Identität des Mentalen und des Physischen eine Rolle. Personale Identität ist der zweite Themenbereich, in dem der Identitätsbegriff eine zentrale Stellung hat (vgl. Kapitel 9.).

In Anbetracht der großen Bedeutung des Identitätsbegriffs ist es sinnvoll, zunächst einige wichtige Unterscheidungen zum Identitätsbegriff einzuführen, die oft verwendet werden.

Als *Identität* wird die Selbigkeit eines Gegenstands bezeichnet (vgl. (28)). Jedes Ding ist das, was es ist, und es ist mit sich selbst identisch. Was man mit solchen fundamentalen und allgemeinen Aussagen anfangen soll, ist nicht unbedingt sofort erkennbar. Wittgenstein schreibt: „Von *zwei* Dingen zu sagen, sie seien identisch, ist ein Unsinn und von *Einem* zu sagen, es sei identisch mit sich selbst, sagt gar nichts." ((152), S. 62). Der Identitätsbegriff ist aber deshalb keineswegs verzichtbar. Im Gegenteil, Wittgensteins Aussage macht darauf aufmerksam, dass es sich um einen derart grundlegenden Begriff handelt, dass man Schwierigkeiten bekommt, wenn man ihn durch noch grundlegendere Konzepte erläutern will. Eine weit verbreitete Erläuterung sagt:

- *(Id) Identität ist eine zweistellige Relation, die reflexiv, symmetrisch und transitiv ist.*

Der umgangssprachlichen Feststellung, dass Identität jedem Einzelding als solchem zukommt, entspricht auf der Ebene der Logik die *Reflexivität* der Identität (a=a). Reflexivität

Wenn die Identitätsrelation durch *Symmetrie* bestimmt wird, so bezieht man sich darauf, dass die Aussage ‚a ist identisch mit b' den Satz ‚b ist identisch mit a' impliziert und umgekehrt. Symmetrie

Der *Transitivität* der Identität zufolge kann aus ‚a ist identisch mit b' und ‚b ist identisch mit c' auf ‚a ist identisch mit c' geschlossen werden. Wenn der Ehemann der Xanthippe identisch ist mit dem Lehrer Platons, und wenn der Lehrer Platons identisch ist mit Sokrates, dann ist Sokrates identisch mit dem Ehemann der Xanthippe. Transitivität

Ein weiteres Merkmal des logischen Identitätsbegriffs ist *Substitutivität*. Mehrere Namen eines Gegenstands können wechselseitig ausgetauscht werden, ohne dass der Wahrheitswert der Aussage sich verändert. Wenn es zutrifft, dass (i) Tullius eine gute Rede gehalten hat, und wenn (ii) Tullius identisch mit Cicero ist, dann kann man richtigerweise sagen, dass (iii) Cicero eine gute Rede gehalten hat. Eine wichtige Einschränkung dieses Prinzips wird später vorgestellt werden.

Leibniz hat grundlegende Bestimmungen des Begriffs der Identität gegeben. Das *Leibniz-Gesetz* besagt:

- *(LG) Wenn a und b identisch sind, dann ist jede Eigenschaft von a auch eine Eigenschaft von b (und jede Eigenschaft von b eine Eigenschaft von a).* LG

Leibniz war der Auffassung, dass auch die Umkehrung dieses Satzes gilt:

- *(IU) Wenn jede Eigenschaft von a auch eine Eigenschaft von b ist (und jede Eigenschaft von b eine Eigenschaft von a), dann sind a und b identisch.* IU

Weil zwei Gegenstände, die in allen Eigenschaften übereinstimmen, ununterscheidbar sind, wird das zweite Prinzip auch als *Prinzip der Identität der Ununterscheidbaren* (‚principium identitatis indiscernibilium') bezeichnet. Die Geltung von IU ist allerdings umstritten. In LG impliziert die Identität von a und b, dass a und b sich hinsichtlich aller Eigenschaften ähnlich sind. Es handelt sich um maximale Ähnlichkeit von a und b.

Kann man sagen, dass maximale Ähnlichkeit von a und b (alle Eigenschaften von a sind auch Eigenschaften von b und umgekehrt) die Identität von a und b impliziert? – Leibniz war genau dieser Auffassung. Er nahm an, dass es im gesamten Universum nicht *zwei* verschiedene Dinge geben kann, die einander in *allen* Eigenschaften ähneln. Diese Auffassung ist allerdings nicht zwingend. Ein Punkt, der dabei eine wesentliche Rolle spielt, ist eine logische Differenz der Begriffe des Ähnlichen und des Identischen.

Identität vs. Ähnlichkeit

Identität ist ein transitiver Begriff. Wenn gilt: (i) a ist identisch mit b, (ii) b ist identisch mit c, dann kann man schließen (iii) a ist identisch mit c. Ähnlichkeit ist aber kein transitiver Begriff. Das folgende Beispiel verdeutlicht die *Intransitivität* von Ähnlichkeit hinsichtlich einer einzelnen Eigenschaft, der Körpergröße: Eine Gruppe von 50 Personen wird an einer geraden Linie aufgestellt und zwar so, dass am linken Ende der Linie die größte Person und am rechten Ende der Linie die kleinste Person stehen. Keines der Gruppenmitglieder ist gleich groß wie ein anderes Mitglied. Links außen steht ein Basketballspieler, der 190 cm groß ist. Rechts außen steht ein Jugendlicher, der 141 cm groß ist. Für die übrigen Mitglieder der Reihe gilt: Jeder ist 1 cm kleiner als der Vorgänger. Mit Blick auf direkte Nachbarn und dicht beieinander stehende Personen kann man sagen, dass sie sich hinsichtlich ihrer Körpergröße ähneln. Aber für die Personen, die weit voneinander entfernt stehen, und für die beiden an den Enden der Linie Stehenden gilt dies nicht. Sie ähneln sich nicht hinsichtlich ihrer Körpergröße. Der Erste ähnelt dem Zweiten; der Zweite ähnelt dem Dritten … der Neunundvierzigste ähnelt dem Fünfzigsten. Aber der Erste ähnelt nicht dem Fünfzigsten. Ähnlichkeit ist nicht transitiv.

Dieses Beispiel fällt in die Gruppe der so genannten Sorites-Probleme. Ein Sorites-Problem beruht auf dem Fehlen eines exakten Kriteriums für die Anwendung eines bestimmten Begriffs. So ist beispielsweise nicht klar, wie der Begriff ‚ähnlich hinsichtlich der Körpergröße' präzise anzuwenden ist. Ab welchem Unterschied der Körpergröße ähneln sich zwei Personen nicht mehr? Kann man sagen ‚Wenn der Unterschied 10 cm beträgt, ähneln sie sich; wenn der Unterschied 11 cm beträgt, ähneln sie sich aber nicht mehr'? Da das Fehlen einer präzisen Festlegung von Gebrauchsregeln für Begriffe zu widersprüchlichen Aussagen führen kann, haben Logiker schon in der Antike mit Paradoxien gearbeitet, die diesen Sachverhalt verdeutlichen (vgl. (203), S. 41–82).

Für die Unterscheidung von Ähnlichkeit und Identität ist wesentlich, dass Ähnlichkeit in bestimmten Aspekten oder Hinsichten ausgesagt wird. Das ist ein wichtiger Kontrast zur Identität. Identität wird oft als vollkommene Übereinstimmung der Eigenschaften erläutert. Dementsprechend ist Identität nicht auf bestimmte Aspekte beschränkt. Weil Identität transitiv ist und Ähnlichkeit nicht transitiv ist, ist eine Explikation der Identität durch Verweis auf maximale Ähnlichkeit problematisch.

Ein weiterer Aspekt, der für den Identitätsbegriff wichtig ist, betrifft das Verhältnis zwischen den Wörtern/Begriffen und den Gegenständen, auf die mit Wörtern/Begriffen Bezug genommen wird. In den folgenden Beispielen werden unterschiedliche Begriffe verwendet:

(a) Cicero ist Cicero;
(b) Tullius ist Cicero;
(c) Cicero ist der Autor der ,Gespräche in Tusculum';
(d) Cicero wurde ermordet.

(a) ist ein wahrer Satz, in dem der Eigenname ,Cicero' gebraucht wird. Es handelt sich um eine Tautologie. Ein solcher Satz gibt keinerlei Information. Gleichzeitig ist er notwendigerweise wahr. (b) stellt die Identität des ,Tullius' genannten Individuums mit dem Individuum fest, das mit dem Namen ,Cicero' bezeichnet wird. (c) kennzeichnet ein Individuum ,Cicero' durch die Angabe einer bestimmten Eigenschaft, die nur auf ein einziges Individuum zutrifft. Es handelt sich um eine *Kennzeichnung*. Neben den Eigennamen sind Kennzeichnungen wichtige sprachliche Mittel, um auf Einzelnes Bezug zu nehmen.

Eigennamen

Kennzeichnungen

Wenn A nur weiß, dass (d) wahr ist, aber nicht weiß, dass Cicero der Autor der ,Gespräche in Tusculum' ist, dann würde A möglicherweise auf die Frage ,Weißt Du etwas über den Autor der ,Gespräche in Tusculum'?' antworten ,Nein, den kenne ich nicht.'. Das aber wäre ein Irrtum. Denn A weiß ja, dass Cicero ermordet wurde. Er weiß also etwas über den Autor der ,Gespräche in Tusculum'. Er stellt aber nicht die passende begriffliche Verbindung zwischen der Kennzeichnung (c) und dem in (d) gebrauchten Eigennamen her. Er erkennt nicht die Übereinstimmung der Referenz (des Bezugs auf einen Gegenstand), die zwischen der Kennzeichnung ,der Autor der ,Gespräche in Tusculum'' und dem Personennamen ,Cicero' besteht.

Die Erkenntnis, dass ein unter der Kennzeichnung (c) bekannter Gegenstand identisch ist mit dem unter einer Beschreibung (d) präsentierten Gegenstand, ist erkenntniserweiternd und informativ. Man muss also unterscheiden zwischen dem *Gegenstand* und der *Art und Weise der Bezugnahme auf den Gegenstand*. Für die Bezugnahme auf einen Gegenstand können unterschiedliche sprachliche und begriffliche Mittel verwendet werden. Die Terminologie G. Freges fasst diesen Unterscheid als Differenz von ,Bedeutung' (gemeint ist der Bezug, die Referenz) und ,Sinn'.

Bezugnahme, Referenz

Der Identitätsbegriff hat darüber hinaus drei weitere Aspekte, die terminologisch durch die Ausdrücke ,qualitative Identität', ,numerische Identität' sowie ,diachrone Identität' unterschieden werden.

Drei Konzeptionen der Identität

- (i) Wenn man von *qualitativer Identität* spricht, dann spielt die Identität bestimmter Eigenschaften eine Rolle. Eine Fußbodenfliese und eine Venus-Statue wurden aus demselben Marmorblock hergestellt. Beide Objekte stimmen hinsichtlich ihres Materials überein. Sie sind hinsichtlich der Materialeigenschaft qualitativ identisch. Mit Bezug auf andere Aspekte (Form, Gewicht, Größe etc.) sind diese beiden Objekte aber keineswegs identisch.
- (ii) *Numerische Identität* bezieht sich auf die Bedingungen, die erfüllt sein müssen, damit ein Gegenstand als *ein* Gegenstand, als eine *zählbare und identifizierbare Einheit* gilt. Eine Billardkugel hat bestimmte Material- und Formeigenschaften aufgrund derer sie eine Billardkugel und kein Tennisball ist. Sie unterscheidet sich von anderen qualitativ identischen Billardkugeln aufgrund ihrer Position im Raum. Eine Billardkugel

befindet sich niemals zur gleichen Zeit an zwei unterschiedlichen Orten und zwei Billardkugeln befinden sich niemals gleichzeitig an einem Ort. Aber eine bestimmte Billardkugel ist eine und dieselbe Billardkugel.

- (iii) Damit sind wir beim dritten Moment, der *diachronen Identität*. Die meisten Dinge existieren während mehr oder weniger ausgedehnten Zeitspannen. Sie entstehen, verändern sich im Lauf ihrer Existenz und vergehen. Berge erodieren durch Witterungseinflüsse, Arten von Lebewesen entwickeln sich und sterben aus, einzelne Lebewesen kommen zur Existenz, entwickeln sich und vergehen usw. Die einschlägigen Fragen lauten hier: Welche Faktoren sind ausschlaggebend für die Definition einer bestimmten Gegenstandsart? Unter welchen Bedingungen sprechen wir davon, dass ein und derselbe Gegenstand sich verändert, und wann sagen wir, dass der Gegenstand nicht mehr derselbe Gegenstand ist oder aufhört zu existieren?

Der Nussbaum vor meinem Fenster ist derselbe Nussbaum, der vor fünf Jahren an dieser Stelle stand. Der Baum verliert im Herbst seine Blätter und bekommt im Frühjahr frisches Laub, er wächst von Jahr zu Jahr. Diese Veränderungen sind charakteristisch für alle Bäume. Wenn aber heute Nachmittag ein Wandale den Nussbaum fällen würde, dann würden die Stoffwechselvorgänge enden und der Baum würde nicht mehr existieren. Die Unterscheidung derjenigen Bedingungen, die konstitutiv für die Identität eines Gegenstands sind, von den Eigenschaften, deren Veränderung die Identität des Gegenstands nicht berührt, ist zentral. Im Hinblick auf Menschen spielt diese Unterscheidung zum Beispiel in ethischen und juristischen Debatten über die Bestimmung eines Kriteriums für das Ende des Lebens eine wichtige Rolle: Wann hört ein Mensch auf zu existieren? Wenn das Herz nicht mehr schlägt? Oder wenn er nicht mehr atmet? Oder wenn das Gehirn seine Funktionen nicht mehr erfüllt? Und welche Gehirnfunktionen sind hier relevant?

Für die Identitätstheorie der Philosophie des Geistes ist entscheidend, dass bestimmte Identitätsaussagen informativ sind und die Erkenntnis erweitern. Dass dies nicht für alle Identitätsaussagen gilt, liegt auf der Hand. Sätze wie ‚Alle Junggesellen sind unverheiratet', ‚Dieser Körper ist ausgedehnt' erweitern nicht das Wissen über die Gegenstände. Es handelt sich um *analytische Sätze*. In einem analytischen Satz (‚Körper sind ausgedehnt') wird ein definierendes Merkmal (‚ausgedehnt') des Satzsubjekts (‚Körper') als Prädikat des Satzes gebraucht. Da ein Körper als ein ausgedehnter Gegenstand definiert ist, erfährt niemand, der den Begriff des Körpers beherrscht, etwas Neues, wenn man ihm mitteilt, dass ein bestimmter Körper ausgedehnt ist. Identitätsaussagen wie sie oben im Zusammenhang mit dem Ehemann der Xanthippe angeführt wurden, sind hingegen *synthetisch* (d. h. erkenntniserweiternd, informativ) oder *a posteriori*. Dass der Ehemann der Xanthippe der Lehrer Platons ist, kann man nicht aufgrund der Begriffsbedeutung von ‚Ehemann' wissen. Dass eine Aussage a posteriori gilt, bezieht sich auf den Umstand, dass man die im Satz gegebene Information nicht aufgrund rein begrifflichen Wissens als gültig anerkennen kann.

Synthetische Sätze a posteriori

Der Satz (a) ‚Cicero ist der Autor der ‚Gespräche in Tusculum'' ist im Gegensatz zu (b) ‚Cicero ist Cicero' a posteriori und informativ. (a) und (b) beziehen sich auf ein und denselben Gegenstand, der durch verschiedene Begriffe zugänglich wird.

Mit dieser Unterscheidung kann die Identitätsthese der Philosophie des Geistes genauer bestimmt werden. Im Fall der *Leib-Seele-Identitätstheorie* sind *Identitätssätze a posteriori* einschlägig. Eine Bestimmung mit mentalen Begriffen und eine physikalische Bestimmung werden als zwei unterschiedliche Bezugsweisen auf ein und denselben Sachverhalt behandelt.

4.2. Typen-Identitätstheorie

Der Unterschied zwischen der Identitätstheorie in der Philosophie des Geistes und dem Behaviorismus besteht darin, dass der Identitätstheoretiker nicht behauptet, die mentalen Begriffe (‚Bewusstsein', ‚Erlebnis', ‚innere Erfahrung' etc.) seien insgesamt irreführend und verzichtbar. Der Identitätstheoretiker akzeptiert das Faktum, dass wir über mentale Zustände mit Hilfe von mentalen d. h. nicht-physikalischen Begriffen sprechen. Er behauptet aber, dass die sinnvollen mentalen Begriffe und die physikalischen Begriffe denselben Bezugspunkt – nämlich Zustände des Körpers – haben. Wenn A beispielsweise stöhnt ‚Ich fühle mich furchtbar! Meine Kopfschmerzen sind so stark', dann ist das von A artikulierte bewusste Schmerzerlebnis numerisch identisch mit einem ganz bestimmten Zustand seines Nervensystems. Nimmt man hypothetisch an, dass eine vollständige neuronale Beschreibung des Nervensystems von A möglich wäre, dann würden sich die neuronale Beschreibung und die Äußerung von A auf dieselbe Tatsache beziehen. Die These der Identitätstheorie kann wie folgt formuliert werden:

- *(ψ-φ-Id): Jeder psychische Zustand (ψ-Zustand) ist identisch mit einem physischen Zustand (φ-Zustand).*

In diesem Fall ist numerische Identität ausschlaggebend. Jeder einzelne ψ-Zustand ist derselbe Zustand wie ein bestimmter φ-Zustand, und umgekehrt. Es ist entscheidend, die Tragweite dieser Identitätsbehauptung zu erkennen. Zunächst ist die Differenz zwischen den dualistischen Interaktionstheorien und der Identitätstheorie herauszustellen. Der Dualist geht, wie wir gesehen haben, davon aus, dass Körper und Geist zwei getrennte Gegenstände oder Bereiche sind, welche durch *kausale Beziehungen* miteinander verbunden sind. Nichts dergleichen findet sich im Bereich der Identitätstheorie. Das bewusste Kopfschmerzerlebnis ist *identisch* mit einem neuronalen Zustand. Es ist weder die Ursache noch die Wirkung eines physischen Zustands, sondern es ist selbst ein physischer Zustand. Damit entfallen einige Probleme bezüglich der Interaktion von Körper und Geist, die bei Descartes und seinen Nachfolgern außerordentlich große Bedeutung haben. Die Ausschaltung des Interaktionsproblems und des Rätsels mentaler Verursachung sind die eigentliche Pointe der Identitätstheorie.

Identität vs. Kausalität

Anhand der in 2.2. angeführten Charakterisierung des klassischen Leib-Seele-Problems lässt sich die Strategie der Identitätstheorie deutlich machen. Das traditionelle Leib-Seele-Problem entsteht, wenn man die Grundsätze (1) bis (3) akzeptiert, was ohne Widerspruch nicht möglich ist:

(1) Mentale Phänomene sind nicht-physische Phänomene.
(2) Mentale Phänomene sind im Bereich physischer Phänomene kausal wirksam.
(3) Der Bereich physischer Phänomene ist kausal geschlossen.

Die Identitätstheorie verabschiedet (1) und behauptet, dass mentale Phänomene mit physischen Phänomenen identisch sind. Damit ist eine Inkonsistenz eliminiert und die Grundprinzipien der Philosophie des Geistes scheinen einwandfrei zu sein. Allerdings stellt sich die Frage, ob die an die Stelle von (1) tretende These

(1*) Mentale Phänomene sind physische Phänomene

hinreichend klar und gut begründet ist.

Wichtige Vertreter der Identitätstheorie in ihrer ersten, seit den 1950er Jahren diskutierten Variante sind H. Feigl, U. T. Place, J. J. C. Smart. Die so genannte *Typen-Identitätstheorie* (englisch ‚type-type identity theory') behauptet, dass bestimmte Arten oder Typen von Empfindungen – z.B. Schmerzen – identisch sind mit Arten/Typen von Zuständen des Nervensystems. Im Jargon der älteren Diskussion wird oft von der Aktivität bestimmter ‚C-Fasern' gesprochen, wenn auf neuronale Aktivität verwiesen wird. Da wir hier keine Neurowissenschaft betreiben, wird das Problem der terminologischen Spezifikation neuronaler Funktionen ausgeklammert und ich verwende die (veraltete) Redeweise von den C-Fasern weiter.

Typ

- *(ψ-φ-Typen-Identität): Jeder Typ eines psychische Zustand (ψ-Zustandstyp) ist identisch mit einem physischen Zustandstyp (φ-Zustandstyp).*

Typ eines ψ-Zustands:	Schmerz S
	⇑
	ist identisch mit
	⇓
Typ eines φ-Zustands:	C-Fasern-Aktivität

Die Tatsache, dass Menschen lange über Kopfschmerzen gesprochen haben und Kopfschmerzen hatten, bevor sie von der Existenz bestimmter neuronaler Strukturen wussten, ist kein Einwand gegen die Theorie. In der Vergangenheit haben Menschen Wasser getrunken und über Wasser gesprochen, ohne die geringste Ahnung davon zu haben, dass Wasser und H_2O identisch sind. Wir nehmen nicht an, dass die moderne Chemie verfehlt ist, weil die Griechen der Antike nicht wussten, dass Wasser H_2O ist. Die Entdeckung einer a posteriori-Identität durch die Wissenschaften erweitert die Erkenntnis, weil sie unterschiedliche Bestimmungen desselben Gegenstands neu ordnet.

A posteriori – Identität

Der Satz ‚Wasser ist H_2O' stellt nicht nur eine beliebige neue Bestimmung von Wasser zur Verfügung, sondern er vermittelt gegenüber anderen Beschreibungen einen bedeutenden Gewinn an Wissen, Erklärungskraft und Präzision. Die Befürworter der Typen-Identitätsthese behaupten, dass dies auch für den Satz gilt ‚Kopfschmerz = C-Fasern-Aktivität'. Aufgrund dieses Satzes weiß man nicht nur, dass sich die Begriffe des Kopfschmerzes und der C-Fasern-Aktivität auf dasselbe Objekt beziehen, sondern man kennt auch die hinreichenden und notwendigen Bedingungen für das Auftreten von Kopfschmerz. Kopfschmerzen kommen genau dann vor, wenn C-Fasern aktiv sind.

Im Rahmen der Typen-Identitätstheorie gibt es stabile Zuordnungen der Typen bestimmter mentaler Zustände und physikalischer Zustände. Dank der angenommenen Stabilität dieser Korrelationen können auch die mentalen Eigenschaften und die physikalischen Eigenschaften in eine systematische Beziehung gebracht werden. Jede mentale Eigenschaft ist identisch mit einer physikalischen Eigenschaft. Folglich lässt sich jedes mentale Prädikat durch ein physikalisches Prädikat ersetzen.

4.3. Token-Identitätsthese

Token

Der Name Token-Identitätsthese ist hergeleitet von dem Ausdruck ‚token'. Was ist ein ‚token'? Ein ‚token' ist das einzelne Vorkommnis einer Art oder eines Typs von Gegenständen. Das deutsche Wort ‚Seele' ist aus fünf Buchstaben zusammengesetzt. Bei diesen fünf Buchstaben handelt es sich in drei Fällen um Vorkommnisse (= ‚tokens') desselben Typs ‚e', während die Buchstabentypen ‚S' und ‚l' nur jeweils mit einem ‚token' vertreten sind. Die Token-Identitätsthese behauptet:

- *(ψ-φ-Token-Identität): Jedes Vorkommnis eines psychischen Zustands (ψ-Zustandstoken) ist identisch mit einem Vorkommnis eines physischen Zustand (φ-Zustandstoken).*

Die Token-Identitätsthese kann also im Gegensatz zur Typen-Identitätsthese folgende Situation erfassen:

Token eines ψ-Zustands:	Romeos Kopfschmerz S_1	Julias Kopfschmerz S_2
	⇑	⇑
	ist identisch mit	ist identisch mit
	⇓	⇓
Token eines φ-Zustands:	C_1-Fasern-Aktivität	C_2-Fasern-Aktivität

Multiple Realisierbarkeit

Die Token-Identitätsthese hat den wesentlichen Vorteil, dass für sie die *multiple Realisierbarkeit* kein Einwand ist. Mit multipler Realisierbarkeit ist der Umstand angesprochen, dass ein bestimmtes Phänomen (Kopfschmerzen) aufgrund unterschiedlicher Tatsachen auftreten kann. Kopfschmerzen können unterschiedliche Realisierungsbedingungen (C_1-Fasern-Aktivität, C_2-Fasern-Aktivität usw.) haben, sie müssen nicht in allen Fällen aufgrund derselben Bedingungen auftreten.

Trotz dieses Vorzugs hat auch die Token-Identitätstheorie Probleme. Denn systematische Beziehungen zwischen Klassen von mentalen und physikalischen Zuständen werden abgeschwächt. Während die Typen-Identität in Aussicht stellt, den mentalen Zustandstyp S mit dem physikalischen Zustandstyp C zu identifizieren, sagt der Token-Identitätstheoretiker:

Token-Identität: S_1 ist identisch mit C_1,
S_2 ist identisch mit C_2,
...
s_n ist identisch mit C_n.

Damit hat man es mit einer Vielzahl von einzelnen Identitätsrelationen zu tun. Ein mentaler Zustandstyp S kann also prinzipiell durch eine unüberschaubar große Zahl physikalischer Zustände realisiert sein. Jeder einzelne der Zustände C_1, $C_2 \ldots C_n$ ist für sich selbst hinreichend, um ein Token von S zu realisieren. Damit hat man gegenüber der Typen-Identitätstheorie größere Präzision bei der Bestimmung der jeweiligen Zustände erreicht. Dies ist nur durch einen wesentlich höheren Aufwand möglich, der für die empirische Überprüfung der einzelnen Beziehungen notwendig ist. Die Erwartung, dass man empirisch gehaltvolle und leicht zu verallgemeinernde Aussagen über S erhalten kann, wird mit der Token-Identitätstheorie nicht erfüllt. Solche Aussagen würde man mit der Typen-Identität erhalten, denn diese lässt stabile Korrelationen von mentalen und physikalischen Zustandstypen erkennen. Bei Token-Identität gibt es keine robusten und überschaubaren Beziehungen zwischen mentalen und physischen Zustandsarten mehr, sondern Beziehungen zwischen einer Vielzahl individueller Zustände, die in aufwendigen empirischen Untersuchungen zu bestimmen wären.

4.4. Kritik der Identitätstheorie

Einwand: Korrelation statt Identität

Ein Verteidiger des Dualismus kann kritisch darauf hinweisen, dass die Identitätstheorie im besten Fall gut begründete *Korrelationen* zwischen mentalen und neuronalen Zuständen nachweisen kann. Der Dualist würde behaupten: die Identitätstheorie zeigt, dass immer dann, wenn man bestimmte mentale Zustände vorfindet auch spezifische neuronale Zustände beobachtbar sind. Die Behauptung des Identitätstheoretikers ist, dass damit die ontologische Identität dieser Zustände erwiesen ist. Und das leugnet der Dualist. Er behauptet, dass lediglich die Korrelation beider Zustände erwiesen ist. Beide Zustände treten (immer) gleichzeitig auf. Der Dualist besteht darauf, dass damit nicht bewiesen ist, dass es sich tatsächlich um zwei unterschiedliche Bezugsformen auf eine einzige Tatsache handelt. Und nur diese These wäre für die Identitätsthese hinreichend.

Der amerikanische Philosoph und Logiker Saul Kripke hat 1970 in Vorträgen Einwände gegen die Identitätsthese in der Philosophie des Geistes formuliert, die große Aufmerksamkeit erregten (vgl. (176)). Für das Verständnis von Kripkes Ausführungen sind die in 4.1. gemachten Unterscheidungen grundlegend. Es ist wesentlich, die Arten der Bezugnahme zu unterscheiden. Insbesondere die Differenz der Bezugnahme durch Eigennamen und der Bezugnahme durch Kennzeichnungen spielt eine wichtige Rolle. Darüber hinaus kommt dem Begriff der Notwendigkeit in Kripkes Argumentation eine herausragende Bedeutung zu. Kripke schlägt eine Revision der in der Tradition gängigen Unterscheidung zwischen (a) notwendig wahren Sätzen a priori und (b) kontingent wahren Sätzen a posteriori vor.

Notwendigkeit

Was bedeutet es zu sagen, dass ein Satz *notwendig* wahr ist? – Es bedeutet, dass dieser Satz unter allen möglichen Umständen wahr ist, dass es keinen (widerspruchsfrei) denkbaren Fall gibt, in dem der Satz falsch ist. Dass ein Satz *a priori* wahr ist, bringt in der traditionellen Konzeption zum Ausdruck, dass es sich um einen Satz handelt, dessen Wahrheit wir nicht aufgrund von Erfahrung als gültig anerkennen. Ein oft angeführtes Beispiel für einen a priori wahren Satz ist ‚Alle Junggesellen sind unverheiratete Männer'. Nach einer verbreiteten Auffassung gilt ein solcher Satz nicht aufgrund von Erfahrung. Es sind nicht bestimmten einzelne Tatsachen, die zeigen, dass der Satz wahr ist. Der Satz gilt aufgrund der Regeln der Begriffsverwendung und nicht aufgrund einzelner empirischer Tatsachen. Man muss über Sprachwissen verfügen, um den Satz zu verstehen und seine Wahrheit zu erkennen. Man braucht kein bestimmtes Wissen über die Welt, um seine Bedeutung und seine Wahrheit zu erfassen. ‚Alle Junggesellen sind unverheiratete Männer' gilt also a priori (unabhängig von der Erfahrung). ‚Kant war Junggeselle' hingegen gilt nicht a priori. Man muss etwas über bestimmte historische Tatsachen wissen, um die Gültigkeit dieses Satzes zu beurteilen. ‚Kant war Junggeselle' ist ein a posteriori wahrer Satz. Es gibt aber eine mögliche Welt (eine widerspruchsfrei denkbaren Verlauf der Dinge), in der Kant verheiratet war. Es ist ohne weiteres vorstellbar, dass Kant verheiratet gewesen wäre.

Kripke unterscheidet in Abweichung von der Tradition die folgenden Satzarten:

(i) Notwendig wahrer Satz a priori;
(ii) Kontingent wahrer Satz a posteriori;
(iii) Notwendig wahrer Satz a posteriori;
(iv) Kontingent wahrer Satz a priori.

Die philosophische Tradition hat (i) und (ii) vorgesehen. Für die Identitätstheorie in der Philosophie des Geistes ist ausschlaggebend, dass es auch Sätze gibt, die notwendig wahr sind und a posteriori gelten (iii). Das einschlägige Beispiel für eine a posteriori Aussage ist:

(v) Schmerz ist C-Fasern-Aktivität.

(v) unterscheidet sich von den bisherigen Beispielen für Identitätsaussagen. Bislang waren singuläre Termini (Eigennamen, Kennzeichnungen) gebraucht worden. ‚Schmerz' ist kein Eigennamen und keine Kennzeichnung, sondern ein Ausdruck, der eine Art von Zuständen bezeichnet. Die Wahrheit von (v) ist abhängig von den empirisch feststellbaren Tatsachen. Es handelt sich um keine a priori-Wahrheit, da reines Begriffs- und Sprachwissen nicht hinreicht, um die Geltung festzustellen. Die Vertreter der Identitätsthese sehen das auch gar nicht anders. Sie gestehen zu, dass es sich bei der Leib-Seele-Identität um a posteriori Identität handelt.

Kripke argumentiert nun aber gegen den Identitätstheoretiker. Er behauptet, dass alle Identitätssätze der Form ‚a = b' notwendigerweise wahr sind, wenn es sich bei ‚a' und ‚b' um starre Bezeichnungen (‚rigid designators') handelt. Eine starre Bezeichnung bezieht sich in allen möglichen Welten auf denselben Gegenstand. Muster für starre Bezeichnungen sind Eigennamen (‚Sokrates', ‚Cicero', ‚Tullius', ‚Kant') oder Begriffe wie ‚Wasser' oder ‚Schmerz'.

Eigennamen vs. Kennzeichnungen

Kennzeichnungen sind keine starren Bezeichnungen. Zwar ist Cicero in allen möglichen Welten identisch mit Cicero. Aber es ist widerspruchsfrei denkbar, dass Cicero die ‚Gespräche in Tusculum' nicht geschrieben hätte. Mit anderen Worten: Da ‚Cicero' eine starre Bezeichnung ist, referiert dieser Ausdruck in allen möglichen Welten auf dasselbe. Es gibt aber mögliche Welten (denkbare Verläufe der Dinge), in denen die Aussage ‚Cicero ist der Autor der ‚Gespräche in Tusculum'' falsch ist.

Kripke behauptet nun im Hinblick auf die Probleme der Philosophie des Geistes, dass die Aussage ‚Schmerz ist C-Fasern-Aktivität' nicht nur a posteriori, sondern auch notwendig wahr ist, wenn es sich bei ‚Schmerz' und ‚C-Fasern-Aktivität' um starre Bezeichnungen handelt. Die beanspruchte Notwendigkeit ist entscheidend. Sollte Schmerz nicht notwendigerweise identisch mit C-Fasern-Aktivität sein, dann wäre die Identitätsthese falsch.

Und genau dies ist Kripkes Position. Er sagt: Schmerz ist nicht notwendigerweise mit C-Fasern-Aktivität identisch. Es ist eine Sachlage denkbar, in der Schmerz ohne C-Fasern-Aktivität vorkommt. Für die Fixierung der Bedeutung von ‚Schmerz' ist es wesentlich, wie Schmerz sich anfühlt. Schmerz ist wesentlich ein Zustand, der von Individuen erlebt und empfunden wird. Gäbe es keine empfindungsfähigen Wesen, dann hätte der Schmerzbegriff keinen Anknüpfungspunkt in der Welt. Es ist eine *wesentliche* und keine zufällige Eigenschaften von Schmerz, dass er von einem Wesen in einer ganz bestimmten Weise erlebt und gespürt wird. Die in (v) behauptete Identität von Schmerz und C-Fasern-Aktivität ist aber nur *kontingent* und *nicht notwendig*. Denn nichts verbietet die Vorstellung, dass anstelle von C-Fasern andere neuronale Strukturen den Schmerz konstituieren. In Kripkes Argument spielt die Erlebnisqualität des Schmerzes eine Schlüsselrolle. Diesen Aspekt mentaler Zustände werden wir in Kapitel 8. nochmals ausführlicher betrachten.

Neben S. Kripke hat Hilary Putnam die Identitätstheorie mit grundsätzlichen Argumenten angegriffen (vgl. (47), S. 123–135)). Bei Putnam wird der a posteriori-Aspekt der einschlägigen Identitätsaussagen differenziert. ‚Wasser = H_2O' ist ebenso eine a posteriori Identitätsaussage wie ‚Schmerz = C-Fasern-Aktivität'. Die Identität von Wasser mit H_2O erscheint verlässlich und stabil zu sein. Aber im Fall der Identität von Schmerz und C-Fasern-Aktivität liegen die Dinge anders. Es erscheint denkbar, dass Schmerz auch durch eine andere Art von Nervenaktivität – sagen wir D-Fasern-Aktivität – oder sogar aufgrund ganz anderer materieller Prozesse entsteht. Die Rede von multipler Realisierbarkeit bezieht sich auf diese Möglichkeit. Da nicht nur Menschen, sondern auch bestimmten höheren Tieren mentale Zustände wie Schmerzen zugeschrieben werden und da sich die Organismen der verschiedenen Arten unterscheiden, erscheint es sinnvoll anzunehmen, dass die Schmerzzustände in den einzelnen Arten in unterschiedlicher Weise neuronal realisiert sind. Eine *Identifikation eines Typs physikalischer Zustände mit einem Typ mentaler Zustände* ist demzufolge problematisch. Der Satz ‚Der Schmerztyp S1 ist identisch mit dem Schmerztyp S1' ist tautologisch. Die Aussage ‚Es wäre möglich, dass S1 nicht S1 wäre' ist inkonsistent. Der Satz ‚Der Schmerztyp S1 ist identisch mit dem neuronalen Zustandstyp N1' hingegen zeigt eine andere Struktur. Man kann verstehen, was es heißt zu sagen ‚Es wäre möglich, dass S1 nicht identisch mit N1 wäre'. Angesichts

‚Schmerz ist multipel realisierbar'

der vorgebrachten Kritik verlor Identitätstheorie an Rückhalt. Seit den 1970er Jahren spielt sie keine zentrale Rolle mehr innerhalb der Philosophie des Geistes.

4.5. Zusammenfassung, Lektürehinweise, Fragen und Übungen

Zusammenfassung

Im ersten Abschnitt wurde der Identitätsbegriff eingeführt. Der Begriff der Identität ist ein fundamentaler Begriff. Identität kann als eine zweistellige Relation bestimmt werden, die reflexiv (‚a = a'), symmetrisch (‚a = b' und ‚b = a') und transitiv (‚a = b', ‚b = c', ‚a = c') ist. Zwei Prinzipien wurden vorgestellt. Das Leibniz-Gesetz lautet:

(LG) Wenn a und b identisch sind, dann ist jede Eigenschaft von a auch eine Eigenschaft von b (und jede Eigenschaft von b eine Eigenschaft von a).

Der Satz der Identität der Ununterscheidbaren ist eine Umkehrung von LG:

(IU) Wenn jede Eigenschaft von a auch eine Eigenschaft von b ist (und jede Eigenschaft von b eine Eigenschaft von a), dann sind a und b identisch.

Identität ist zu unterscheiden von maximaler oder vollständiger Ähnlichkeit. Während Identität transitiv ist, ist Ähnlichkeit nicht transitiv.

Für die Rede über Einzeldinge (Individuen) ist die Unterscheidung von Eigennamen und Kennzeichnungen als Mittel der Bezugnahme sehr wichtig. Eine Kennzeichnung bestimmt ein Individuum durch Angabe geeigneter Eigenschaften in eindeutiger Weise. Kennzeichnungen sind zentrale Mittel der Identifizierung von Individuen (z. B. ‚Cicero ist der Autor der ‚Gespräche in Tusculum'').

Im zweiten Abschnitt haben wir die Identitätstheorie der Philosophie des Geistes kennen gelernt. Die These der Identitätstheorie lautet: Mentale Zustände sind identisch mit körperlichen Zuständen. Bei den körperlichen Zuständen, die hier von Bedeutung sind, handelt es sich vorrangig um die Zustände des Gehirns und des Nervensystems. Vereinfacht gesagt behauptet der Identitätstheoretiker ‚Der Geist ist das Gehirn'. Die Identitätstheorie bestreitet nicht, dass geistige Zustände in der Introspektion zugänglich sind. Sie ist methodologisch nicht an die behavioristischen Grundprinzipien gebunden. Es sind a posteriori Identitätsaussagen, die hier einschlägig sind.

Zwei Versionen der Identitätstheorie sind zu unterscheiden: Die seit den 1950er Jahren formulierte Typen-Identitätstheorie behauptet: Jeder Typ eines psychischen Zustands ist identisch mit einem physischen Zustandstyp. Die Token-Identitätstheorie behauptet: Jedes einzelne Vorkommnis eines psychischen Zustands ist identisch mit einem einzelnen Vorkommnis eines physischen Zustands.

Gegen die Identitätstheorie wurden kritische Einwände formuliert. 1970 hat S. Kripke geltend gemacht, dass Identitätsaussagen mit Notwendigkeit gültig sind. Die Identität von mentalen Zuständen mit neuronalen Zuständen kann nach Kripke aber keine notwendige Geltung beanspruchen. Es ist immer denkbar, dass ein bestimmter mentaler Zustand mit einem anderen neuronalen Zustand identisch ist, als mit dem jeweils von den Identitätstheoretikern angeführten Zustand. H. Putnam hat die Identitätstheorie mit einem Argument kritisiert, das nicht am Notwendigkeitsbegriff ansetzt, aber doch gut mit Kripkes Überlegungen zusammenstimmt. Putnam sagt: mentale Zustände sind prinzipiell durch verschiedenartige physikalische Zustände zu realisieren. Es gibt keine intrinsischen Eigenschaften physikalischer Zustände, aufgrund derer diese mit bestimmten mentalen Zuständen identisch sind. Putnams Argument wird unter dem Stichwort ‚multiple Realisierbarkeit' des Mentalen diskutiert.

Für die Token-Identitätstheorie ist multiple Realisierbarkeit kein Problem. Denn die Token-These behauptet, dass verschiedene Vorkommnisse eines psychischen Zustands durch unterschiedliche physikalische Zustände realisiert sein können. Dennoch ist die Token-Identitätstheorie nicht allgemein akzeptiert. Kritiker argumentieren, dass in ihrem Rahmen empirisch gehaltvolle Aussagen über Relationen von mentalen Zuständen und physischen Zuständen zwar nicht ausgeschlossen sind, aber sehr komplex werden können. Zudem wird kritisiert, dass lediglich Korrelationen aufgewiesen werden, aber keine Identität bewiesen ist.

Lektürehinweise

Zu 4.1.:
Zu den unterschiedlichen Aspekten des Identitätsbegriffs vgl. (173), (174), (175).
Zu 4.2. und 4.3:
Klassiker sind die älteren und nur noch in Bibliotheken auffindbaren Textsammlungen: (192), (194), (202). In den neueren Sammelbänden (45), (47), (48), (50), (51), (52) sind einzelne wichtige Texte wieder abgedruckt. Drei Aufsätze von D. Lewis sind in deutscher Übersetzung gut greifbar (198). Exzellent ist der Artikel von David M. Rosenthal ‚Identity Theories' in (55), S. 348–355. J. Heils knappe Darstellung in (39), S. 71–84 ist informativ und verlässlich. Gleiches gilt für die einschlägigen Abschnitte in (36) und (44).
Zu 4.4:
Kripkes Argumentation ist veröffentlicht in (176). Gute Darstellungen der Überlegungen Kripkes geben R. Stalnaker (in (12), S. 534–554) und J. Stanley (in (12), S. 555–585). Zu Putnams Argumentation vgl. besonders (47), S. 123–135.

Fragen und Übungen

1. Identität gilt als eine reflexive, symmetrische und transitive Relation. Was ist damit gemeint? Erläutern Sie diese drei Eigenschaften der Identitätsrelation.
2. Denken Sie sich drei Beispiele aus, auf die jeweils einer der folgenden Identitätsbegriffe anwendbar ist: numerische Identität, qualitative Identität, diachrone Identität.
3. Formulieren Sie die Hauptthese der Typen-Identitätstheorie.
4. Welcher Einwand gegen die Typen-Identitätstheorie ist entscheidend?
5. Wie reagiert die Token-Identitätstheorie auf die Schwierigkeiten der Typen-Identitätstheorie?
6. Welche Annahmen haben Typen-Identitätstheorie und Token-Identitätstheorie gemeinsam?
7. Was versteht man unter einem notwendig wahren Satz a priori? Um was für einen Satz handelt es sich im folgenden Fall: ‚Es gibt eine mögliche Welt, in der Kant verheiratet ist'?
8. Formulieren Sie den Einwand Kripkes gegen die Identität von Schmerz und C-Fasern-Aktivität mit eigenen Worten. Mit welchem Argument will Kripke die Identitätsthese widerlegen?

5. Anomaler Monismus und Supervenienz

In diesem Kapitel werden zwei Konzeptionen vorgestellt, die D. Davidson entwickelt hat. Er reagiert mit ihnen auf die Schwierigkeiten des Materialismus und der Identitätstheorie. In einem weiten Sinn sind beide Ansätze dem Materialismus zuzuordnen. Sie räumen allerdings psychologischen Begriffen eine spezifische Eigenständigkeit gegenüber physikalischen Begriffen ein. Und aus diesem Grunde wird der Anomale Monismus von zahlreichen Materialisten sehr skeptisch betrachtet. Er macht in den Augen seiner Kritiker zu große Zugeständnisse an den Dualismus und an die Gegner eines strikten Materialismus.

5.1. Anomaler Monismus

Ein viel beachteter Vorschlag, der auf die Schwierigkeiten der Identitätstheorie reagiert, ist Donald Davidsons *Anomaler Monismus.* Davidson hat diese Position in mehreren Aufsätzen entwickelt (‚Mentale Ereignisse' (47), S. 73–92, derselbe Text ist in einer anderen deutschen Übersetzung unter dem Titel ‚Geistige Ereignisse' enthalten in (205), S. 291–317; ‚Psychologie als Philosophie', (205), S. 321–335; ‚Der materielle Geist', (205), S. 343–362). Als Monismus ist diese Theorie einzuordnen, weil sie an der Identität von mentalen (oder psychischen) und physischen Ereignissen festhält. Allerdings ist nach Davidson nicht von Typen-Identitäten auszugehen, sondern von der Identität einzelner mentaler und physikalischer Zustände oder Ereignisse. Davidson gehört zu denjenigen Autoren, die, durch grundsätzliche Überlegungen motiviert, nicht auf das Schema von Substanz und Eigenschaft zurückgreifen, sondern den Ereignis-Begriff als grundlegende ontologische Kategorie gebrauchen (vgl. 1.2.1.). Ein *Ereignis* ist ein einzelner Gegenstand, eine partikulare Entität, die datierbar ist: ‚Felix ist heute gut gelaunt' oder ‚Der Bundestagspräsident betrat gestern das Parlamentsgebäude um 10:30'.

Ereignisontologie

Der Ausdruck ‚anomal' ist abgeleitet von dem griechischen Wort ‚nomos' = Gesetz. Das Präfix ‚a' in ‚anomal' hat die Bedeutung der Negation. Ein anomaler Monismus ist also ein Monismus, der keine Gesetzmäßigkeiten vorsieht. Es geht um so genannte *Brückengesetze* oder um *psychophysische Gesetze.* Ein psychophysisches Gesetz stellt eine Verbindung her zwischen einer mentalen Beschreibung eines bestimmten Ereignisses und einer physikalischen Beschreibung desselben Ereignisses. Das Gesetz informiert also über die Verbindungen zwischen dem Bereich des Physischen und des Mentalen. Falls es wahr wäre, dass (i) ein spezifisches, in physikalischer Sprache mit φ-Begriffen bestimmtes Ereignis identisch ist mit einem in psychologischer Sprache mit ψ-Begriffen beschriebenen Ereignis, und falls es (ii) ein einschlägiges Gesetz gäbe, dann könnte ich beim Vorliegen einer wahren Beschreibung des Ereignisses in φ-Begriffen mit Sicherheit darauf

Keine Brückengesetze

schließen, dass eine bestimmte in ψ-Begriffen formulierte Beschreibung dieses Ereignis gilt und umgekehrt. Das psychophysische Gesetz ist die Brücke, auf der ich von einer Beschreibungssprache in die andere wechseln kann.

Es ist wichtig, zwischen Brückengesetzen (oder psychophysischen Gesetzen) und kausalen Beziehungen zu unterscheiden. Ein Ereignis E1, das die Ursache eines zweiten Ereignisses E2 ist, findet zeitlich vor E2 statt. Ursache und Wirkung sind zeitlich getrennte Ereignisse. Brückengesetze können sich aber im Gegensatz zu den Kausalaussagen auf ein einzelnes Ereignis beziehen, das sowohl mit den Begriffen der physikalischen Sprache als auch mit den Begriffen der mentalen/psychologischen Sprache beschrieben werden kann.

Es ist hilfreich, mit Davidson die folgenden Optionen zu unterscheiden, um den Anomalen Monismus einzuordnen:

- *Nomologischer Monismus*: Es gibt Gesetze, welche die psychologischen und die physikalischen Beschreibungen eines Ereignisses korrelieren. Ereignisse, die mittels psychologischer Prädikate bestimmt sind, und Ereignisse, die mit physikalischen Prädikaten bestimmt sind, können ontologisch identisch sein. Der Materialismus/Physikalismus fällt in diese Kategorie, wenn er psychologische Ereignisse als physische Ereignisse bestimmt.
- *Anomaler Monismus (AM)*: Es gibt *keine* Gesetze, welche die psychologischen und physikalischen Beschreibungen eines Ereignisses korrelieren. Mit psychologischen Prädikaten bestimmte Ereignisse und mit physikalischen Prädikaten bestimmte Ereignisse können ontologisch identisch sein.
- *Nomologischer Dualismus*: Es gibt Gesetze, welche die mit psychologischen Prädikaten beschriebenen Ereignisse und die mit physikalischen Prädikaten bestimmten Ereignisse korrelieren. Mit psychologischen Prädikaten bestimmte Ereignisse und mit physikalischen Prädikaten bestimmte Ereignisse sind ontologisch *nicht* identisch. Parallelismus, Interaktionismus, Epiphänomenalismus gehören in diese Kategorie.
- *Anomaler Dualismus*: Es gibt keine Gesetze, welche die psychologischen und physikalischen Bestimmungen eines Ereignisses korrelieren. Mit psychologischen Prädikaten bestimmte Ereignisse und mit physikalischen Prädikaten bestimmte Ereignisse sind ontologisch *nicht* identisch. Nach Davidson vertritt Descartes diese Auffassung.

AM-Grundsätze

Davidson selbst geht von (AM) in Verbindung mit zwei weiteren Grundsätzen aus:

kW

- *(1) kW: Prinzip der kausalen Wechselwirkung*

Einige mentale Ereignisse stehen in kausaler Wechselwirkung mit physischen Ereignissen. Überzeugungen und Wünsche verursachen Handlungen einer Person. Handlungen führen zu Veränderungen in der physikalischen Welt.

nK

- *(2) nK: Prinzip des nomologischen Charakters der Kausalität*

Kausalität impliziert Gesetze. Ereignisse, die als Ursache und Wirkung miteinander verbunden sind, fallen unter strikte deterministische Gesetze.

Offensichtlich sind diese beiden Sätze nicht ohne Schwierigkeiten mit AM zu vereinbaren. Denn AM besagt:

- *(3) AM: Es gibt keine strikten psychophysischen Gesetze, die es gestatten, mentale Ereignisse vorherzusagen oder zu erklären.* AM

Es ist nicht ersichtlich, wie die Thesen kW und AM kompatibel sein können: kW behauptet, dass mentale Ereignisse kausal wirksam sein können; nK behauptet, dass kausal wirksame Ereignisse unter Gesetze fallen. AM besagt aber, dass es für mentale Ereignisse keine Gesetze gibt. Wie kommt Davidson dazu, AM zu formulieren?

Zunächst muss man zumindest in grober Form erläutern, was unter einem Gesetz zu verstehen ist. Ein *Gesetz* ist eine Aussage der Form ‚Für alle x gilt: Genau dann wenn für x das-und-das zutrifft, dann gilt dies-und-jenes'. Doch diese Form allein macht eine Aussage nicht zum Gesetz. Entscheidend ist die Tatsache, dass es sich um eine allgemeingültige und in keinem einzigen Fall widerlegte Aussage handelt. Gesetze unterscheiden sich von Regeln durch Ausnahmslosigkeit und strikte Allgemeinheit. Die Rede von einem strikten deterministischen Gesetz bezieht sich auf solche Gesetze wie sie im Bereich der Physik aufgestellt werden. Davidson bestreitet nicht, dass es ziemlich gut bewährte Regeln gibt, um mentale Ereignisse vorauszusagen. Unser Alltagswissen besteht zu einem beträchtlichen Teil aus Wissen über solche Regelmäßigkeiten. Wenn ich das Verhalten einer Person erkläre, dann mache ich Gebrauch von solchen Regelmäßigkeiten. Regelmäßigkeiten erlauben Voraussagen und Erklärungen, die möglicherweise ziemlich verlässlich sind, aber die nie strikt und ausnahmslos gelten. Und genau darauf insistiert AM.

Ein weiterer Hinweis ist für das Verständnis von AM wesentlich. Der Bereich des Mentalen kann in zwei Kategorien unterteilt werden: *intentionale Zustände und nicht-intentionale Zustände* (Empfindungen). Die wichtigsten Formen intentionaler Zustände sind *Überzeugungen* und *Wünsche*. Intentionale Zustände werden oft als propositionale Einstellungen spezifiziert (‚x glaubt, dass p', ‚y wünscht, dass q'). Empfindungen wie Schmerzerlebnisse hingegen entziehen sich einer solchen Bestimmung. Schmerzen zu haben ist etwas anderes, als eine Überzeugung zu haben, deren Bezugspunkt eine Schmerzempfindung ist. Das Schmerzerlebnis als ein qualitativer Bewusstseinszustand muss nach Auffassung vieler Autoren nicht die Struktur des gerichteten, begrifflich spezifizierten Bewusstseinszustands haben. Es ist wichtig zu beachten, dass sich Davidson ausschließlich auf die intentionalen Zustände (Überzeugungen, Wünsche) bezieht. Die These des Anomalen Monismus lautet auf intentionale Ereignisse bezogen:

- *(3.1) AiE: Anomalie intentionaler Ereignisse* AiE

Es gibt keine strikten deterministischen Gesetze, die es gestatten, intentionale Zustände (Überzeugungen und Wünsche) vorherzusagen oder zu erklären.

Die Bedeutung der Unterscheidung intentionaler und nicht-intentionaler mentaler Ereignisse wird deutlich, wenn man zwei Punkte beachtet. Zunächst erscheint es im Fall des Schmerzerlebnisses auf den ersten Blick plausibel, nach physischen oder neuronalen Substraten des mentalen Zustands Ausschau zu halten. Ein Materialist, der die Token-Identitätstheorie vertritt, wird keine Gesetze aufstellen, die bestimmte Arten mentaler Ereignisse mit Arten physikalischer Ereignisse verbinden. Er interessiert sich für einzelne mentale und physikalische Ereignisse und deren Zusammenhang.

Bereits mit Blick auf mentale Zustände wie Schmerzen sind Brückengesetze problematisch, wie die Erörterung der Typen-Identitätstheorie gezeigt hat. Bei intentionalen Zuständen wie Überzeugungen ist die Skepsis bezüglich solcher Brückengesetzte aber noch größer. Denn die Vorstellung, dass Schmerzen ein konstantes neurologisches Korrelat haben, scheint weniger unplausibel als die Rede von einem speziellen neuronalen Korrelat einer bestimmten Überzeugung. Die Annahme des Typen-Identitätstheoretikers, dass alle Vorkommnisse der Überzeugung Ü1 ‚Die Dufourspitze ist 4634 m hoch' bei Beate immer ein ganz bestimmtes neuronales Korrelat N1 haben, ist jedenfalls auf den ersten Blick nicht gut motiviert. Und die noch stärkere Annahme, dass das Nervensystem aller Menschen, die jemals die Überzeugung Ü1 hatten oder haben werden, sich im Zustand N1 befindet, erscheint noch unplausibler.

Der zweite Punkt, der die Unterscheidung intentionaler und nicht-intentionaler mentaler Ereignisse als wichtig erscheinen lässt, besteht in der Verbindung von Intentionalität und Rationalität. Die negative Feststellung von AiE wird von Davidson durch ein positives Komplement ergänzt:

PiE • *(4) PiE: Prinzipien intentionaler Ereignisse*

Personen bilden ihre Überzeugungen und Wünsche aufgrund von Prinzipien der Rationalität und Kohärenz.

Es sind die *normativen Prinzipien* der *Rationalität* und *Kohärenz*, die das Mentale in entscheidender Weise kennzeichnen. Ohne diese Prinzipien lässt sich nicht verstehen, was es überhaupt heißt, jemandem intentionale mentale Zustände zuzuschreiben oder ein Wesen als ein mentales Wesen anzusprechen. Den Kern der Rationalitätsprinzipien bilden die in Abschnitt 1.2.3. angeführten logischen Regeln und normativen Grundsätze. Nehmen wir an, dass Beate die Überzeugung Ü1 hat:

Ü1: Die Dufourspitze ist 4634 m hoch.

Nun erwirbt sie die neue Überzeugung Ü2:

Ü2: Der zweithöchste Berg der Alpen ist 4634 m hoch und es gibt in den Alpen nur einen Berg, der 4634 m hoch ist.

Unter den genannten Bedingungen kann man Beate auch die Überzeugungen Ü3 und Ü4 zuschreiben:

Ü3: In den Alpen gibt es Berge.
Ü4: Die Dufourspitze ist der zweithöchste Berg der Alpen.

Damit ist nicht gesagt, dass Beate in jedem Fall die Überzeugung Ü3 und Ü4 bewusst hat. Aber wir erwarten, dass sie auf die Frage ‚Ist die Dufourspitze der zweithöchste Berg der Alpen?' auf der Basis von Ü1 und Ü2 mit ‚Ja' antwortet. Falls sie ‚Nein' sagen würde, wären wir unsicher, ob wir ihr Ü1 und Ü2 tatsächlich zuschreiben können.

Beate versichert uns, dass sie fest von der Wahrheit von Ü2 überzeugt sei. Und sie weiß auch, dass Ü5 zutrifft:

Ü 5: Der Montblanc ist höher als 4634m.

Wir fragen sie, ob der Montblanc der zweithöchste Berg der Alpen ist. Beate sagt ‚Ja'. Nun sind wir verwirrt. Und wenn Beate anschließend auf die Frage ‚Gibt es in den Alpen Berge?' mit ‚Nein' antworten würde, wüssten wir nicht, ob sie die Sätze überhaupt richtig verstanden hat oder ob sie unkonzentriert ist, oder was sonst nicht stimmt.

Das Beispiel zeigt, dass wir tatsächlich bei der Zuschreibung von Überzeugungen davon ausgehen, dass Überzeugungen in bestimmten logischen Beziehungen zueinander stehen. Zwischen den Überzeugungen einer Person besteht eine gewisse Konsistenz und Kohärenz. Für den Begriff der Rationalität ist bezeichnend, dass wir einer Person nicht durchgehend falsche Überzeugungen zuschreiben können. Wenn wir Beate keine einzige wahre Überzeugung zuschreiben könnten, würden wir überhaupt darauf verzichten, ihr irgendwelche Überzeugungen zuzuschreiben, d.h. sie für ein rationales Wesen anzusehen. Wenn ein Wesen beständig gegen die fundamentalen Prinzipien der Rationalität und Kohärenz verstoßen würde, so wären wir im Zweifel, ob es sich überhaupt um ein mentales Wesen handelt.

Systematisch wichtig ist die mit dieser Überlegung verbundene Einsicht, dass die Zuschreibung von Überzeugungen und Wünschen nicht atomistisch erfolgt. Wir schreiben Beate nicht eine einzelne Überzeugung zu, ohne andere Überzeugungen und ihr Verhalten insgesamt in Betracht zu ziehen. Im Gegenteil, einzelne intentionale Zustände sind immer mit anderen Intentionen verbunden. Überzeugungen und Wünsche kommen nur in einem Netz mehrerer Überzeugungen und Wünsche vor. Dieser Sacherhalt wird mit dem Terminus *Holismus des Mentalen* bezeichnet (vgl. (210)). Der holistische Charakter des Mentalen scheint auf der physikalischen Ebene keine genaue Entsprechung zu haben, denn eine physikalische Eigenschaft kann im Prinzip isoliert, ohne Berücksichtigung anderer physikalischer Eigenschaften, zugeschrieben werden.

Holismus des Mentalen

Um die Pointe des Holismus klar zu machen, kann man sich überlegen, wie die Dinge lägen, wenn der Anomalismus des Mentalen falsch wäre. Angenommen, wir würden über Gesetze verfügen, die neuronale Entsprechungen für die einzelnen Überzeugungen und Wünsche angeben (Nomalismus des Mentalen = NM). Auf der Grundlage eines solchen Gesetzes könnte folgende Aussage formuliert werden:

- *(NM 1) N1 kommt bei Person A zum Zeitpunkt t_1 genau dann vor, wenn gleichzeitig Ü1 vorliegt.*

Die Umkehrung diese Aussage wäre ebenfalls gültig:

- *(NM 2) Ü1 kommt bei Person A zum Zeitpunkt t_1 genau dann vor, wenn gleichzeitig N1 vorliegt.*

Auf dieser Basis könnte der Person A die Überzeugung Ü1 allein auf Grundlage der Feststellung des neuronalen Zustands N1 zugeschrieben werden. Man müsste sich nicht um andere Überzeugungen und intentionale Zustände von A kümmern. Man wäre auch nicht darauf angewiesen, A zu fragen, ob sie die betreffende Überzeugung hat. Der neurologische Befund, dass N1 vorliegt wäre vollkommen hinreichend, um A die entsprechende Überzeugung Ü1 zuzuschreiben. Ein solches Szenario verdeutlicht, wie weitreichend die Folgen strikter psychophysischer Gesetze wären. Ein Neurologe könnte die Überzeugungen von A kompetent feststellen, ohne A nach ihrer Meinung und ihren Gründen zu fragen. Es ist zunächst nicht absehbar, wie in diesem Rahmen die Unterscheidung von rationalen und irrationalen Überzeugungen zu erläutern wäre. Denn jede Überzeugung wäre aufgrund eines psychophysischen Gesetzes erklärt als die Wirkung eines physischen Ereignisses.

Anhänger eines reduktiven Materialismus sind der Ansicht, dass solche Gesetze auf der Basis der einschlägigen Forschungsergebnisse formuliert werden können. Während wir im Rahmen unserer gegenwärtigen Lebensverhältnisse die Überzeugungen unserer Gesprächspartner im Gespräch durch Fragen und Austausch von Ansichten kennen lernen, geht der reduktive Materialist davon aus, dass man – die entsprechenden Fortschritte der Wissenschaften vorausgesetzt – auf einem Monitor den neuronalen Zustand eines Individuums ablesen könnte. Unter solchen Bedingungen würde der ‚neuro-screen' anzeigen, dass bei Beate der neuronale Zustand N1 vorliegt und das Computerprogramm liefert sofort die entsprechende Übersetzung ‚N1 = Ü1'.

Nach Davidson ist dieses Szenario mit dem Begriff der Überzeugung nicht vereinbar. Das folgende Beispiel soll diesen Punkt verdeutlichen. Ich frage Beate ‚Welches ist der höchste Berg der Alpen?'. Sie überlegt ziemlich lange und sagt dann ‚Der Montblanc'. Ich gehe davon aus, dass Beate die Überzeugung ‚Der Montblanc ist der höchste Berg der Alpen' hat. Wir unterhalten uns eine Weile und ich bemerke, dass Beate nicht weiß, wo der Montblanc liegt, dass sie Chamonix für einen Badeort an der Riviera hält und sich überhaupt ziemlich wenig in den Alpen auskennt. Schließlich komme ich aufgrund weiterer Indizien zu der Überzeugung, dass Beate einfach geraten und zufällig die richtige Antwort erwischt hat. Folglich revidiere ich meine frühere Zuschreibung der Überzeugung. Tatsächlich ist die *Revidierbarkeit* der Zuschreibung von Überzeugungen ein elementarer Tatbestand.

Revidierbarkeit der Überzeugungszuschreibung

Wenn aber aufgrund des Prinzips NM, d.h. eines strikten psychophysischen Gesetzes, die Zuschreibung einer Überzeugung eindeutig vorzunehmen ist, dann ist diese Überzeugungszuschreibung nicht mehr rückgängig zu machen. Die Revidierbarkeit der Zuschreibung intentionaler Zustände ist mit strikten psychophysischen Gesetzen unvereinbar (vgl. (36), S. 196f.). Das Ergebnis der Überlegungen Davidson lautet: Neuronale Zustände werden aufgrund der neurowissenschaftlichen Befunde zugeschrieben. Überzeugungs- und Wunschzustände werden aufgrund eines normativen Vokabulars der Alltagssprache zugeschrieben. Die nomologische und die normative Zuschreibungspraxis sind nach Davidsons Analyse nicht kommensurabel.

Der anomale Monismus berücksichtigt die Unterschiede zwischen den Sprachen der Naturwissenschaft, des Alltags und der Psychologie bzw. der Handlungstheorie. Indem Davidson die psychophysischen Gesetze ausschließt und die Unterschiedlichkeit beider Ebenen betont, gewinnt er die

Möglichkeit, das normative Vokabular beizubehalten. Die Einheiten, mit denen man es auf der Ebene der Neurologie einerseits und der Psychologie/Handlungstheorie andererseits zu tun hat, werden nach verschiedenartigen Gesichtspunkten individuiert. Demzufolge unterscheiden sich die Arten der auf beiden Ebenen festzustellenden Ereignisbestimmungen in grundsätzlicher Weise.

Normative vs. deskriptive Begriffe

Das Argument der Revidierbarkeit der Überzeugungszuschreibung wird von den reduktiven Materialisten nicht akzeptiert. Davidson will seinen Gegner überzeugen, dass eine grundlegende Differenz zwischen den Prinzipien des *normativen* Vokabulars der Überzeugungszuschreibung und dem *deskriptiven* Vokabular der neuronalen Sprache besteht. Aber der reduktive Materialist kann leugnen, dass diese Differenz die Möglichkeit von Brückengesetzen ausschließt. Die Details dieser Debatte werden hier nicht weiter verfolgt. Wesentlich ist es, den strittigen Punkt zu erkennen und die Unterscheidung zwischen normativen Begriffen, die für den Begriff der Rationalität grundlegend sind, und deskriptiven Begriffen zu beachten.

Davidson will an einer Token-Identität festhalten. Wie soll das möglich sein, wenn doch die Unterschiedenheit der Ebenen des Mentalen und des Physischen aufgrund des normativen Vokabulars intentionaler Zustände betont wurde? In kW wird ausdrücklich eine kausale Wirksamkeit mentaler Ereignisse festgestellt. Das Prinzip nK sagt, dass Ereignisse, die in Ursache-Wirkungs-Beziehung stehen, unter strikte Gesetze fallen. Demzufolge gibt es ein mit psychologischen Begriffen bestimmtes Ereignis ψ_1, das ein im physikalischen Vokabular beschriebenes Ereignis φ_2 gemäß einem strikten Gesetzes verursacht. Aufgrund von AM muss es sich hierbei um ein physikalisches Gesetz handeln. Ein physikalisches Gesetz, das die Beziehung von ψ_1 und φ_2 erfasst, kann es dann geben, wenn ψ_1 eine physikalische Beschreibung hat bzw. wenn das als ψ_1 bezeichnete Ereignis identisch mit einem physischen Ereignis φ_1 ist. Dieses Ergebnis beruht darauf, dass sowohl psychologische als auch physikalische Beschreibungen eines Ereignisses akzeptiert werden. Mentale Ereignisse können als kausal wirksam nur dann gelten, wenn sie mit physikalischen Ereignissen identisch sind. Dass wir auf viele Ereignisse sowohl unter einer physikalischen wie auch unter einer psychologischen Beschreibung Bezug nehmen können, ist keine Neuigkeit. Die Pointe Davidsons scheint darin zu bestehen, dass er behauptet, die psychologische Beschreibung eines Ereignisses könne nicht auf die physikalische Beschreibung dieses Ereignisses reduziert werden. Die psychologische Beschreibung hat eine nicht verzichtbare Funktion für die Verwendung eines normativen Vokabulars. Mittels dieses Vokabulars begreifen wir Personen als rationale Wesen. Auf der Basis eines physikalischen Begriffsrepertoires ist der Gehalt der normativen mentalen Begriffe nicht zu erfassen. Blickt man zurück auf die These des Logischen Behaviorismus (vgl. 3.2.), so wird die Veränderung deutlich. Die Konzeption einer einheitlichen Idealsprache für alle Bereiche des Wissens ist aufgegeben. Die These von der Reduzierbarkeit psychologischer Begriffe auf physikalische Begriffe wird von Davidson verabschiedet.

Keine Reduktion psychologischer Begriffe

5.2. Supervenienz

Aus Davidsons Anomalem Monismus folgt, dass für die Ebenen des Mentalen und des Physischen trotz der Identität der mentalen und der physischen Einzelereignisse verschiedenartige Vokabularien gebraucht werden. Ausgeschlossen werden zwei Möglichkeiten: Erstens, die Subsumierung der mentalen Einzelereignisse unter strikte psychophysische Gesetze; zweitens, die Definition und vollständige Ersetzung der psychologischen Begriffe durch physikalische Begriffe.

Dies ist aber nicht das letzte Wort Davidsons zum Verhältnis des Mentalen und Physischen. Seine positive Konzeption der Sachlage wird unter dem Titel ‚*Supervenienz*' vorgestellt. Der Terminus ‚Supervenienz' ist auf der Grundlage des lateinischen Verbs ‚supervenire' gebildet, das so viel bedeutet wie ‚hinzukommen, überraschend dazukommen, erscheinen'. Supervenienz bezieht sich auf die Abhängigkeit zwischen Einheiten zweier unterschiedlicher Ebenen. Ursprünglich ist die These mit Bezug auf das Verhältnis der Ebenen des Physischen und Moralischen oder des Physischen und des Ästhetischen konzipiert worden.

Abhängigkeit des Psychischen

Supervenienz wird oft mit Bezug auf Eigenschaften (oder Eigenschaftsklassen) formuliert. Dass psychische Eigenschaften auf physischen Eigenschaften supervenieren heißt: psychische Eigenschaften sind durch die physischen Eigenschaften bedingt. Diese Abhängigkeit der mentalen Phänomene von den physischen Tatsachen besagt, dass Unterschiede auf der Ebene des Psychischen nur auf Grund von physischen Unterschieden möglich sind. Die physischen Tatsachen sind fundamental und verantwortlich für die psychischen Phänomene. Ausgeschlossen wird der Fall, dass auf der Grundlage eines identischen physischen Tatbestands φ_1 zwei unterschiedliche psychische Phänomene – ψ_1 und ψ_2 – auftreten. Möglich hingegen ist der Fall, dass eine bestimmtes psychisches Phänomen ψ_1 auf Grundlage von zwei unterschiedlichen physischen Zuständen φ_1 oder φ_2 realisiert ist. Es ist also möglich, dass das psychische Phänomen ψ_1 in einem Fall durch φ_1, im anderen Fall durch φ_2 realisiert wird. Man spricht davon, dass ein psychischer Zustand ψ_1 auf φ_1 oder φ_2 superveniert:

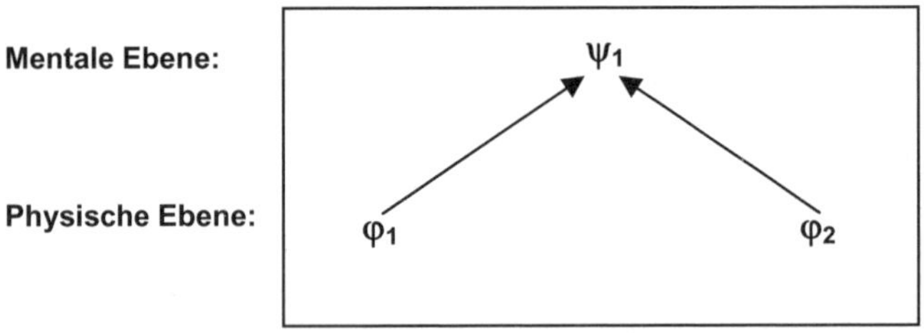

Im Gegensatz zu der von der Identitätstheorie angenommenen Symmetrie des Mentalen und Physischen, lässt die Supervenienzthese die Möglichkeit asymmetrischer Verhältnisse zu. Zwei unterschiedliche psychische Phänomene können zwar *nie* auf Basis desselben physischen (neuronalen) Tatbestands auftreten. Aber *ein* psychisches Phänomen kann sehr wohl durch *zwei* unterschiedliche physische (neuronale) Zustände realisiert sein. Das bedeutet, dass psychische Phänomene multipel realisierbar sind. Damit ist klar, dass physische und psychische Eigenschaften nicht im Sinn der Identitätstheorie identisch sind. Aber es gibt im Fall der Supervenienz einen klaren Zusammenhang und eine Abhängigkeit der psychischen von den physischen Eigenschaften.

5.3. Zusammenfassung, Lektürehinweise, Fragen und Übungen

Zusammenfassung

Der Anomale Monismus ist eine Theorie, die Donald Davidson formuliert hat. Der Anomale Monismus geht von einer Identität physischer und psychischer Ereignisse aus. Diese Identität ist die Grundlage für die Einordnung des Anomalen Monismus als eine monistische und materialistische Position. Die Anomalie ist durch die These bedingt, dass es keine Brückengesetze gibt. Als Brückengesetz (auch: psychophysisches Gesetz) wird ein Gesetz bezeichnet, das es ermöglicht, von der Bestimmung eines Ereignisses in der physikalischen Sprache zu einer Bestimmung desselben Ereignisses in der psychologischen Sprache überzugehen und umgekehrt.

Unter der Voraussetzung, dass ein spezifisches, in φ-Begriffen bestimmtes Ereignis E_φ mit einem spezifischen in ψ-Begriffen bestimmten Ereignis E_ψ identisch ist, und bei Annahme eines einschlägigen Brückengesetzes, kann man beim Vorliegen des Ereignisses E_φ mit Sicherheit sagen: das Ereignis E_ψ ist gegeben. Das psychophysische Gesetz ist die Brücke, auf der man von einem Bereich in den anderen überwechseln kann.

Davidson argumentiert dafür, dass es solche Gesetze nicht gibt. Seine Ablehnung von Brückengesetzen basiert auf der Unterschiedlichkeit der physikalischen Sprache und der intentionalen Begriffe der psychologischen Sprache. Die Prinzipien der Zuschreibung intentionaler Zustände unterscheiden sich von der Verwendung physikalischer Begriffe in grundlegender Weise. Eine Vorhersage intentionaler Zustände aufgrund strikter deterministischer Gesetze, die in physikalischen Begriffen formuliert sind, wird von Davidson ausgeschlossen. Damit räumt Davidson den psychologischen Begriffen innerhalb einer materialistischen Konzeption eine bedeutende Eigenständigkeit ein. Mit physikalischen Begriffen allein kann man nicht alle Sachverhalte angemessen beschreiben. Für alle diejenigen Materialisten, die eine Zurückführung psychologischer Begriffe auf physikalische Begriffe anstreben, stellt diese Überlegung eine Provokation dar. Bei Davidson behalten die psychologischen Begriffe eine unverzichtbare Rolle.

Das Verhältnis von psychischen und physischen Eigenschaften wird durch den Begriff der Supervenienz neu bestimmt. Supervenienz des Mentalen über dem Physischen heißt: Veränderungen auf der Ebene des Mentalen sind nur aufgrund von physischen Vorgängen möglich. Die Supervenienzthese schließt aus, dass auf der Grundlage eines identischen physischen Tatbestands φ_1 zwei unterschiedliche psychische Phänomene – ψ_1 und ψ_2 – auftreten können. Sie erlaubt den Fall, dass ein bestimmtes psychisches Phänomen ψ_1 auf Grundlage von zwei unterschiedlichen physischen Zuständen φ_1 oder φ_2 realisiert ist. Es ist also möglich, dass das psychische Phänomen ψ_1 in einem Fall durch φ_1 im anderen Fall durch φ_2 realisiert wird.

Lektürehinweise

Zu 5.1.:
Eine gut zusammenfassende Selbstdarstellung ist der von Davidson geschriebene Artikel ‚Donald Davidson' in (55), S. 231 – 236.
Im Fall des Anomalen Monismus ist eine Lektüre der Primärtexte sehr empfehlenswert. In (205) sind sie in deutscher Übersetzung abgedruckt.
Zu 5.2.:
Der Artikel ‚supervenient/Supervenienz' (in (33) III, S. 144–145) gibt eine knappe und informative Übersicht. J. Kim hat einen sehr klar gegliederten Übersichtsartikel verfasst, in dem die verschiedenen Varianten vorgestellt werden: (55), S. 575– 583. Für eine vertiefende Auseinandersetzung sind (212) und (213) zu empfehlen.

Fragen und Übungen

1. Erläutern sie die Bedeutung des Terminus ‚Anomaler Monismus'. Worin besteht die Anomalie der Theorie? Inwiefern handelt es sich um einen Monismus?
2. Was ist ein Brückengesetz?
3. Was versteht Davidson unter dem Holismus des Mentalen?
4. Für Davidson sind mentale Zustände wie Wünsche und Überzeugungen in wesentlicher Hinsicht durch Intentionalität gekennzeichnet. Rationalität und Kohärenz sind wichtige Prinzipien, die die intentionalen Zustände bestimmen. Erläutern Sie anhand eines Beispiels, was mit der Rationalität und Kohärenz von Überzeugungen gemeint ist.
4. Formulieren Sie Supervenienzthese in eigenen Worten.

6. Funktionalismus

Die Darstellungen des Behaviorismus und der Identitätstheorie haben gezeigt, dass die Philosophie des Geistes sich zunehmend von einer rein begrifflichen Erläuterung des Wesens des Geistes im Sinn der philosophischen Tradition entfernt. Das Interesse, kausale Erklärungen zu liefern, tritt immer deutlicher in den Vordergrund. Durch kausale Erklärungen sollen die psychischen Prozesse und Zustände als Wirkungen bestimmter physischer Ursachen beschrieben werden. Diese Entwicklung ist im Zusammenhang mit einer zunehmenden Verwissenschaftlichung des theoretischen Denkens zu sehen. Der Funktionalismus ist ein eindrucksvolles Zeugnis dafür, wie sich die Philosophie des Geistes durch die Orientierung an einzelnen wissenschaftlichen Paradigmen wandelt. Während die bisherigen Modelle geistige Prozesse maßgeblich mit Blick auf neuronale Vorgänge zu erfassen versuchen (‚Der Geist ist das Gehirn'), arbeitet der Funktionalismus auf einem höheren Abstraktionsniveau. Fragestellungen und Überlegungen von Disziplinen, die bislang keine Rolle spielten, werden zentral. Die Informatik, die Forschung zur Künstlichen Intelligenz (KI), die Kognitionswissenschaften liefern dem Funktionalismus wichtige Grundbegriffe. Um diese Neuorientierung nachvollziehen zu können, ist es notwendig, einige terminologische Unterscheidungen einzubringen, die dem Leser zunächst sperrig und umwegig erscheinen mögen. Da der Funktionalismus aber eine der einflussreichsten Richtungen der gegenwärtigen Philosophie des Geistes ist, kann auf die Vermittlung der für ein Verständnis der Grundlinien nötigen Begriffe nicht verzichtet werden.

Zu Beginn wird der für den Funktionalismus fundamentale Begriff der kausalen Rolle eingeführt (6.1.). Anschließend wird die Konzeption des Geistes als Computer präsentiert (6.2.) und anhand der Turing-Maschine erläutert (6.3.). Der Turing-Test hat die Aufgabe zu klären, was damit gemeint sein kann, wenn man sagt, dass eine Maschine (ein Computer) denkt (6.4.). Ein berühmtes Gedankenexperiment von J. Searle ‚Das Chinesische Zimmer' übt Kritik an radikalen Entwicklungen des Funktionalismus (6.5.). Diese Kritik rückt den Begriff der Intentionalität in das Zentrum der Aufmerksamkeit (6.6.).

6.1. Kausale Rollen

Der Funktionalismus wurde seit den 1960er Jahren entwickelt. Es handelt sich um eine weit verbreitete Konzeption, die in vielen unterschiedlichen Varianten auftritt. Bei einigen Versionen des Funktionalismus macht sich eine neue Orientierung innerhalb der Philosophie des Geistes bemerkbar. Verbindungen zu den Kognitionswissenschaften, zur Forschung im Bereich der Künstlichen Intelligenz und zu den Neurowissenschaften werden zunehmend wichtig. Zu den bekanntesten Vertretern des Funktionalismus gehören Hilary Putnam, Jerry Fodor, Daniel Dennett und David Lewis.

Der Übergang von der Supervenienzthese zum Funktionalismus ist leicht herzustellen. Die Supervenienzthese sieht die Möglichkeit vor, dass ein und dasselbe mentale Phänomen auf der Grundlage zweier unterschiedlicher physischer Zustände realisiert ist. Diese Möglichkeit wird auch mit dem Terminus ‚multiple Realisierbarkeit' bezeichnet. Multiple Realisierbarkeit ist nicht nur ein destruktives Argument gegen die Typen-Identitätstheorie, es handelt sich auch um einen konstruktiven Gedanken im Hinblick auf neuartige Konzeptionen des Mentalen.

Die These des Funktionalismus lautet:

- *(F) Mentale Zustände sind Zustände, die eine bestimmte kausale Rolle in einem System haben.*

Ein Schmerz-Zustand beispielsweise wird im Funktionalismus nicht mehr primär durch eine physiologisch-neuronale Bestimmung z. B. als C-Fasern-Aktivität identifiziert. Der Schmerz wird vielmehr als ein Zustand bestimmt, der durch bestimmte Ursachen (z. B. Gewebeverletzungen) ausgelöst wird und bestimmte Wirkungen herbeiführt (z. B. charakteristisches Schmerzverhalten, Stöhnen etc.).

Eine schematische Skizze des funktionalistischen Schmerzbegriffs sieht folgendermaßen aus:

Schema A

Input:	mentaler Zustand:	Output:
Verletzung	SCHMERZ	Schmerzverhalten (Seufzen, Stöhnen etc.) Versuch, den Schmerz zu entfernen (Einnahme von Medikamenten etc.)

Der Funktionalist interessiert sich in erster Linie für die kausalen Beziehungen zwischen unterschiedlichen Zuständen und Aktivitäten. Er legt sich nicht auf eine ontologische These über die mentalen Zustände fest. Schmerzen sind in funktionalistischer Betrachtung dadurch bestimmt, dass Organismen schädigende Einwirkungen registrieren und auf diese reagieren. Wenn meine Hand eine heiße Herdplatte berührt, dann empfinde ich normalerweise einen Schmerz. Das führt sehr schnell dazu, dass ich die Hand von der Herdplatte wegziehe und versuche, den Schmerz durch kaltes Wasser zu lindern etc. Der Funktionalist sagt: der Schmerz hat die Aufgabe, nützliche Reaktionen auf schädigende Einwirkungen herbeizuführen. Lebewesen, die keine Schmerzen empfinden könnten, hätten keine guten Überlebenschancen.

Kausale Beziehungen

Das würde der Identitätstheoretiker überhaupt nicht bestreiten. Der Unterschied zwischen der Identitätstheorie und dem Funktionalismus kommt erst an einem anderen Punkt zum tragen. Im Gegensatz zum Identitätstheoretiker ist der Funktionalist nicht daran interessiert zu klären, welche physiologischen und neuronalen Prozesse dem Schmerzverhalten zugrunde liegen. Denn er ist davon überzeugt, dass nicht die C-Fasern-Aktivität als solche den Schmerz konstituiert. Prinzipiell ist es nämlich denkbar, dass in bestimmten Organismen C-Fasern-Aktivität nicht für Schmerz, sondern für

Lust-Zustände verantwortlich sind. Ebenso ist vorstellbar, dass Wesen, die überhaupt keine C-Fasern haben, Schmerzen empfinden. Das ist der für den Funktionalismus entscheidende Gedanke. Es ist möglich, dass Schmerzen durch sehr verschiedenartige biochemische und neuronale Prozesse realisiert sind. Es ist gewissermaßen keine intrinsische Eigenschaft einzelner biochemischer oder neuronaler Prozesse, Schmerzen zu realisieren. Erst auf der Basis der funktionalen Zusammenhänge eines komplexen Systems ergeben sich die einschlägigen mentalen Phänomene.

Nach Auffassung des Funktionalisten kann man sinnvollerweise annehmen, dass bestimmte mentale Zustände ganz unabhängig von der materiellen Beschaffenheit des jeweiligen Systems allein aufgrund der funktionalen Zusammenhänge zugeschrieben werden können. So ist es denkbar, dass nicht nur Lebewesen mit einem Zentralnervensystem Schmerzzustände kennen. Möglicherweise können komplexen informationsverarbeitenden Systemen auf der Basis der spezifischen funktionalen Prozesse in Zukunft ebenfalls Schmerzen zugeschrieben werden. Der Möglichkeit solcher Fälle wird vom Funktionalismus große Bedeutung eingeräumt. Das Zusammenspiel sämtlicher kausaler Faktoren allein ist entscheidend für die Zuschreibung der mentalen Zustände. Die Verknüpfung mentaler Zustände mit konkreten physikalischen Sachverhalten (C-Faser-Aktivität oder D-Fasern-Aktivität oder anderes) ist nach Auffassung des Funktionalismus kontingent (vgl. (198)).

Behaviorismus und Funktionalismus stimmen darin überein, dass die Bestimmung der aufgenommenen Reize (Input) und des beobachtbaren Verhaltens (Output) eine wesentliche Rolle für die Zuschreibung eines mentalen Zustands spielt. Der Funktionalismus unterscheidet sich vom Behaviorismus aber dadurch, dass er den kausalen Beziehungen zwischen den verschiedenen inneren Zuständen des jeweiligen Gegenstands Beachtung schenkt.

Input, interne Zustände, Output

- *(F1) Ein mentaler Zustand Z1 ist durch die kausalen Beziehungen zwischen (1) den sensorischen Inputs, (2) den internen Zuständen und (3) dem beobachtbaren Verhalten (Output) des Systems bestimmt.*

Ein mentaler Zustand kann also nicht generell mit dem beobachtbaren Verhalten oder der Disposition zu einem solchen Verhalten identifiziert werden. Der Funktionalismus scheint mit einigen Einwänden gegen den Behaviorismus zurecht zu kommen. Der Behaviorismus konzentriert sich allein auf Input- und Output-Daten. Ein Einwand gegen den Behaviorismus ist der Fall des Stoikers, der seine Hand in die Flamme hält ohne Schmerzverhalten zu zeigen. Der Behaviorist kann dem Stoiker keine Schmerzen zuschreiben, weil kein Schmerzverhalten zu beobachten ist. Im behavioristischen Modell gibt es also keine empirischen Daten, die die Zuschreibung begründen könnten. Das ist ein klares Defizit, weil man annimmt, dass der Stoiker zwar Schmerzen empfindet, diese Empfindungen aber kontrolliert und beherrscht.

Der Funktionalist hat mit diesem Beispiel keine Schwierigkeiten. Grundsätzlich kann er die Selbstbeherrschung und den Willen des Stoikers, kein Schmerzverhalten zu zeigen, als interne mentale Zustände erfassen. Durch welche methodologischen Schritte die internen Zustände empirisch bestimmt werden, ist eine andere Frage. In jedem Fall besteht im Funktionalismus prinzipiell eine Chance, auch dem Stoiker Schmerzen zuzuschreiben. Der Funktionalist kann im Prinzip die internen mentalen Zustände beachten, die bewirken, dass der Stoiker anders als die meisten Menschen kein Schmerzverhalten zeigt. Das ist ein Vorteil, denn die oben genannten, für den Behavioristen fatalen Argumente treffen den Funktionalismus nicht.

An diesem Punkt ist es sinnvoll, kurz die unterschiedlichen Bestimmungen mentaler Zustände zu vergegenwärtigen, die bisher behandelt wurden:

- Der *Cartesianische Dualist* behauptet: *Mentale Zustände sind die Zustände einer immateriellen Substanz.*
- Der *Behaviorist* behauptet: *Mentale Zustände sind durch sensorische Inputs bewirkte Zustände eines Organismus und/oder seine Verhaltensdispositionen.*
- Der *physikalistische Identitätstheoretiker* behauptet: *Mentale Zustände sind Zustände des Gehirns (oder des ZNS).*
- Der *Funktionalist* behauptet: *Mentale Zustände sind funktionale d. h. durch kausale Rollen spezifizierte Zustände.*

Der Funktionalist und der physikalistische Identitätstheoretiker widersprechen sich nicht notwendigerweise. Der Funktionalist kann durchaus die Auffassung vertreten, dass bei Menschen mentale Zustände tatsächlich Gehirnzustände sind. Aber er hat dennoch einen anderen Begriff des mentalen Zustands, weil er ihn anders als der physikalistische Identitätstheoretiker definiert. Der Funktionalismus nimmt keinerlei ontologische Festlegungen über spezifische mentale Eigenschaften oder Substanzen vor. Insbesondere ist zu beachten, dass Funktionalisten die mentalen Zustände gerade nicht mehr als Zustände eines spezifischen Organismus bzw. seiner neurophysiologischen Teile identifizieren. Der Funktionalismus arbeitet auf einer höheren Abstraktionsebene als diejenigen Theorien, die bestimmte Substanzen und Eigenschaften zum Ausgangspunkt der Erfassung mentaler Prozesse machen. Nicht die Beschaffenheit bestimmter Nervenfasern als solche ist für den Schmerzbegriff des Funktionalisten interessant, sondern allein die *strukturelle Organisation* von Systemteilen und ihr Zusammenspiel. Der Funktionalist kann also nicht nur den Fall berücksichtigen, dass in einem Organismus die Aktivität von C-Fasern und in einem anderen Organismus die Aktivität von D-Fasern Schmerzen verursacht. Er kann alle beliebigen Fälle berücksichtigen, in denen die in Schema A skizzierten Verhältnisse vorliegen. Dieser Grundzug des Funktionalismus lässt die älteren Versionen der Identitätstheorie hinter sich zurück. Eine spekulative Überlegung verdeutlicht dies. Falls es Artefakte (Computer, Roboter) oder Wesen auf anderen Planeten (‚Marsmenschen') geben würde, die die Bedingungen des funktionalistischen Schmerzbegriffs erfüllen würden, so hätten diese Wesen Schmerzen. Dies gilt auch und gerade dann, wenn diese Wesen überhaupt kein Nervensystem hätten, das demjenigen der Menschen ähnelt. Denn entscheidend sind allein die Funktionen und die kausalen Verhältnisse eines Systems. Nicht das Material, sondern die funktionale Organisation des Materials ist ausschlaggebend. Natürlich gilt dies alles nicht nur hinsichtlich des Schmerzbegriffs, sondern für alle funktionalistisch bestimmten mentalen Zustände.

Struktur

Funktionalisten sind in der Regel Materialisten oder Physikalisten. Der metaphysische Funktionalismus schließt aber grundsätzlich nicht aus, dass es immaterielle Entitäten mit mentalen Zuständen gibt. Die meisten Funktionalisten glauben allerdings, dass bei Menschen alle mentalen Zustände durch kausale Verhältnisse auf der Ebene der Neurophysiologie bestimmt sind. Aber sie sagen, dass es sich dabei um eine kontingente Tatsache handelt. Die metaphysische Möglichkeit bleibt bestehen, dass es Wesen gibt, für die dies nicht gilt.

6.2. Der Geist als Computer

Die These des metaphysischen Funktionalismus ist von großer Allgemeinheit. Als Korrektur der engen Auffassung des Behaviorismus erscheint sie zunächst plausibel. Tatsächlich hat der Funktionalismus aber durch eine Bestimmung mentaler Zustände im Rahmen eines Computer- oder Automatenmodells große Aufmerksamkeit erregt: Der Geist funktioniert wie ein Automat oder ein Computer. Der Geist kann verschiedene Operationen durchführen. Er nimmt sensorische Inputs auf. Er verändert in Abhängigkeit von den Inputs die internen Zustände des Systems oder er zeigt ein bestimmtes Verhalten. Entscheidend ist in funktionalistischer Perspektive nicht, dass der Automat aus einem bestimmten Material gefertigt ist. Relevant ist ausschließlich die Tatsache, dass er bestimmte Operationen durchführt und ein spezifisches Programm realisiert (vgl. (33) I, S. 231–232; (33) II, S. 781–783). Programm

Parkschein-, Fahrkarten- oder Getränkeautomaten sind einfache Beispiele, an denen die Grundzüge des Maschinenmodells erläutert werden können (vgl. (214), (215)). Schema B stellt das Programm eines Parkscheinautomaten dar. Ein 30-Minuten Parkschein kostet 1 Euro. Der Automat akzeptiert 1-Euro-Münzen und 50-Cents-Stücke. Er kann ausschließlich 30-Minuten-Parktickets ausgeben:

Schema B

Einwurf	Z1	Z2
50 Cents	Keine Ausgabe, Wechsel zu Z2	Ausgabe eines 30-Minuten-Parkscheins, Wechsel zu Z1
1 Euro	Ausgabe eines 30-Minuten-Parkscheins, Verharren in Z1	Ausgabe eines 30-Minuten-Parkscheins, Ausgabe 50 Cents, Wechsel zu Z1

Ein solches Schema wir als die *Maschinentafel* des Automaten bezeichnet. Eine Maschinentafel definiert die Arbeitsschritte, die je nach Ausgangszustand ausgeführt werden. Die beiden Zeilen der ersten Spalte betreffen die Input-Möglichkeiten (50-Cents-Münzen und 1-Euro-Münzen). Die zweite und dritte Spalte geben jeweils an, wie sich der Automat nach der entsprechenden Eingabe verhält. Die folgenden Möglichkeiten sind vorgesehen: Maschinentafel des Automaten

(1) Der Automat ist in Zustand Z1: Eine 50-Cents-Münze wird eingeworfen; der Automat wechselt in den Zustand Z2.
(2) Der Automat ist in Zustand Z2: Eine (zweite) 50-Cents-Münze wird eingeworfen; der Automat druckt ein 30-Minuten-Parkticket und wechselt in den Zustand Z1 zurück.
(3) Der Automat ist in Zustand Z1: Eine 1-Euro-Münze wird eingeworfen; der Automat druckt ein 30-Minuten-Parkticket aus und bleibt im Zustand Z1.
(4) Der Automat ist in Zustand Z2: Eine 1-Euro-Münze wird eingeworfen; der Automat druckt ein 30-Minuten-Parkticket, er wirft eine 50-Cents-Münze aus und wechselt in den Zustand Z1.

Jeder der Zustände, in denen sich der Automat befindet, ist durch die hier möglichen Eingaben und Ausgaben eindeutig charakterisiert. Und es gibt neben den angeführten Zuständen keine weiteren Zustände des Systems. Wenn man die in der Tabelle angeführten Bestimmungen des Verhaltens des Automaten kennt, verfügt man über alle relevanten Informationen hinsichtlich der Zustände des Automaten und seines Verhaltens. Für die technischen Details der Konstruktion (Wie ist die Vorrichtung konstruiert, welche 50-Cents-Münzen und 1-Euro-Münzen identifiziert? etc.) interessiert sich der Funktionalist nicht. Er stellt lediglich fest, dass die Unterscheidung zwischen einem 50-Cents-Input und einem 1-Euro-Input relevant ist.

Der menschliche Geist ist offensichtlich kein Parkscheinautomat. Aber nach Auffassung der Funktionalisten kann man mentale Prozesse prinzipiell als durch Inputs, Outputs und interne Zustände bestimmte Vorgänge verstehen. Die Analogie zu der Funktionsweise von Automaten oder Computern gibt dabei die Richtung vor, in der Erklärungen zu suchen sind.

Für das Verständnis dieser Analogie ist die Unterscheidung von zwei Ebenen wichtig: (1) Die niederstufige ‚hardware'-Ebene und (2) die übergeordneten ‚software'-Ebene, das Programm. Auf der ‚software'-Ebene werden die funktionalen Bestimmungen des Systems vorgenommen, sein Programm wird festgelegt. Auf der ‚hardware'-Ebene werden die Bedingungen der materiellen Realisierung des Programms bestimmt.

Dass eine bestimmte Funktion in unterschiedlichen materiellen Formen realisiert werden kann, ist bereits deutlich, wenn man an unterschiedliche Rechenmaschinen denkt. Die Addition ‚5 + 7' kann auf einem Rechenbrett, einer Rechenmaschine oder einem elektronischen Taschenrechner ausgeführt werden. Hinsichtlich ihrer Konstruktion, der gebrauchten Materialien usw. handelt es sich um unterschiedliche Artefakte. Diese Unterschiede auf der Ebene der ‚hardware' sind aber hinsichtlich der auszuführenden Funktion irrelevant. Die korrekt durchgeführte Addition ‚5 + 7' führt in allen Fällen zu dem Ergebnis ‚12'. Additionen können nicht nur von Maschinen ausgeführt werden, sondern auch von kopfrechnenden Menschen. Und hier sagt der Funktionalist: Natürlich unterscheiden sich Organismen und Gehirne von mechanischen oder elektronischen Rechenmaschinen. Aber die Regeln, die die auszuführenden Rechenoperationen definieren, sind in beiden Fällen identisch.

Realisierung

Der Begriff der *Realisierung* eines funktionalen Zustands ist für den Funktionalismus zentral.

- *(R) Der funktionale Zustand Z wird genau dann durch die physischen Zustände $P_1 \dots P_n$ realisiert, wenn $P_1 \dots P_n$ genau diejenigen kausalen Rollen ausüben, welche durch den funktionalen Zustand Z fixiert sind.*

6.3. Turing-Maschinen

Eine wichtige Präzisierung der Automaten-Analogie liefert der Funktionalismus, indem er sich auf Turing-Maschinen bezieht. Diese sind nach dem britischen Logiker und Mathematiker Alan Turing benannt. Turing hat wegweisende Entdeckungen für die Grundlegung der Informatik und Kognitionswissenschaft gemacht. Eine Turing-Maschine ist ein abstrakter Automat, d. h. es handelt sich um eine theoretische Konzeption, die von den materiellen Realisierungen absieht. Turing war nicht primär an Fragen der Philosophie des Geistes, sondern an mathematisch-logischen Grundlagenproblemen interessiert. Insbesondere wollte er den Begriff der effektiven Berechenbarkeit präzise definieren (vgl. (232), (231)).

Computer-Funktionalismus

Die Richtung des Funktionalismus in der Philosophie des Geistes, für die das Computer-Modell wesentlich ist, wird *Computer-Funktionalismus* genannt. Der Grundidee des Computer-Funktionalismus entsprechend ist der Geist nichts anderes als ein außerordentlich komplexer Automat. Die Tatsache, dass der menschliche Geist maßgeblich auf der Grundlage des Gehirns in Erscheinung tritt, stellt für den Computer-Funktionalisten kein grundsätzliches Problem dar. Der Funktionalist unterscheidet sich vom Identitätstheoretiker gerade dadurch, dass er sich nicht auf die materiellen Eigenschaften des jeweiligen Untersuchungsgegenstands, sondern auf die funktionalen Zusammenhänge konzentriert. Für den Computer-Funktionalisten ist der menschliche Geist ein System, das Symbole bzw. Informationen verarbeitet. In seinen Grundprinzipien entspricht dieses System anderen symbolmanipulierenden und informationsverarbeitenden Systemen. Die Komplexität des menschlichen Geistes wird dabei nicht bestritten. Auf den drei Ebenen (Input, Output, interne Zustände) sind die Vorgänge beim Menschen zweifellos sehr komplex. Das Gesamtsystem besteht aus einer großen Vielzahl von ihrerseits komplexen Teilsystemen. Trotz der zugestandenen Komplexität lautet das Credo des Computer-Funktionalisten: Mentale Prozesse sind Vorgänge in einem symbol- oder informationsverarbeitenden System.

Symbol und Informationsverarbeitung

Um den Gehalt der These genauer zu verstehen, ist es notwendig, zumindest einen groben Überblick über die Grundzüge einer Turing-Maschine zu gewinnen. Die grundlagentheoretischen Überlegungen Turings stehen in Zusammenhang mit einer der wichtigsten Entdeckungen der Mathematik im 20. Jahrhundert. In Anschluss an Arbeiten von David Hilbert hat Kurt Gödel gezeigt, dass die Theorie der natürlichen Zahlen nicht vollständig ist (vgl. (28), Kapitel 6). Dies ist eine äußerst folgenreiche Entdeckung. Gödels Arbeit verdeutlicht, dass ein Beweis der Konsistenz eines formalisierten Systems zur Darstellung der elementaren Zahlentheorie mit den in ihm formalisierten Mitteln nicht möglich ist. Dies ist ein dramatischer Befund, denn eine formalisierte mathematische Theorie T muss alles beinhalten, was zum Beweis der in T formulierbaren Sätze notwendig ist. Für jeden beliebigen Satz muss gezeigt werden können, ob er aus den Axiomen mithilfe der zulässigen Schlussregeln ableitbar ist oder nicht. Falls man einen Satz S findet, der in T nicht ableitbar ist, und falls zudem auch die Negation von S in T nicht ableitbar ist, dann ist S nicht entscheidbar. Eine Theorie, die nicht entscheidbare Sätze enthält, ist unvollständig. Gödels Beweis und die an seine Arbeit anknüpfenden Arbeiten (Alonzo Church u.a.) stellen wichtige Zäsuren in der mathematischen Theoriebildung dar. Die Erwartung, dass eine streng axiomatisch aufgebaute Mathematik alle mathematischen Fragen beantworten kann, muss aufgegeben werden. Gödels Entdeckung gilt auch für solche Systeme wie Turing-Maschinen und Digitalcomputer.

Berechenbarkeit

Turing schlägt eine Präzisierung des Begriffs der Berechenbarkeit vor. Als berechenbar werden im Allgemeinen diejenigen mathematischen Funktionen bezeichnet, bei denen aus gegebenen Argumenten mittels eines Algorithmus die einzelnen Werte ermittelt werden können. Es kann mehrere Verfahren zur Berechnung derselben Funktion geben. Bei der einfachen Rechenaufgabe ‚11x13' zum Beispiel kann man als Kopfrechner im ersten Schritt ‚10' mit ‚13' multiplizieren und im zweiten Schritt zu dem Ergebnis des ersten Schritts (‚130') ein Mal 13 addieren. Umständlicher ist es, wenn man schriftlich 11 Mal die Zahl 13 untereinander notiert und dann die Summe durch Addition errechnet. Algorithmisch ist ein Lösungsverfahren zur Berechnung einer Funktion dann, wenn die folgenden Bedingungen erfüllt sind: (1.) Es steht fest, wie in jedem Stadium der Berechnung zu verfahren ist. Der Übergang von einem Schritt zum nächsten ist eindeutig festgelegt; (2.) die Operation kann durch eine endliche Anzahl von Schritten ausgeführt werden.

Turing-Maschine

Die wesentlichen Aspekte einer *Turing-Maschine* können folgendermaßen bestimmt werden:

(TM 1) Eine Turing-Maschine ist in einem allgemeinen Sinn jedes System, das eine Reihe von syntaktischen Operationen ausführt. Die Syntax bestimmt, welche Zeichen in einem System zugelassen sind und sie gibt die Regeln an, welche die korrekten Verbindungen der Zeichen bestimmen. In ihren syntaktischen Operationen folgt eine Turing-Maschine in einer genau festgelegten Weise einem Programm, das in einer endlichen Anzahl von einzelnen Schritten ausgeführt wird. Alle Computerprogramme wie auch konkrete Automaten (Parkschein-, Getränke-, Fahrkartenautomaten etc.) können als Turing-Maschinen bezeichnet werden.

(TM 2) Eine universale Turing-Maschine ist eine Turing-Maschine, die alle anderen Turing-Maschinen simulieren kann. Digitale Computer sind universale Turing-Maschinen, die allerdings Beschränkungen ihrer Speicherkapazität unterliegen.

(TM 3) A. Turing hat den folgenden Satz bewiesen: Ein binäres System mit einem unbeschränkten Speicher (Schreibband) und einem bestimmten Grundprogramm ist eine universale Turing-Maschine.

(TM 4) Für jede Turing-Maschine einschließlich der universalen Turing-Maschine gilt: es gibt immer Inputs, die nicht berechenbar sind (Turing-Satz).

Natürlich wirft die These des Computer-Funktionalisten schwierige Probleme auf. Ein Computer operiert in der Regel mit einem binären digitalen

Code. Alle Informationen werden mittels der elementaren Zeichen ,0' und ,1' codiert. Da der Code nur zwei Zahlen ,0' und ,1' verwendet, wird er als binär (zweiwertig, zweistellig) bezeichnet. Die *binäre Codierung* erfasst sowohl die Inputs und Outputs als auch die internen Zustände und die Maschinentafel des Computers.

Ob alle diese Funktionen auf den Menschen und seine geistigen Zustände übertragen werden können, ist nicht klar. Auf eines der hier anstehenden Probleme sei kurz hingewiesen. Die Differenz kontinuierlicher und diskreter Prozesse sowie der Unterschied von analoger und digitaler Repräsentation spielt im Rahmen der Philosophie des Geistes eine wichtige Rolle. Physikalische Größen können sich kontinuierlich verändern (z.B. Strecken, Temperaturschwankungen). Der *Begriff des Kontinuums* bezieht sich beispielsweise bei einer Linie auf den Umstand, dass zwischen zwei beliebig eng aneinander grenzenden Punkten der Linie immer weitere Zwischenpunkte eingefügt werden können. Mathematisch betrachtet sind die Abstände fortlaufend immer weiter teilbar.

Kontinuum

Auch bestimmte Wahrnehmungsprozesse können als Wahrnehmung von kontinuierlichen Veränderungen spezifiziert werden: Ich spüre, dass mir warm wird oder dass die Sonnenstrahlung intensiver wird. Im Verarbeitungsprozess der einschlägigen Wahrnehmungen können *analoge Repräsentationen* eine wesentliche Rolle spielen. Bei analogen Repräsentationen wird die Kontinuität der Veränderung direkt umgesetzt und dargestellt. Kontinuierliche Veränderungen müssen aber nicht analog repräsentiert werden. Sie können auch digital dargestellt werden, wobei das Kontinuum zu einer Skala transformiert wird, die endliche quantitative Abstufungen (Grade) hat. Herkömmliche Fieberthermometer, die die Temperatur mittels des Anstiegs der Quecksilbersäule entlang einer Linie mit numerischen Markierungen zeigen, sind Beispiele für solche Repräsentationen. Ein Beispiel für die analoge Repräsentation einer kontinuierlichen Veränderung ist eine Sanduhr oder eine Sonnenuhr. Bei einer Sonnenuhr wird das Fortschreiten der Zeit durch die Bewegung des Schattens eines Zeigers auf einer Fläche dargestellt. Der Schatten bewegt sich in direkter Abhängigkeit von der Bewegung der Sonne. Nehmen wir an, die Sonnenuhr sei primitiv und habe keine Ziffern. Sie besteht lediglich aus einer gekrümmte Linie auf einer Wand, über die der Schatten des Zeigers sich kontinuierlich bewegt, um den Tagesverlauf anzuzeigen. In diesem Fall handelt es sich um die analoge Repräsentation eines kontinuierlichen Prozesses. Die meisten Sonnenuhren sind nicht so einfach, sondern verwenden beispielsweise Ziffern zur Bestimmung der ablesbaren Tageszeit. Dadurch verwandelt sich die Sonnenuhr in eine gemischte analog-numerische Repräsentation.

Analog vs. digital

Digitale Repräsentationen können die dargestellten Abläufe in unterschiedlicher Auflösung (Kalibrierung) abbilden. Für die Zeitmessung bei Wettkämpfen im Sport etwa werden Chronometer mit einer sehr hohen Auflösung benötigt. Für alltägliche Zwecke ist es natürlich vollkommen unzweckmäßig, mit Zeitangaben in Millisekunden zu arbeiten.

Für das Computer-Modell des Geistes ist entscheidend, dass ein (serieller) Computer ausschließlich binäre digitale Inputs verarbeitet. Organismen verarbeiten auch analoge Inputs. Diese Tatsache kann als Einwand gegen die Computer-These in der Philosophie des Geistes gebraucht werden. Dabei wird geltend gemacht, dass man es im Fall analoger und digitaler Repräsentation mit inkommensurablen Repräsentationsweisen zu tun hat. Die prinzipielle Differenz zwischen Analogem und Digitalem wird nicht dadurch getilgt, dass in Einzelfällen das Resultat der Übersetzung einer analogen Repräsentation in eine digitale Repräsentation funktional äquivalent ist.

6.4. Der Turing-Test

,Denkende Computer'?

Der Turing-Test soll es möglich machen, die Frage zu beantworten ,Kann eine Maschine denken?'. Im Alltag wenden wir den Begriff des Denkens nicht auf Maschinen und Computer an. Aber Turing will grundsätzlich klären, wann es angebracht wäre, mit Bezug auf informationsverarbeitende Systeme von Denkvorgängen zu sprechen. Der Turing-Test fragt nach den Bedingungen, unter denen man sagen kann ,Dieser Computer denkt'. Falls diese Bedingungen realisiert werden könnten, hätte der Computer-Funktionalismus tatsächlich eine beträchtliche argumentative Unterstützung gefunden. Falls man sagen könnte, dass Computer denken, erschiene die These nicht unplausibel, dass der menschliche Geist wie eine Maschine computational funktioniert, also aufgrund rein syntaktischer Regeln Information verarbeitet.

Der Test

Turing formuliert in einem 1950 erstmals publizierten Aufsatz interessante Überlegungen zu diesem Problem. Die Details der unterschiedlichen Varianten des Turing-Tests übergehe ich hier. Grundlegend ist folgende Situation: Drei Teilnehmer nehmen am Turing-Test teil, ein Mensch (M), ein Fragesteller (F) und ein Computer (C) (vgl. (233)). Die drei befinden sich in getrennten Räumen. Der Fragesteller F muss herausfinden, in welchem der beiden Räume sich der Computer befindet und in welchem Raum der Mensch ist. F darf die Türen nicht öffnen, um nachzusehen, wer sich in dem jeweiligen Raum aufhält.

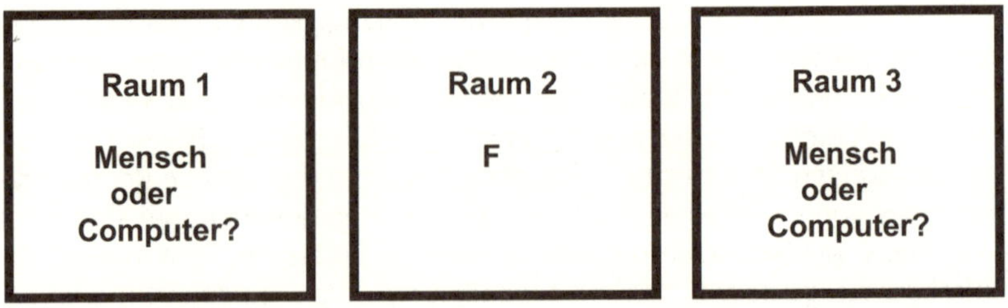

Wie kann F herausfinden, in welchem Raum sich der Mensch und in welchem Raum sich der Computer befinden? F darf einen schriftlichen Dialog mit den Insassen von Raum 1 und Raum 3 führen. Er kann Fragen formulieren, die dann an den Menschen und die Maschine weitergeleitet werden. Der Mensch und der Computer formulieren anschließend ihre Antworten. F weiß, welche Antwort aus welchem Raum kommt. Er wird versuchen, seine Frage so zu stellen, dass er erkennen kann, ob die Antwort von einem Menschen oder von einem informationsverarbeitenden System stammt. F führt seinen Dialog so lange, bis er glaubt, die Frage entscheiden zu können.

Der Zusammenhang dieses Experiments mit der Frage, ob und unter welchen Bedingungen es sinnvoll ist, davon zu sprechen, dass ein Computer denkt, wird durch die folgende Überlegung hergestellt. Turing behauptet, dass man dem Computer die Fähigkeit zu denken genau dann zuschreiben kann, wenn die Antworten des Computers den Fragenden in etwa der Hälfte der Fälle zu der Vermutung zu motivieren, ein Mensch habe geantwortet. Wenn F bei dem Versuch, das Antwortverhalten des Menschen von dem des Computers zu unterscheiden, eine Fehlerquote von ca. 50% hat, dann ist der Nachweis erbracht, dass die Maschine denken kann. Im Turing-Test gilt also das Sprachverhalten, genauer die aufgrund der schriftlichen Frage-Antwort-Kommunikation getroffene Entscheidung durch F, als Kriterium für die Zuschreibung von mentalen Zuständen und Fähigkeiten. Wenn der Fragende den Computer fälschlicherweise in etwa der Hälfte der Fälle mit dem Menschen identifiziert, dann erlaubt der Turing-Test zu sagen: der Computer denkt.

Das Kriterium

Es ist entscheidend zu erkennen, dass hier eine ganz spezielle Auffassung über die Verwendung mentaler Begriffe vorliegt. Nach Turing ist es eine empirische Angelegenheit, ob der Begriff des Denkens auf ein Artefakt wie einen Computer angewendet werden kann. Der Test identifiziert die erfolgreiche Simulation menschlicher Denkprozesse mit dem faktischen Vollzug von Denkprozessen. Das ist in den Augen der Kritiker eine Schwäche. Die erfolgreiche Simulation menschlichen Denkens durch einen Computer ist unbestreitbar ein Beweis für eine ganz außerordentliche Leistungsfähigkeit der Computertechnologen und der von ihnen hergestellten Artefakte. Dennoch gilt: eine Simulation bleibt eine Simulation. Eine Simulation kann nicht mit dem Simulierten identifiziert werden. Ein ‚perfekter' Doppelgänger des Bundespräsidenten bleibt eine Fälschung des Originals. Das gilt auch und gerade dann, wenn die überwiegende Mehrzahl der Betrachter den Doppelgänger nicht als solchen erkennt und ihn mit dem Bundespräsidenten identifiziert. Turing vertritt selbst keine metaphysische These über den Status der Operationen von Computern und die Gleichartigkeit ihrer Operationen mit menschlichem Denken. Er stellt sich auf einen operationalistischen Standpunkt: Entscheidend sind die beobachtbaren Leistungen und Resultate von Vorgängen. Die inneren Zustände eines Systems sind ausschließlich hinsichtlich der Outputs von Interesse. Turing schreibt:

„Die ursprüngliche Frage ‚Können Maschinen denken?' halte ich für so sinnlos, daß sie keiner Diskussion bedarf. Dennoch glaube ich, daß am Ende des Jahrhunderts der Gebrauch von Wörtern und die allgemeinen Ansichten der Gebildeten sich so sehr geändert haben werden, daß man ohne Widerspruch von denkenden Maschinen wird reden können." ((221), S. 635)

Dieses Zitat ist in gewisser Weise überraschend. Turing gibt hier den allgemeinen Sprachgebrauch als für die Zuschreibung des mentalen Begriffs ‚Denken' zuständige Autorität an. Er behauptet nicht, dass es sich bei der Frage ‚Können Maschinen denken?' um eine Frage handelt, die aufgrund eines eindeutig bestimmbaren objektiven Faktums klar zu beantworten ist. Die Überzeugungen der Sprecher und die von ihnen akzeptierten Regeln des Sprachgebrauchs bilden die Grundlage für die Zuschreibung mentaler Begriffe. Turing glaubte, dass die Entwicklung der Computertechnologie einen Wandel des Begriffs ‚Denken' herbeiführen würde, so dass hoch leistungsfähige Rechner als denkende Maschinen bezeichnet werden. Die von Turing 1950 formulierte Prognose hat sich trotz rasanter technologischer Fortschritte nicht vollständig bewahrheitet, wenn man sich am allgemeinen Sprachgebrauch orientiert. Auch nach dem Ende des 20. Jahrhunderts sagen die meisten Menschen, dass ein Computer ‚rechnet' oder ‚arbeitet'. Sie reden nicht davon, dass er ‚denkt'. Solche Befunde sind aber nicht wirklich entscheidend. Denn in der Philosophie sind nicht die Ergebnisse der Demoskopie ausschlaggebend. Es könnte ja sein, dass die Mehrheit der Bevölkerung einfach denkfaul ist und die entscheidenden Argumente ignoriert, die für die Rede von ‚denkenden' Computern sprechen. Entscheidend ist die Frage, ob die Begriffsverwendung rational und nachvollziehbar ist. Einige Vertreter der so genannten Künstlichen Intelligenz behaupten, dass rationales Handeln und Denken auf syntaktisch geregelte Operationen mit Symbolen zurückgeführt werden können. Aufgrund dieser Annahme behaupten diese Anhänger der *Künstlichen Intelligenz* (KI, englisch ‚Artificial Intelligence' oder ‚AI'):

CD

- *(CD) Computer können denken.*

Anhänger des Computer-Funktionalismus in der Philosophie des Geistes behaupten:

GC

- *(GC) Der menschliche Geist funktioniert wie ein Computer.*

In der bisherigen Darstellung wurden beide Thesen nicht getrennt voneinander behandelt. Tatsächlich sind sie aber nicht unmittelbar miteinander verknüpft. Denn selbst wenn man Frage ‚Können Computer denken?' im Sinn von CD bejahend beantwortet, ist man nicht auf eine bejahende Antwort der Frage festgelegt ‚Ist der menschliche Geist ein Computer? Funktioniert menschliche Kognition (vollständig oder teilweise) durch Computation?'.

Ein Befürworter von CD braucht sich nicht auf die These festzulegen, dass sämtliche Denkvorgänge bei Menschen computational ablaufen. Und ein Theoretiker des Mentalen könnte GC behaupten und gleichzeitig die These bestreiten, dass Computer denken können. Er würde dies etwa auf der Basis einer Konzeption tun, welche die computationalen Operationen des Menschen mit anderen, der Maschine fehlenden Funktionen verknüpft. Der Begriff des Denkens wäre demnach an eine Kombination von Computation und zusätzlichen Leistungen gebunden.

Einwände

Eine weitere Kritik am Turing-Test nimmt auf den Umstand Bezug, dass ein Computer Symbole aufgrund von rein syntaktischen Regeln bearbeitet (vgl. oben (TM 1)). Die Kritiker bestreiten, dass die Kenntnis der Syntax einer Sprache hinreichend für das Verständnis der Semantik ist. Die Syntax bezieht sich – wie bereits erläutert wurde – auf das Repertoire der in einer Sprache zulässigen Zeichen und auf die Regeln der korrekten Verbindungen der Zeichen. Dabei wird nicht auf den Gehalt, die Bedeutung, der Zeichen geachtet. Die Semantik bezieht sich auf die Bedeutung oder die Referenz sprachlicher Zeichen und Zeichenkombinationen. Die Kritik besagt, dass syntaktische Kompetenz nicht semantische Kompetenz garantiert. Auf dieser These beruht das im folgenden Abschnitt zu behandelnde Argument von J. Searle.

6.5. Das Chinesische Zimmer

Searle unterscheidet eine schwache und eine starke Version der Künstlichen Intelligenz (KI).

Die beiden KI-Thesen

- *Starke KI-These: Computer können denken, sie haben mentale Zustände.*
- *Schwache KI-These: Computer sind wichtige Mittel, mit deren Hilfe der Geist erforscht werden kann.*

Die schwache These behauptet, dass Computer es möglich machen, Hypothesen über psychische Prozesse in strenger und präziser Weise zu formulieren und die Triftigkeit psychologischer Erklärungen zu testen ((228), S. 225).

Die starke These ist identisch mit CD. Searle kritisiert die starke These der KI. Seine Kritik formuliert er mithilfe eines Gedankenexperiments „Das chinesische Zimmer“: Eine Person P – die die chinesische Sprache nicht beherrscht – ist in einem Zimmer eingesperrt. In dem Raum befinden sich mehrere Körbe mit chinesischen Schriftzeichen. Die eingesperrte Person P hat ein in deutscher Sprache verfasstes Handbuch zur Verfügung, das die Regeln für die Handhabung der chinesischen Schriftzeichen auflistet. Diese Regeln sind rein formal, d.h. sie geben nur die syntaktischen Anweisungen zur Aneinanderreihung der Symbole an. Über die Bedeutung der Zeichen erfährt P nichts. Eine mögliche Anweisung lautet ‚Nimm ein so-und-so-Zeichen aus Korb 1 und lege es neben ein dies-und-das-Zeichen aus Korb 2‘.

Durch eine Öffnung werden weitere chinesische Symbole in das Zimmer hineingereicht. P hat in dem Regelbuch nachzusehen, wie sie auf diese Lieferung reagieren soll und welche Zeichen sie anschließend nach draußen reicht. Von den Beobachtern außerhalb des Chinesischen Zimmers werden die hereingereichten Zeichen als Fragen bezeichnet und die von P herausgegebenen Zeichen werden Antworten genannt. P hat keine Ahnung davon, dass die Beobachter außerhalb des Chinesischen Zimmers diese Begriffe gebrauchen. Auch wenn P durch Training die Regeln so perfekt beherrscht, dass ihre Reaktionen für die externen Beobachter vom Sprachverhalten eines Chinesen überhaupt nicht unterscheidbar sind, behauptet Searle, dass P mit nicht-interpretierten Formen hantiert. Die Bedeutung der Zeichen spielt überhaupt keine Rolle. P arbeitet wie ein Computer aufgrund rein syntaktischer Anweisungen.

Von Sprachverstehen kann nach Searle in diesem Fall keine Rede sein. Die Beobachter werden möglicherweise sagen, dass P Chinesisch versteht. P selbst aber hat keine Ahnung, dass ihr Verhalten von anderen so interpretiert wird. P weiß nicht, was die Zeichen bedeuten, mit denen sie zu tun hat. P befolgt die Regeln des Handbuchs mechanisch und gedankenlos. Der Unterschied zwischen der Tätigkeit der gefangenen Person und dem Verhalten eines Chinesen, der seine Muttersprache gebraucht, mag für die Beobachter nicht feststellbar sein. Aber P wäre in einer vollkommen anderen Situation und in anderen mentalen Zuständen, wenn sie die Zeichen verstehen könnte. Der Kontrast zwischen einem kompetenten Sprecher des

Chinesischen und P entspricht nach Searle dem Unterschied zwischen einem Wesen, das mentale Zustände hat, und einem Computer. Die Argumentation Searles gegen die starke KI-These besteht aus den folgenden Behauptungen:

Searles Argument

(1) Computer und Turing-Maschinen operieren aufgrund formaler oder syntaktischer Regeln.
(2) Mentale Zustände und Funktionen wie Verstehen und Denken verwenden Symbole als Träger von Bedeutungen.
(3) Syntax ist nicht hinreichend für Semantik.
(4) Intentionale Zustände haben semantischen Gehalt.
(5) Die Fähigkeit zur Ausführung eines syntaktischen Programms ist nicht hinreichend für die Zuschreibung intentionaler Zustände.
(6) Weil Computer nur die Fähigkeit zur Ausführung syntaktischer Operationen haben, kann man ihnen keine intentionalen Zustände (Verstehen, Denken) zuschreiben.

Searles Argumentation hat eine außerordentlich lebhafte Diskussion ausgelöst. Die Einwände der Kritiker und Searles Erwiderungen auf diese sind gut dokumentiert (vgl. (224)). Zentral ist dabei die Kontroverse zur Gültigkeit und Reichweite der These (3). Da Turing-Maschinen und digitale Computer syntaktische Programme ausführen, kommt die Annahme von (3) einer Niederlage der starken KI gleich. Aus diesem Grund wird die Behauptung (3) häufig mit großem Nachdruck kritisiert. Insgesamt ist die Kontroverse zu Searles Argumentation nicht klar entschieden. Immerhin kann man sagen, dass selbst bei Vorbehalten gegen (3) die Vertreter der starken KI vor der Aufgabe stehen zu erläutern, unter welchen Bedingungen aus syntaktischer Zeichenverarbeitung semantischer Gehalt entsteht. Die Debatte kann nicht als abgeschlossen gelten. Aber selbst eine Niederlage der starken KI schließt nicht aus, dass der Geist zumindest partiell computational funktioniert.

Die Kontroverse über das Verhältnis von syntaktisch geregelten Zeichenmanipulationen und semantischem Gehalt ist im Zusammenhang mit den übergreifenden Fragen nach der Intentionalität mentaler Wesen zu sehen. Die Thesen (4) und (5) behaupten einen Zusammenhang von Intentionalität und Semantik.

6.6. Intentionalität

Der Begriff der Intentionalität wird gebraucht, um das Bewusstsein zu charakterisieren. Der Begriff ‚Intentionalität' wurde in der zweiten Hälfte des 19. Jahrhunderts von F. Brentano eingeführt. Der Ausdruck geht auf das lateinische Substantiv ‚intentio' zurück. ‚Intentio' bedeutet: Anspannung, Anstrengung, Gespanntheit, Vorhaben, Aufmerksamkeit, Absicht.

Begriffsklärung

Um Verwechslungen zu vermeiden ist es wichtig, zwischen drei Ausdrücken zu unterscheiden, die heute in der philosophischen Fachsprache verwendet werden: (1) ‚Intentionalität', (2) ‚Intention' und (3) ‚Intension':

(1) *‚Intentionalität'* meint den Sachverhalt, dass Bewusstsein einen Gehalt hat, auf etwas gerichtet ist. Diese Grundstruktur des Bewusstseins ist für

die Philosophie des Geistes von außerordentlicher Bedeutung. Denn geistige (oder mentale) Zustände und Prozesse sind zwar nicht ausnahmslos, aber in wesentlicher Hinsicht bewusste Vorgänge. Die Philosophie des Geistes benötigt also einen brauchbaren Begriff des Bewusstseins. Weil Intentionalität die Grundstruktur des Bewusstseins bezeichnet, ist Intentionalität ein Grundbegriff der Philosophie des Geistes.

(2) ‚*Intention*' bezieht sich im Unterschied zu ‚Intentionalität' primär auf bestimmte Handlungszusammenhänge und ist meist mit ‚bewusste Absicht' oder ‚Vorhaben' gleichbedeutend. Für den Begriff der Intention ist der Kontrast von (i) bewusstem, willentlichen Handeln und (ii) unwillkürlichem, möglicherweise nicht bewusstem Verhalten wesentlich. In juristischen Zusammenhängen ist es wichtig zu entscheiden, ob es sich bei einem Delikt um eine intentionale, d. h. bewusste, vorsätzliche und absichtliche Handlung (z. B. Mord) oder ein nicht-zielgerichtetes, nicht willentliches Verhalten (fahrlässige Tötung) handelt. Intentionales Handeln steht in einem engen Zusammenhang mit Intentionalität im Sinn von (1). Aber nicht jeder intentionale Zustand tritt in Verbindung mit Intentionen (im Sinn von Absichten) auf: wenn ich den Verkehrslärm auf der Straße höre, so habe ich ein bewusstes Erlebnis. Mein Bewusstsein hat einen Bezugsgegenstand. Aber dieser Vorgang findet statt, ohne dass ich irgendwelche Absichten verfolge.

Die Umgangssprache ist für eine klare Unterscheidung von (1) und (2) allerdings nicht hilfreich, weil das Adjektiv ‚intentional' in beiden Bedeutungsvarianten gebraucht wird. Ein intentionaler Zustand ist ein Zustand, der durch Intentionalität im Sinn von (1) bestimmt ist. Das intentionale Verhalten des Straftäters ist ein Verhalten, das man als absichtlich oder vorsätzlich bestimmt.

(3) ‚*Intension*' schließlich ist ein Begriff der Sprachtheorie, der die Bedeutung von Ausdrücken betrifft. Der Gegenbegriff zu ‚Intension' ist ‚Extension'. Die Intension eines Ausdrucks oder Begriffs ist sein Bedeutungsgehalt, d. h. die den Begriff definierenden Merkmale. Der Begriff des gleichseitigen Dreiecks wird beispielsweise durch die Merkmale ‚Dreieck' und ‚gleichseitig' bestimmt. Um die Intension eines Wortes kennen zu lernen, kann man in einem Lexikon den entsprechenden Eintrag nachlesen. Die Extension des Begriffs ist die Klasse, der unter den Begriff fallenden Gegenstände, in diesem Fall die Klasse aller gleichseitigen Dreiecke.

Die Struktur des Bewusstseins

Mit ‚Intentionalität' wird die Struktur des Bewusstseins erfasst. Bewusstsein ist auf Gegenstände und Sachverhalte ausgerichtet. Akustische Wahrnehmungen beispielsweise fassen wir in der Regel so auf, dass wir die Geräusche mit objektiven Vorgängen und Gegenständen in Verbindung bringen. Wir hören meist keine ‚reinen' Geräusche, sondern wir hören das Klappern des Motors, das Läuten der Klingel, das Singen der Vögel. Eindrücke werden von den Subjekten auf objektive Sachverhalte bezogen. Nach Brentano sind bewusste psychische Zustände immer intentionale Zustände, d. h. sie haben einen Gegenstand. Nicht-psychische Zustände sind niemals intentional.

Edmund Husserl greift an Brentano anknüpfend die Konzeption der Intentionalität auf. Husserl korrigiert Brentanos These. Er behauptet mit Brentano, dass ausschließlich psychische Zustände intentional sind. Aber er behauptet nicht, dass *alle* psychischen Zustände intentional sind. Denn rein qualitative Empfindungszustände (Schmerzempfindungen) sind nicht intentional.

Husserl betont die grundlegende Bedeutung der Intentionalität für Bewusstseinsprozesse und entwickelt auf der Basis dieses Begriffs eine transzendentale Phänomenologie. Bewusstsein ist – unter Absehung von den Empfindungen – stets Bewusstsein von etwas. Bewusstsein hat einen Gegenstand, Bezugspunkt oder Inhalt. Husserl macht deutlich, dass der Gehalt des Bewusstseins nicht mit einem realen Gegenstand identifiziert werden kann. Wenn sich Rosamunde ein Einhorn am Bergsee vorstellt, dann hat ihr Bewusstsein einen Gehalt und in gewisser Hinsicht auch einen Gegenstand – ein Einhorn am Bergsee. Einen realen Gegenstand in der Welt, auf den sich Rosamundes Vorstellungen beziehen, gibt es aber nicht. Da nicht nur Träume und ähnliche Zustände möglicherweise keine realen Bezugspunkte in der Welt haben, ist es wichtig, den Gehalt des Bewusstseins nicht auf die Sphäre der Tatsachen und realer Objekte einzugrenzen. Husserl berücksichtigt daher ausdrücklich, dass es viele intentionale Zustände gibt, die nicht auf reale Objekte oder Sachverhalte gerichtet sind und doch einen intentionalen Gehalt haben.

Auch für Searle ist die Intentionalität eine grundlegende Struktur des Bewusstseins. Searle bezieht sich nicht direkt auf Brentano oder Husserl. Aber es lassen sich wichtige Parallelen erkennen. Für Searle ist der Zusammenhang von Intentionalität und Sprache besonders wichtig. Eine Gemeinsamkeit der intentionalen Zustände und der Sprache besteht darin, dass beide repräsentational sind. Intentionale Zustände repräsentieren Gegenstände und Sachverhalte. Und auch Aussagen repräsentieren Gegenstände und Sachverhalte ((164), S. 19 f.). Zudem ist Searle der Auffassung, dass die Sprache aus der Intentionalität abgeleitet ist. Intentionalität ist das grundlegende Phänomen. Im Gegensatz zu Brentano und Husserl bestimmt Searle die Intentionalität darüber hinaus ausdrücklich als ein biologisches Phänomen. Bestimmte Wesen haben als Lebewesen intentionale Zustände. Searle ist insofern ein Vertreter des Naturalismus, als er behauptet, dass mentale Zustände durch neurophysiologische Vorgänge im Gehirn verursacht und selbst Gehirnzustände sind. Ein bewusstes subjektives Schmerzerlebnis ist demnach sowohl durch bestimmte neuronale Prozesse verursacht als auch selbst identisch mit einem spezifischen neuronalen Zustand. Nach Searle hat dieser neuronale Zustand die intrinsische Eigenschaft, ein bewusstes Schmerzerlebnis zu sein. Damit propagiert Searle unzweideutig eine antidualistische Konzeption des Verhältnisses von Körper und Geist. Das Mentale ist kein immaterielles Phänomen. Er ist ein biologisches Phänomen und es ist nach Searle irreduzibel:

Bewusstsein als biologisches Phänomen

> „Wir alle haben innere, subjektive, qualitative Bewußtseinszustände; und wir haben Geisteszustände mit intrinsischer Intentionalität – Geisteszustände wie Überzeugungen, Wünsche, Absichten und Wahrnehmungen. Sowohl beim Bewusstsein, als auch bei der Intentionalität handelt es sich um biologische Vorgänge, die von niederstufigen neuronalen Vorgängen im Hirn verursacht sind, und beides ist nicht auf etwas anderes reduzibel." ((165), S. 19f.)

Es ist wichtig, die hier gegebenen Merkmale des Bewusstseins zur Kenntnis zu nehmen. Searle spricht davon, dass Bewusstseinszustände entweder intentional sind (wie im Fall von Überzeugungen und Wünschen) oder dass es sich um innere, subjektive qualitative Zustände handelt. Damit ist gemeint, dass beispielsweise Beates Schwindelgefühl an einer schwierigen Passage auf dem Weg zur Dufourspitze ein bewusstes Erlebnis ist, das nur sie selbst unmittelbar und direkt erfährt. In ihrem Verhalten und ihren sprachlichen Äußerungen mag sich dieser Bewusstseinszustand mitteilen lassen. Aber wenn Beate zu Felix sagt ‚Mir ist schwindlig', dann hat Felix aufgrund dieser Mitteilung selbst nicht ebenfalls ein Schwindelerlebnis. Falls ihm ebenfalls – unglücklicherweise – schwindlig wird, dann befindet er sich in einem Bewusstseinszustand desselben Typs wie Beate, aber nicht in demselben (individuellen) Bewusstseinszustand wie Beate. Er hätte sein Schwindelerlebnis und Beate hätte ihres. Und man kann nur hoffen, dass sie nicht abstürzen.

In diesem Sinn sind Bewusstseinszustände *innere, subjektive, qualitative Zustände*. Die Rede von dem qualitativen Charakter von Bewusstseinszuständen bezieht sich auf die nicht-intentionalen Aspekte von Sinneseindrücken, Empfindungen. Man kann sich vorstellen, dass ein perfekter Neurowissenschaftler ein ziemlich vollständiges begriffliches Wissen über Schwindelgefühle hat. Es könnte aber sein, dass der Neurowissenschaftler selbst noch nie selbst ein Schwindelgefühl erlebt hat. Was ihm in diesem Fall fehlt ist ein Zugang zu dem qualitativen Aspekt, zur Erlebnisqualität dieses Bewusstseinszustands in der Ich-Perspektive (auch: Erste-Person-Perspektive). Dieser Punkt wird in Kapitel 8 im Zusammenhang mit der Diskussion über die so genannten ‚Qualia' behandelt.

These des intrinsisch intentionalen Charakters des Menschen

Mit der These vom intrinsisch intentionalen Charakter mentaler Zustände und mit der Identifizierung mentaler und irreduzibel neuronaler Zustände gerät Searle in Opposition zu den Computermodellen des Geistes. Er stimmt mit den Computermodellen darin überein, dass mentale Zustände mit bestimmten Gehirnzuständen identifiziert werden können. Aber er bestreitet, dass die Gehirnzustände ihrerseits auf Prozesse der Informationsverarbeitung oder Berechnung reduziert werden können, die auch von nicht-biologischen Systemen ausgeführt werden können.

„In der Philosophie des Geistes und der Kognitionswissenschaft spielt die Annahme eine herausragende Rolle, daß Computation ein intrinsisches Merkmal der Welt sei und daß Bewußtsein und Intentionalität sich irgendwie eliminieren lassen (entweder zugunsten von etwas anderem oder weil sie beobachter-relativ seien) oder auf etwas Grundlegenderes (wie z.B. Computation) zurückführbar seien. [... Ich] vertrete [...] die Auffassung, daß es sich genau umgekehrt verhält: Bewußtsein und Intentionalität sind intrinsisch und lassen sich nicht eliminieren, und Computation ist – abgesehen von den wenigen Fällen, in denen sie tatsächlich von einem Geist bewußt ausgeführt wird – beobachter-relativ." ((165), S. 11)

6.7. Zusammenfassung, Lektürehinweise, Fragen und Übungen

Zusammenfassung

Der Funktionalismus bestimmt einen mentalen Zustand aufgrund seiner kausalen Rollen innerhalb eines Systems. Ein mentaler Zustand wird identifiziert durch seine Verbindungen zu dem sensorischen Input (Reiz), zu anderen internen Zuständen des Systems und zu dem beobachtbaren Output (Verhalten). Der Funktionalist legt sich auf keine bestimmte ontologische These über die Beschaffenheit mentaler Zustände fest.

Ein wichtiges Modell der funktionalistischen Theorie des Geistes ist der Computer. Die zugrunde liegende Intuition lautet ‚Der Geist funktioniert wie ein Computer'. Das von A. Turing entwickelte Modell eines syntaktische Operationen ausführenden Computers (Turing-Maschine) ist das Kernstück des Computer-Funktionalismus. Der Turing-Test soll erläutern, was mit der Formulierung gemeint ist, dass Computer denken, d.h. mentale Funktionen ausführen können. Wenn man angesichts der einschlägigen Leistungen nicht erkennen kann, ob sie durch einen leistungsfähigen Computer oder durch einen Menschen erbracht wurden, dann ist die Frage ‚Können Computer denken?' in der Perspektive des Turing-Tests mit ‚Ja' zu beantworten.

In der KI-Forschung werden Modelle entwickelt, die mentale Zustände als syntaktisch geregelte Bearbeitung von Symbolen rekonstruieren. Die Hauptthese der KI besagt: ‚Computer können denken'. Die These des Computer-Funktionalismus lautet: ‚Der menschliche Geist funktioniert wie ein Computer'.

Einwände gegen den Computer-Funktionalismus beziehen sich unter anderem auf Beschränkungen einer rein syntaktisch geregelten Symbolbearbeitung. Insbesondere die Zurückführbarkeit mentaler Prozesse auf syntaktische Operationen ist umstritten. J. Searle argumentiert mit seinem Gedankenexperiment ‚Das chinesische Zimmer' gegen die Reduktion des Mentalen auf Computation. Searle bestreitet, dass der semantische Gehalt von Symbolen aufgrund rein syntaktischer Regeln erfasst werden kann. Zudem macht er geltend, dass der Bereich des Mentalen durch Intentionalität bestimmt ist. Der Begriff der Intentionalität wird zur Erläuterung des Bewusstseins gebraucht. Bewusstsein gilt als grundlegende Eigenschaft mentaler Wesen. Die These ‚Bewusstsein ist intentional strukturiert' bedeutet: Bewusstsein ist stets gerichtet auf etwas. Dabei kann der Bezugspunkt des Bewusstseins nicht generell mit einem realen Objekt identifiziert werden. Auch Phantasievorstellung, Halluzinationen, Träume sind Vorgänge im Bewusstsein, die einen Gehalt, einen Bezugspunkt (Phantasiebilder etc.) haben. Intentionalität bezieht sich auf (reale, mögliche oder fiktive) Sachverhalte. Nach Searle ist Intentionalität an neuronale Strukturen gebunden. Sie tritt nur bei Lebewesen und nicht bei informationsverarbeitenden Maschinen auf.

Lektürehinweise

Zur Thematik von Kapitel 6 informieren (36) und (44). Beide stellen ausführlich das Automatenmodell dar. (39) konzentriert sich in erhellender Weise auf die philosophisch relevanten Punkte. In (165) gibt J. Searle eine umfassende Darstellung der Philosophie des Geistes, in der die in diesem Kapitel behandelten Probleme ausführlich diskutiert werden.
H. Putnams Auffassungen werden in (47), S.123–135 deutlich. Die funktionalistischen Ansichten von D. Lewis sind in (198) zu finden.
Zu 6.3. und 6.4.:
Knappe Information zu A. Turings Arbeiten enthalten die beiden Handbuchartikel ‚Turing-Maschine' ((33) IV, S. 352–353) und ‚Turing-Test' ((33) IV, S. 353–354). Eine gute Einführung zu Turing findet man in (234), S. 49–64.
Zu 6.5.: (228), S. 225–252 und (229).
Zu 6.6.: (164).

Fragen und Übungen

1. Was versteht man unter einer kausalen Rolle? Welche Bedeutung hat dieser Begriff für den Funktionalismus?
2. Bestimmen Sie den Unterschied zwischen der Identitätstheorie und dem Funktionalismus.
3. Was wird beim Turing-Test getestet? Welche Frage soll der Turing-Test beantworten? Skizzieren Sie die Grundzüge des Experiments und kommentieren Sie den Turing-Test: Kann man auf seiner Grundlage die einschlägige Frage ‚Können Computer denken?' angemessen beantworten? Nennen Sie mögliche Einwände.
4. Welche These vertritt der Computer-Funktionalist? Formulieren Sie den Unterschied, der zwischen der These des Computer-Funktionalisten und der These des KI-Theoretikers besteht. Diskutieren sie das Verhältnis beider Thesen: Wo gibt es Übereinstimmung, wo bestehen Differenzen?
5. Beschreiben Sie mit eigenen Worten Searles Gedankenexperiment ‚Das Chinesische Zimmer'. Was soll mit diesem Gedankenexperiment gezeigt werden?
6. Was versteht man unter ‚Intentionalität'? Geben Sie drei Beispiele.
7. ‚Intention', ‚Intensionalität' und ‚Intentionalität' sind verschiedene Begriffe: Erläutern Sie kurz die Bedeutungen von ‚Intention' und ‚Intensionalität'. Inwiefern ist das deutsche Adjektiv ‚intentional' ein zweideutiger Ausdruck?

7. Mentale Repräsentation

Dieses Kapitel hat die Aufgabe, den Begriff der mentalen Repräsentation zu klären. Repräsentationen, Vorstellungen oder Ideen gelten als wesentliche Elemente des Mentalen. Nach einer knappen Illustration zentraler Eigenschaften werden wichtige Arten mentaler Repräsentationen unterschieden und Grundfragen einer Theorie mentaler Repräsentation benannt (7.1.). Das von J. Locke entwickelte Modell mentaler Repräsentation wird in seinen Grundzügen vorgestellt (7.2.). Überzeugungen und Wünsche stellen die wichtigsten Arten mentaler Zustände dar, die als repräsentational strukturiert aufgefasst werden können (7.3.). Die gegenwärtige repräsentationalistische Konzeption des Geistes wird anhand der Arbeiten J. Fodors präsentiert (7.4.). Als Alternative zum Repräsentationalismus tritt der Konnektionismus auf. Es handelt sich um keine repräsentationalistische Theorie, sondern um eine Position, die sich durch die Ankündigung empfiehlt, die Probleme einer repräsentationalistischen Theorie zu umgehen (7.5.).

7.1. Arten der Repräsentation

Stellen Sie sich folgende Situation vor: Sie stehen morgens auf und gehen ins Bad. Wie immer wollen Sie sich die Zähne putzen. Sie nehmen die Zahnbürste. Aber dann kommt kein Wasser aus dem Hahn. Sie sind verblüfft. In diesem Moment klingelt das Telefon.

Oder stellen Sie sich ein Gemälde vor: Eine junge Frau mit langen schwarzen Haaren steht an einem Bergsee. Die Frau hat dem Betrachter den Rücken zugekehrt. Die rechte Gesichtshälfte sehen Sie im Halbprofil.

Vermutlich können Sie sich die Situation im Badezimmer und das Bild vorstellen. Neben Erinnerungs- und Phantasievorstellungen kennen wir zahllose andere Vorstellungen, die mitunter prägnante bildliche Qualitäten haben. Vorstellungen zu haben gehört zu den wichtigen Eigenschaften mentaler Wesen. Anstelle des umgangssprachlichen Ausdrucks ‚Vorstellung' wird in der Philosophie des Geistes oft der Terminus ‚mentale Repräsentation' gebraucht. Mentale Repräsentationen sind Gegenstände besonderer Art. Mentale Repräsentationen haben einen Gehalt. Die erste mentale Repräsentation, die Sie zu Anfang dieses Kapitels geformt haben, bezieht sich auf eine mögliche Situation, in der Sie sich befinden könnten. Die zweite Vorstellung bezieht sich auf ein Gemälde.

Die Struktur der Bezugnahme auf einen Sachverhalt oder Gegenstand kennen wir bereits aus der Erläuterung des Intentionalitätsbegriffs. Bewusstsein hat die Struktur der Gerichtetheit auf einen Gehalt. Erinnerungsvorstellungen beziehen sich auf Tatsachen, die das Subjekt in der Vergangenheit erlebt hat. Wahrnehmungsvorstellungen beziehen sich auf die dem Subjekt im gegenwärtigen Erleben durch die Sinnesorgane zugänglichen Tatsachen und Gegenstände. Phantasievorstellungen beziehen sich auf mögliche oder fiktive Sachverhalte. Die Unterscheidung von möglichen und fiktiven Sachverhalten ist deshalb sinnvoll, weil es fiktive Sachverhalte gibt, die z. B. naturgesetzlich nicht möglich sind.

Bei den auf Tatsachen bezogenen Repräsentationen ist es wichtig, nicht zu vergessen, dass wir nicht nur wahre Vorstellungen haben. Sehstörungen und andere Sinnestäuschungen sind Belege dafür, dass unsere Repräsentationen nicht immer im richtigen Verhältnis zum Gegenstand stehen.

Zwei allgemeine Eigenschaften von Repräsentationen sind entscheidend. Stellen Sie sich nochmals die Szene in Ihrem Bad vor. Sie stehen da, haben die Zahnbürste in der Hand und sind verblüfft, weil kein Wasser fließt. Das Telefon klingelt. Sie gehen zur Tür und jetzt sehen Sie, dass auf die Badezimmertür das Bild der Frau am Bergsee geklebt ist.

Sie können sich eine solche Situation zumindest in groben Zügen vorstellen. Und das zeigt: Vorstellungen können miteinander verbunden oder ineinander verschränkt werden. Zunächst hatten Sie die Vorstellung des Bads, dann hatten Sie die Vorstellung des Gemäldes und der dritte Schritt war eine Synthese beider Vorstellungen: das auf die Badezimmertür geklebte Gemälde. Einbettung und Vermischung sind bei Repräsentationen möglich. Kompositionalität ist eine entscheidende Eigenschaft von Repräsentationen. Dabei ist zu beachten, dass es sich um eine eigentümliche Art von Kompositionalität handelt. Einzelne Repräsentationen werden nicht nur als unabhängige und unveränderliche Elemente zu komplexen Repräsentationen zusammengefügt. Die Verbindung von Repräsentationen zu Komplexen kann in vielfältiger Weise erfolgen (Überlagerungen, Abschattungen, Schematisierungen, Projektionen u. a.).

Bisher wurden die Ausdrücke ‚mentale Repräsentation' und ‚Vorstellung' als bedeutungsgleich gebraucht. Der allgemeine *Repräsentationsbegriff* hat aber ein weites Bedeutungsspektrum. Daher ist es notwendig, Arten und Funktionen von Repräsentationen zu unterscheiden. Der Ausdruck ‚Repräsentation' bezieht sich nicht nur auf Vorstellungen, also auf psychische Vorgänge oder Objekte des Bewusstseins. Auch solche Gegenstände wie Verkehrsschilder, Bücher, Piktogramme, Landkarten, usw. werden als Repräsentationen bezeichnet. Alle Zeichen und Zeichenkomplexe einschließlich der sprachlichen Zeichen haben einen repräsentationalen Aspekt. Zeichen stehen für etwas, verweisen auf etwas, tragen eine Bedeutung. Um den Unterschied der *semiotischen Repräsentation* (Repräsentation durch Zeichen) von *mentaler Repräsentation* zu markieren kann man auch von *externer Repräsentation* im Unterschied *interner, mentaler Repräsentation* sprechen.

Semiotische vs. mentale Repräsentation

Ein wesentlicher Zusammenhang zwischen externer und interner Repräsentation besteht darin, dass interne Repräsentation als eine notwendige Bedingung für externe/semiotische Repräsentation aufgefasst werden kann. Zeichenhafte Repräsentation gibt es demnach nur dann, wenn Subjekte einen Gegenstand als Zeichen für etwas erkennen oder interpretieren können. Zeichen und externe Repräsentationen gibt es nur in einer Welt, in der Interpreten eine etwas-als-etwas-Beziehung herstellen können. Dies ist die These eines starken Zeichenbegriffs.

Zeichen und Interpretation

Gegen einen solchen starken Zeichenbegriff kann man kritisch Einspruch erheben und sagen: Der Abdruck der Pfote des Tigers im Sand ist ein Zeichen, das in seiner Existenz nicht von einem Subjekt abhängt, welches die

Spur als Spur erkennt. Oder man kann auf das Verhalten von Tieren als zeichenhaftes Verhalten hinweisen. Die ‚Zoosemiotik' (‚Tanzsprache' der Bienen, akustische ‚Kommunikation' der Vögel usw.) untersucht konditionierte Reaktionen von Tieren. Mit welchem Recht kann der Verteidiger eines starken Zeichenbegriffs behaupten, dass alle diese Phänomene erst dann als Zeichen zu betrachten sind, wenn sie explizit von einem interpretierenden Subjekt als solche aufgefasst werden? Oder weshalb sollte man sagen, dass Tiere nicht in der Lage sind, Zeichen als Zeichen zu erkennen und zu interpretieren? Die hier aufgeworfenen Fragen betreffen die Grundlagenprobleme der Semiotik und Sprachtheorie. Der Vertreter des starken Zeichenbegriffs antwortet hinsichtlich der Tigerspur im Sand etwa in folgender Weise: Der Abdruck der Pfote ist zunächst nichts anderes als die natürliche Wirkung eines bestimmten Ereignisses. Der Abdruck ist selbstverständlich vollkommen unabhängig davon vorhanden, ob jemand ihn als Spur und Zeichen wahrnimmt. Aber der Abdruck ist erst dadurch eine Spur und ein Zeichen, dass er von einem Interpreten als Spur oder als Zeichen für die vergangene Anwesenheit des Tigers an dieser Stelle aufgefasst wird. Ein Wesen, das eine Tigerspur als solche sieht, muss in der Lage sein, den Begriff des Tigers zu bilden, es muss über einen Begriff der Vergangenheit verfügen und eine Vielzahl weiterer mentaler oder kognitiver Voraussetzungen erfüllen. Entsprechend dieser Sichtweise wird auch die Zeichensprache der Tiere (Bienentanz) nicht als ein genuin semiotisches Phänomen akzeptiert, sondern als konditioniertes Verhalten beschrieben. Es handelt sich um kausal determinierte Verhaltensmuster von Lebewesen, die noch nicht die genuine Kommunikationsdimension menschlichen Zeichen- und Sprachgebrauchs aufweisen.

Linguistische Zeichen

Linguistische Zeichen sind eine der wichtigsten Zeichensorten, die Menschen gebrauchen. Die *Linguistik* und die *Sprachphilosophie* beschäftigen sich mit diesen Zeichen (vgl. 1.2.3., (7)). Es gibt aber eine ungeheuere Vielzahl weiterer Zeichen und Zeichensorten. Die *Theorie der Zeichen* (auch: *Semiotik*) ist für dieses weite Gebiet zuständig (vgl. (23), (25)). Die Frage nach dem Verhältnis von Semiotik und Linguistik wird kontrovers beurteilt. Angesichts der Dominanz linguistischer Zeichen wird oft ein Primat der Linguistik vertreten. Andere Autoren, darunter der Begründer der modernen Linguistik, Ferdinand de Saussure, sind der Auffassung, dass die Linguistik ein Teilbereich einer allgemeinen Theorie der Zeichen ist (vgl. (180), S. 33).

Bilder

Neben den linguistischen Zeichen werden *Bilder* als eine der wichtigsten Formen der Repräsentation aufgefasst. Die Kategorie des Bildes ist intuitiv klar. Es ist nicht schwer Beispiele anzugeben: Passfotos, Gemälde usw. Aber die Kategorie ist nicht scharf definiert. Piktogramme und Diagramme werden als mehr oder weniger bildhaft eingestuft.

Am historischen Anfang der Theoriebildung wurde *linguistische Repräsentation* in einen engen Zusammenhang mit bildhaften Repräsentationen gebracht. In der folgenden Passage formuliert Aristoteles die Grundzüge eines Modell der Sprache, das seit dem 4. Jahrhundert v. Chr. bis zur Gegenwart eine außerordentliche Wirksamkeit entfaltet hat.

„Nun sind die (sprachlichen) Äußerungen unserer Stimme ein Symbol für das, was (beim Sprechen) unserer Seele widerfährt, und das, was wir schriftlich äußern, (ist wiederum ein Symbol) für die (sprachlichen) Äußerungen unserer Stimme. Und wie nicht alle Menschen mit denselben Buchstaben schreiben, so sprechen sie auch nicht alle dieselbe Sprache. Die seelischen Widerfahrnisse aber, für welche dieses (Gesprochene und Geschriebene) an erster Stelle ein Zeichen ist, sind bei allen (Menschen) dieselben; und überdies sind auch schon die Dinge, von denen diese (seelischen Widerfahrnisse) Abbildungen sind, (für alle) dieselben." (De int. 16a3–8, (61) S. 3)

Schematisch kann man diese Konzeption folgendermaßen darstellen:

1 2 3 4

Sprachtheorie des Aristoteles

Das Schema illustriert wichtige Momente des Aristotelischen Gedankengangs: (1) Ausgangspunkt sind die Gegenstände und Sachverhalte in der Welt, zum Beispiel ein Baum. (2) Die Gegenstände werden von einem Individuum wahrgenommen. (3) Der wahrgenommene Gegenstand wird durch eine Vorstellung in der Seele ‚abgebildet'. (4) Die gesprochene Sprache ist ein Symbol für die Vorgänge in der Seele. Die visuelle Wahrnehmung wird in einer mündlichen Äußerung ‚Voilà un arbre' artikuliert. Ich habe eine französische Äußerung als Beispiel gewählt, um deutlich zu machen, dass die Ebene der Sprache durch Vielfalt und Variabilität gekennzeichnet ist. Aufgrund einer Vorstellung, die einen Franzosen zu der Äußerung ‚Voilà un arbre' veranlasst, würde ein Deutscher sagen ‚Da ist ein Baum'.

Nicht mehr im Schema erfasst ist der Unterschied zwischen mündlichem und schriftlichem Sprachgebrauch. Aristoteles bestimmt die gesprochene Sprache als Umsetzung der Vorstellungen in Laute. Die Schrift wird als sekundäre sprachliche Ebene aufgefasst. Sie transformiert die Zeichen der gesprochenen Sprache in Schriftzeichen.

Bei dieser Konzeption ist ein Schnitt wesentlich, der die Etappe (3) von (4) trennt. Die Gegenstände in der Welt und die Vorgänge in der Seele sind bei allen Menschen von gleicher Art. Es handelt sich um Gegebenheiten, die durch die natürlichen Bedingungen determiniert sind. Aber sobald die Ebene der Sprache ins Spiel kommt, ist eine starke Variabilität und Vielfalt zu beobachten. Die Menschen haben zwar alle dieselbe biologische Ausstattung, aber ihr Sprachverhalten ist variabel und kulturabhängig. Menschen sprechen unterschiedliche Sprachen und verwenden unterschiedliche Schriftsysteme. Hier spielen Konventionen und Traditionen eine wesentliche Rolle.

Die Bedeutung der Wörter ist im Aristotelischen Modell in erster Linie durch die psychischen Vorstellungen bestimmt. Indirekt ist die Bedeutung der Wörter durch die Kausalbeziehung zwischen den wahrgenommenen Sachverhalten und den Vorstellungen fixiert. Bei dieser Skizze der Sprache fällt besonders auf, dass die Sprache hier nicht als Kommunikationsmedium begriffen wird. Nur der Bezug der sprachlichen Zeichen zu ihrem Bedeutungsgehalt oder ihre Referenz (Bezug zum bezeichneten Gegenstand) wird thematisiert. Natürlich war Aristoteles nicht blind für die kommunikative Funktion der Sprache. Als Verfasser einer Abhandlung über die Rhetorik hat er sie sehr ausführlich behandelt. In dem Traktat, dem das Zitat entnommen ist, interessiert er sich allerdings in erster Linie für Aussagesätze. Bei diesen ist tatsächlich die Referenzfunktion, der Bezug auf Sachverhalte primär. Aristoteles arbeitet heraus, dass Aussagesätze entweder in bejahender (‚Beate ist glücklich') oder verneinender Form (‚Beate ist nicht glücklich') formuliert sind. Zudem haben Aussagesätze die Eigenschaft, wahr oder falsch zu sein (entweder ist Beate glücklich oder sie ist nicht glücklich). Die kommunikative Beziehung zwischen dem Sprecher und dem Hörer kann als Ergänzung diesem Grundmodell ohne weiteres hinzugefügt werden.

Man kann das resultierende Konzept der Sprache zusammenfassend charakterisieren, indem man drei Relationen beachtet:

(1.) die Relation zwischen den Sachverhalten und den internen (mentalen) Repräsentationen der Sachverhalten;
(2.) die Relation zwischen internen (mentalen) Repräsentationen und externen (semiotischen) Repräsentationen speziell durch linguistische Zeichen;
(3.) die Relation zwischen Sprecher A und Sprecher B.

Zeichenbeziehung vs. Abbildbeziehung

Repräsentation kann als Zeichenbeziehung verstanden werden, wie dies paradigmatisch bei den linguistischen Zeichen der Fall ist. Repräsentation kann aber auch als Abbildbeziehung bestimmt werden (Bilder, Diagramme, Piktogramme). Beide Konzepte lassen sich formal nicht eindeutig unterscheiden. Sowohl die Zeichenbeziehung als auch die Abbildbeziehung sind nicht eindeutig. Drei Anmerkungen können diesen Punkt erläutern.

(a) Ein Gegenstand oder Sachverhalt kann durch mehrere Zeichen oder mehrere Abbilder repräsentiert werden. So kann ich beispielsweise einem Fremden den Weg von der Universität zum Bahnhof dadurch erläutern, dass ich den Weg in einer Zeichnung skizziere oder ich kann den Weg mit Worten beschreiben. Dabei gibt es sowohl bei der sprachlichen Darstellung wie bei der Zeichnung vielfältige Möglichkeiten.

(b) Mehrere Gegenstände können durch ein Zeichen oder ein Bild repräsentiert werden. Damit ist nicht gemeint, dass ein Bild mehrere Äpfel und Birnen darstellt. Sondern es geht darum, dass ein bestimmtes Zeichen verschiedene einzelne Gegenstände bezeichnen kann. So werden die verschiedenen Notausgänge in unterschiedlichen Gebäuden jeweils durch das gleiche Piktogramm markiert.

(c) Sowohl die Zeichenbeziehung als auch die Abbildbeziehung sind nicht symmetrisch. Wenn A eine Zeichen oder Bild von B ist, dann kann man nicht schließen, dass B ein Zeichen oder Bild von A ist. Das linguistische Zeichen ‚Sokrates' bezeichnet das Individuum Sokrates. Das Individuum Sokrates bezeichnet aber nicht den Eigennamen ‚Sokrates'. Das Foto in meinem Personalausweis ist ein Bild von mir. Ich bin aber kein Bild von dem Foto in meinem Personalausweis.

Die Arten der Repräsentation lassen sich nur dadurch unterscheiden, dass man zwei Faktoren beachtet: (i) das Verhältnis der Teile der Repräsentation zu den Teilen des Repräsentierten; (ii) das Verhältnis des Kontexts der Repräsentation zum Kontexts des Repräsentierten. Bei der Abbildung verhalten sich Teile des Repräsentierenden homomorph (intern analog) zu Teilen des repräsentierten Objekts. Die Fotografie einer Häuserfront ist beispielsweise insofern homomorph zu der abgebildeten Front, als auf der rechten oberen Hälfte der Fotografie der Teil des Gegenstands abgebildet wird, der sich vom Standpunkt des Fotografen aus betrachtet rechts oben befindet. Bei einer Repräsentation mittels linguistischer Zeichen ist keine Homomorphie gegeben. Es gibt keine analogen Entsprechungen zwischen den Teilen des Referenzobjektes und den Teilen des linguistischen Zeichenkomplexes.

Die Ausarbeitung der Einzelheiten des Gebrauchs externer, semiotischer Repräsentation (sowie auch des Zusammenhangs von externen und internen Repräsentationen) ist Aufgabe der Semiotik, der Sprachtheorie und der einschlägigen psychologischen Disziplinen. Die Philosophie des Geistes ist dafür zuständig, den Begriff der mentalen Repräsentation zu klären. In diesem Zusammenhang stellen sich drei Fragen:

- (R-1) Wie kommen die repräsentierten Gehalte in das Bewusstsein?
- (R-2) Um welche Arten von Gegenständen handelt es sich bei den Repräsentationen im Bewusstsein? Aus was sind die Repräsentationen gemacht? Welche Arten von mentalen Repräsentationen gibt es? Wie werden sie verarbeitet?
- (R-3) Wie ist die Relation von Repräsentation und repräsentiertem Gegenstand zu bestimmen?

Die Frage (R-1) ist auf die kausalen Verhältnisse konzentriert. Es geht darum zu klären, welche empirischen Bedingungen vorliegen müssen, damit so etwas wie eine Repräsentation im Bewusstsein auftaucht.

Die Frage (R-2) betrifft die Beschaffenheit der mentalen Repräsentationen und konfrontiert uns mit der Aufgabe, grundlegende Arten und Eigenschaften dieser Repräsentationen zu unterscheiden.

Die Frage (R-3) bezieht sich auf den semantischen Aspekt der mentalen Repräsentationen. Wodurch entsteht die Verbindung zwischen einer Vorstellung und dem vorgestellten Gegenstand?

7.2. Das empiristische Modell

Sinnliche Wahrnehmung

John Lockes ‚Essay Concerning Human Understanding' (1689) formuliert eine Theorie des menschlichen Geistes, die innerhalb der Philosophie, aber auch in der Psychologie und der Forschung zur Künstlichen Intelligenz (KI) außerordentlich einflussreich war ((103), vgl. dazu (108), (111), (116), (123), (109)). Locke gebraucht den Ausdruck ‚Idee' als allgemeinen Begriff für die Gegenstände des Bewusstseins. Als Empirist vertritt Locke die Auffassung, dass die Gehalte der Ideen ausschließlich aus der Sinneserfahrung gewonnen werden. Zudem vertritt Locke die These, dass wir uns unserer Ideen bewusst sind. Wir nehmen nicht nur Dinge in der Außenwelt dank der mentalen Repräsentationen wahr, sondern wir nehmen unsere mentalen Repräsentationen wahr, d.h. wir sind uns unserer mentalen Repräsentationen bewusst.

Der Geist verfügt nicht über angeborene Ideen. Solche angeborenen Ideen, die unabhängig von der sinnlichen Erfahrung gegeben sind, spielen in den Theorien der Rationalisten (Descartes, Leibniz) eine wesentliche Rolle. Locke ist aber überzeugt davon, dass sich alle Ideen und Inhalte des Denkens auf sinnliche Wahrnehmungen zurückführen lassen. Er sagt: Jeder Mensch ist sich bewusst, dass er Ideen hat. Die Objekte des Denkens sind Ideen. Wenn ein Mensch denkt, dann bezieht er sich auf diese Objekte (Locke, I, 1, § 8; (103), S. 47f. Die folgenden Verweise auf Lockes ‚Essay' geben jeweils das Buch (römische Ziffern), das Kapitel (arabische Ziffern), evtl. den Paragraph sowie die Seitenzahl der englischen Ausgabe an).

Einfache Ideen

Die Gegenstände in der Welt haben bestimmte Eigenschaften. Wenn wir die Dinge durch die Sinnesorgane wahrnehmen, so entstehen in uns Ideen von den Eigenschaften der Dinge. Diese vermittels der Sinneswahrnehmung (‚sensation'; Locke, II, 1, § 3; (103), S. 105) entstehenden einfachen Ideen sind die Grundlage aller weiteren Tätigkeiten des Verstandes. Eine reife Tomate bewirkt beispielsweise im Subjekt, das sie sieht und betastet, die Ideen ‚rund', ‚rot' und ‚weich'. Dies sind einfache Ideen. Sie sind das kausale Resultat des Wahrnehmungsvorgangs. Das Papier, auf dem ich schreibe, hat die Eigenschaft unter bestimmten Rahmenbedingungen eine Weißwahrnehmung in mir zu bewirken. Das Papier bewirkt diese Wahrnehmung nicht in der Teetasse, neben der es liegt. Es bewirkt auch keine Weißwahrnehmung in dem Bleistift, der auf ihm liegt. Es bewirkt die Weißwahrnehmung im Geist des Betrachters, dessen Augen normal funktionieren. Mein Geist kann die Idee ‚weiß' nicht aus sich selbst heraus herstellen. Er ist auf die Sinnesorgane und ihre Empfindungen angewiesen (Locke, II, 31, § 12; (103), S. 382). Dementsprechend behauptet Locke auch, dass ein blind geborener Mensch die Bedeutung des Wortes ‚scharlachrot' nicht adäquat verstehen kann. Keine Beschreibung und keine Information ist in der Lage, den fundamentalen Mangel an sinnlichen Wahrnehmungen zu kompensieren (Locke, III, 4, § 11; (103), S. 425).

Das erste Element des visuellen Wahrnehmungsprozesses sind die wahrnehmbaren Qualitäten. Man kann auf der grundlegenden Ebene von Lockes Modell noch nicht davon sprechen, dass der Gegenstand selbst wahrgenommen wird. Eine Idee des Gegenstands (ein Objektbegriff) ist auf dieser elementaren Stufe überhaupt noch nicht gegeben. Wahrgenommen werden zunächst unterschiedliche einzelne Qualitäten, zum Beispiel die Qualität ‚rot' beim Sehen einer reifen Tomate. Nach Locke ist die wahrgenommene einfache Qualität zunächst noch unabhängig von einer begrifflichen Bestimmung oder sprachlichen Bezeichnung dem Bewusstsein gegenwärtig. Die vielen einzelnen Ideen von Qualitäten werden erst auf einer höheren Stufe des Erkenntnisprozesses in einer allgemeinen Idee zusammengefasst. Erst dieses Produkt der Verarbeitung einfacher Ideen ergibt die Idee des Gegenstands. Die einfachen Qualitäten sind das erste Element im Erkenntnisprozess. Das zweite Element ist das Auge. Der Gegenstand ist so beschaffen, dass Lichtpartikel von der Oberfläche des Objekts reflektiert werden und auf das Auge treffen. Sie wirken als Ursache von Veränderungen oder Erregung (‚motion') des Organs. Nervenaktivität leitet einen Impuls an das Gehirn weiter. Locke hat hier eine Korpuskulartheorie des Lichts zugrunde gelegt, die die Kausalkette zwischen dem Objekt und dem Gehirn ermöglicht (Locke, II, 8, § 12; (103), S. 136). Die Sinneswahrnehmungen liefern Empfindungen unterschiedlicher Art. Der menschliche Geist besteht aber nicht nur aus den Wahrnehmungen vieler einfacher Qualitäten (‚weiß', ‚rot', ‚kalt', ‚rund', ‚schrill', ‚sauer' usw.). Der Geist wäre eine rein passive Maschine, die Eindrücke registriert, wenn er lediglich die einfachen Ideen wie Abdrücke oder Abbildungen aufnähme. Diese Überlegung ist von entscheidender Bedeutung, denn sie führt dazu, neben den durch die *Sinnesempfindung* (‚sensation') gelieferten *einfachen Ideen* noch eine weitere Klasse von Ideen zu berücksichtigen. Der Verstand kann verschiedene Operationen mit den einfachen Ideen ausführen. Locke gebraucht den Terminus ‚Reflexion' (‚reflection'), um alle *Aktivitäten des Verstandes* zu bezeichnen, die die einfachen Ideen bearbeiten:

„These two, I say, viz. external, material things, as the objects of SENSATION, and the operations of our own minds within, as the objects of REFLECTION, are, to me, the only originals, from whence all our ideas take their beginnings." (Locke, II, 1, § 4; (103), S. 105)

Wesentlich ist die Fähigkeit, die durch ‚sensation' bewirkten einfachen Ideen aufzubewahren, durch ‚retention' im Gedächtnis zu behalten (Locke, II, 10; (103), S. 149–155). Anschließend können die vorhandenen einzelnen Ideen verglichen werden. Unterschiede und Übereinstimmungen zwischen ihnen können festgestellt werden (Locke, II, 11; (103), S. 155–163). Durch diese Operationen des Verstandes entstehen die komplexen Ideen (Locke, II, 12; (103), S. 163–166). Zu den wichtigsten Arten der Bearbeitung von Ideen durch den Verstand gehören *Verallgemeinerung, Abstraktion* und *Kombination.* Abstraktion impliziert Vorgänge des Unterscheidens, Vergleichens, Gleichsetzens. Die Abstraktion produziert beispielsweise anhand der visuellen Tomaten-Vorstellung und der visuellen Zitronen-Vorstellung eine allgemeine Idee: ‚rund'. Aus einzelnen einfachen Ideen werden durch Verallgemeinerung und Kombination allgemeine Begriffe hergestellt. Unter diesen kommt den Artbegriffen (‚Tomate', ‚Zitrone', ‚Frucht', ‚Lebensmittel', ‚Körper') große Bedeutung zu.

Komplexe Ideen

Die Sprache bzw. die sprachliche Repräsentation spielt in diesem Prozess eine wichtige Rolle (Locke, II, 11, § 9; (103), S. 159). Nicht jede einzelne Sinnesempfindung hat ihren eigenen Namen. Ein sprachlicher Ausdruck wie ‚rund' bezieht sich auf eine Eigenschaft, die vielfach auftreten kann. Die Eigenschaft kann im Bereiche eines bestimmten Spektrums auch variieren. Es gibt das Prädikat ‚rund' und viele Objekte, auf die dieses Prädikat zutrifft. Es gibt eine Idee ‚Tomate' und viele einzelne Gegenstände, auf die diese Idee bezogen wird. Das Verhältnis von Idee und Gegenstand ist nicht symmetrisch. Eine Repräsentation kann für viele repräsentierte Gegenstände stehen und ein Gegenstand kann durch mehrere unterschiedliche Repräsentationen dargestellt werden.

Sprache

In Lockes Modell liegt ein entscheidender Schnitt zwischen den einfachen Ideen der Empfindung und den komplexen oder allgemeinen Ideen. Empfindungen und einfache Ideen sind die Produkte kausaler Einwirkung. Komplexe und allgemeine Ideen sind durch Verstandesoperationen aus diesen gewonnen. Diese Verstandesoperationen sind nicht mehr als rein kausale Abläufe gedacht. Hier spielen logische Operationen wie Vergleichen, Unterscheiden, Gleichsetzen die entscheidende Rolle.

Lockes Theorie stellt einen Versuch dar, die Fragen (R-1), (R-2), (R-3) zu beantworten. Heute kann man diesen Versuch nicht als insgesamt gelungen bezeichnen. Woran liegt das? – Ich will hier nur einen entscheidenden Punkt nennen, ohne die Details der Locke-Interpretation zu erörtern. Das gravierendste Problem des Modells besteht in dem Schritt von der Konzeption eines kausal bestimmten Auftretens einfacher Ideen von Qualitäten (‚sensation') zu den allgemeinen Ideen, zu den Allgemeinbegriffen und den Artbegriffen. Letztlich gibt Locke keine befriedigende Antwort darauf, wie auf der Grundlage einer Vielzahl einzelner Ideen von Qualitäten die allgemeine Idee einer Qualität oder andere Allgemeinbegriffe – beispielsweise der Begriff eines im Raum beweglichen und über die Zeit hinweg identischen Gegenstands – auftreten. Ob Locke überhaupt – auch hinsichtlich der einfachen Ideen – mehr als eine Skizze der kausalen Bedingungen des Auftretens von Repräsentationen gibt, ohne Repräsentationalität zu erklären, erscheint manchen seiner Kritiker fraglich. Trotz dieser Schwierigkeiten ist Lockes Theorie von Interesse, weil sie Konzeptionen einführt, die auch noch in den gegenwärtig diskutierten Modellen mentaler Repräsentation eine große Rolle spielen.

7.3. Überzeugungen und Wünsche

In der philosophischen Diskussion werden Überzeugungen und Wünsche als zentrale Arten mentaler Zustände angesehen. *Überzeugungen* und *Wünsche* sind intentionale Zustände. Sie beziehen sich auf etwas, sie sind auf Sachverhalte gerichtet. In Überzeugungen und Wünschen wird jeweils ein Sachverhalt repräsentiert. Sowohl Überzeugungen als auch Wünsche lassen sich in propositionaler Form darstellen.

(1) A ist überzeugt, dass p.
(2) B wünscht, dass q.

Mehrstufigkeit

Überzeugungen und Wünsche treten nicht nur wie in (1) und (2) einstufig auf. Sie können auch zweistufig gegliedert sein. Dabei kann der Gehalt einer Überzeugung eine Überzeugung und der Gehalt eines Wunsches ein Wunsch sein:

(3) A ist überzeugt, dass A überzeugt ist, dass p.
(4) A wünscht, dass A wünscht, dass q.

Bei mehrstufigen Überzeugungen können Wünsche, und bei mehrstufigen Wünschen können Überzeugungen als Inhalt auftreten:

(5) A ist überzeugt, dass B wünscht, dass A überzeugt ist, dass r.
(6) B wünscht, dass A überzeugt ist, dass B wünscht, dass s.

Die in (4) vorliegende Struktur wird durch den Begriff des Wunsches zweiter Stufe (‚second order volition') erfasst. Es ist charakteristische für die komplexe Struktur mentaler Zustände, dass wir nicht nur einfache Wünsche kennen (‚Ich habe den Wunsch, eine Zigarette zu rauchen'). Wir können zu unseren eigenen Wünschen (ebenso wie zu denen anderer Personen) auch eine bewertende Einstellung einnehmen. Für unsere Zwecke kommt es allein auf diese Möglichkeit der Hierarchiebildung von propositionalen Einstellungen ein. Auf die Details der Unterscheidung von Wünschen, Volitionen, Präferenzen und Wollen gehe ich nicht ein.

Der Drogensüchtige, der seine Abhängigkeit loswerden möchte, hat charakteristischer Weise zweistufige Wünsche wie den folgenden:

(7) A wünscht sich, dass A sich wünscht, keine Zigarette zu rauchen.

Dieser Wunsch kollidiert in vielen Fällen mit dem spontanen und bedürfnisgeleiteten Impuls von A, eine Zigarette zu rauchen.

Zwischen (7) und diesem spontanen Impuls besteht eine Spannung. Spannungen dieser Art sind für unser mentales Leben ausgesprochen charakteristisch und bedeutsam. Der Begriff der Volition zweiter Stufe spielt eine Rolle in Debatten über die Willensfreiheit (vgl. (292)). Für unsere Zwecke ist entscheidend, dass Überzeugungen, Wünsche und Wollen manchmal als mehrstufige und ineinander verschränkbare Gebilde auftreten.

Propositionale Einstellung

Überzeugungen/Wünsche werden als *propositionale Einstellungen* bezeichnet. Es handelt sich um intentionale Zustände, die auf Sachverhalte bzw. Propositionen gerichtet sind. Zu dem möglichen Sachverhalt ‚Morgen regnet es' kann ich unterschiedliche propositionale Einstellungen annehmen:

- ‚Ich fürchte, dass es morgen regnet'
- ‚Ich hoffe, dass es morgen regnet'
- ‚Ich vermute, dass es morgen regnet'
- ‚Ich bin davon überzeugt, dass es morgen regnet'

Propositionale Einstellungen stehen in inferentiellen Beziehungen zueinander. Einem Individuum mentale Zustände und Denkakte zuzuschreiben heißt:

(i) ihm propositionale Einstellungen zuzuschreiben;
(ii) anzunehmen, dass die Beziehungen zwischen den propositionalen Einstellungen (zu einem erheblichen Teil) durch inferentielle Regeln bestimmt sind.

Für ein rationales Individuum ist es nicht möglich, gleichzeitig in derselben Hinsicht zu hoffen und zu fürchten, dass es morgen regnet. Die Logik und die Rationalitätstheorie behandeln die Formen der Beziehungen und Abhängigkeiten zwischen propositionalen Einstellungen.

Inferenzen

Das mentale Leben von Individuen besteht nicht ausschließlich aus inferentiell bestimmten Zusammenhängen. Es ist sinnvoll davon auszugehen, dass es zufällige Koppelungen von mentalen Zuständen oder rein assoziative Verbindungen zwischen mentalen Vorstellungen gibt.

Assoziationen

Assoziative Verbindungen werden in der Regel als Verbindungen beschrieben, die

(a) auf der Grundlage von *Ähnlichkeit* zustande kommen oder
(b) durch *Kontiguität* (räumliche oder zeitliche Nachbarschaft) entstehen oder
(c) auf *Ursache-Wirkungszusammenhängen* beruhen.

Einige Beispiele können das illustrieren: Eine Assoziation aufgrund von Ähnlichkeiten liegt vor, wenn die Vorstellung eines schnellen Autos mit der Vorstellung eines Rennpferds verknüpft wird. Solche assoziativen Verknüpfungen werden in der Werbung ausgebeutet. Eine Assoziation aufgrund räumlicher Kontiguität liegt beispielsweise dann vor, wenn meine Erinnerung an die Eingangshalle der Bibliothek unwillkürlich mit einer Erinnerung an den Lesesaal verbunden ist. Eine Assoziation von Ursache und Wirkung liegt der durch die Wahrnehmung von Rauch ausgelösten Vorstellung von Feuer zugrunde.

Träume sind Musterbeispiele für mentale Phänomene, bei denen assoziative Verbindungen eine große Rolle spielen. Oft wird auf die psychologisch aufschlussreichen Weisen des Assoziierens besondere Aufmerksamkeit gerichtet. Aber auch im Wachbewusstsein spielen assoziative Verbindungen eine Rolle. Die Vorstellung der Sonne kann bei Beate rein assoziativ oft mit einer mentalen Repräsentation von blauem Himmel verbunden sein und diese Verbindung mag in einigen Fällen nicht inferentiell begründet sein. Dennoch gilt: Insofern wir Beate für ein denkendes und rationales Individuum halten, interessiert uns speziell der inferentielle Zusammenhang ihrer mentalen Zustände. Wir halten Beate dann für ein rationales Wesen, wenn ihr Verhalten in relevanten Teilen durch die Bezugnahme auf ihre mentalen Zustände und propositionalen Einstellungen (Überzeugungen, Wünsche) erklärt werden kann.

Wenn Beate davon überzeugt ist, dass die Dufourspitze 4634 m hoch ist, dann bezieht sie sich mit dieser Überzeugung auf einen externen Gegenstand (Dufourspitze). Weil die Dufourspitze tatsächlich 4634 m hoch ist, ist der mentale Zustand, in dem Beate sich befindet, ein Zustand des Wissens. Der von ihr geäußerte Satz ‚Die Dufourspitze ist 4634 m hoch' ist wahr und ihre Überzeugung ist wahr. Aussagen, Popositionen und mentale Zustände können wahr oder falsch sein. Sie haben *Wahrheitsbedingungen* oder *Erfüllungsbedingungen* (vgl. 3.3.). Ein mentaler Überzeugungs-Zustand ist wahr genau dann, wenn die Proposition, die seinen Gehalt ausmacht, wahr ist. Den Gehalt eines Wunschzustands kann ich dadurch bestimmen, dass ich die Bedingungen angebe, deren Eintreten den Wunsch erfüllen würde. Beates Wunsch ‚Ich wünsche mir, die Dufourspitze zu besteigen' wird durch Beates erfolgreiche Besteigung der Dufourspitze erfüllt. Um den Gehalt einer propositionalen Einstellung zu erfassen, ist es nach verbreiteter Auffassung notwendig, die Erfüllungsbedingungen zu kennen.

Wahrheits- und Erfüllungsbedingungen

Nun kann es sein, dass Beate gerade explizit für sich selbst, in einem inneren Monolog, die Aussage formuliert ‚Die Dufourspitze ist 4634 m hoch'. Aber Denken muss sich nicht notwendigerweise als innerer Monolog vollziehen und wir haben Überzeugungen nicht deshalb, weil wir sie gerade innerlich formulieren. Wenn Beate die Überzeugung ‚Die Dufourspitze ist 4634m hoch' zugeschrieben wird, dann ist davon auszugehen, dass sie über die entsprechende mentale Repräsentation verfügt. Zudem nehmen wir an, dass Beate unter geeigneten Bedingungen auf die Frage nach der Höhe der Dufourspitze die richtige Antwort geben würde.

7.4. Die Repräsentationale Theorie des Geistes

Der Vertreter einer *repräsentationalen Theorie des Geistes* (im Folgenden wird die Abkürzung ‚RTG' gebraucht) geht davon aus, dass es sich bei den mentalen Repräsentationen um Gegenstände handelt, die mit physikalistischen Begriffen (in einem weiten Sinn) bestimmt werden können. Da die Repräsentationen einen Bezug oder einen Gehalt haben, kehrt das bereits mehrfach angesprochene Problem wieder: Wie lässt sich verstehen, dass ein materieller Gegenstand die Eigenschaft des Bezogenseins und des Gerichtetseins im Sinn der Intentionalität besitzt? Wenn es nicht gelingt, diese Eigenschaft zu erklären, dann muss man entweder den Materialismus aufgeben oder man muss den Begriff der mentalen Repräsentation zurückziehen. Zumindest diejenigen Autoren, die nicht Davidsons Vorschlag eines anomalen Monismus folgen, scheinen vor diese Wahl gestellt zu sein, falls es ihnen nicht gelingt, eine befriedigende Erläuterung der Intentionalität zu liefern.

Jerry A. Fodor gehört zu den Autoren, die eine repräsentationale Theorie des Geistes auf materialistischer Basis formulieren. In einer Selbstdarstellung nennt Fodor, in der für ihn charakteristischen ironischen Weise, die Gründe dafür, dass er seiner Theorie materialistische Annahmen zugrunde legt: „[T]hese days we're all materialists for much the same reason that Churchill gave for being a democrat: the alternatives seem even worse." ((242), S. 292).

Wie sieht Fodors Theorie nun aus? Fodor glaubt, dass mentale Repräsentationen in neuronalen Strukturen realisiert sind. Mentale Repräsentationen haben einen Gehalt, einen begrifflichen oder propositionalen Inhalt. Zustände mentaler Repräsentation sind intentionale Zustände. Der allgemeine Rahmen der Theorie geht davon aus, dass mentale Wesen in ihrem Verhalten maßgeblich durch Überzeugungen und Wünsche bestimmt sind. Es ist möglich und sinnvoll, das Verhalten von Beate zu erklären, indem man Überzeugungen und Wünsche Beates als Ursachen ihres Verhaltens benennt. Der Zusammenhang zwischen den Überzeugungen und Wünschen Beates ist weitgehend durch inferentielle Zusammenhänge festgelegt. Überzeugungen und Wünsche sind propositionale Einstellungen. Die propositionalen Einstellungen werden in Beates Geist (d. h. im Gehirn) durch mentale Repräsentationen realisiert. Die RTG geht davon aus, dass es propositionale Einstellungen und mentale Repräsentationen wirklich gibt. Es handelt sich demnach nicht um spekulative Modellbildungen, durch die bestimmte Abläufe beschrieben werden, sondern um reale Elemente, die eine kausale Rolle übernehmen.

RTG

Fodors Theorie wird als ‚Language of thought'-Hypothese diskutiert. Die Hypothese wurde bereits 1956 von Wilfrid Sellars (149) ins Zentrum der zeitgenössischen Diskussion über mentale Repräsentation gestellt. Sie soll eine Erklärungsperspektive für mentale Prozesse und ihren Zusammenhang mit dem Verhalten liefern.

‚Language of thought': LOT

Was soll man sich darunter vorstellen, dass die mentalen Repräsentationen als Symbole einer ‚language of thought' in Beates Gehirn realisiert sind? Wie werden die Elemente der Sprache des Geistes verarbeitet? Fodor vertritt die folgende Auffassung: Ein bestimmter propositionaler Gehalt (z. B. ‚Die

Dufourspitze ist 4634 m hoch') kann in unterschiedlichen Medien repräsentiert sein: in einem gesprochenen Satz der deutschen Sprache, in einem geschriebenen deutschen Satz, in gesprochenen/geschriebenen Sätzen anderer natürlicher Sprachen. Die Information kann auch in einer Landkarte enthalten sein oder auf einer Panorama-Ansichtskarte als numerische Höhenangabe auf einem Foto der Dufourspitze usw. Kurz, ein bestimmter Gehalt kann in verschiedenartigen semiotischen (externen) Repräsentationen artikuliert sein. Und er kann nach Fodor auch in mentalen Repräsentationen enthalten sein, die wie die Elemente einer Sprache funktionieren. Die Sprache des Mentalen nennt Fodor ‚Mentalesisch' (amerikanisch: ‚Mentalese'). Die Zeichen des Mentalesischen sind bestimmte Strukturen oder Zustände des Gehirns. Das Gehirn funktioniert wie ein Computer, der diese Zeichen der mentalen Sprache verarbeitet.

Wenn Beate die Überzeugung Ü1 hat, dann gibt es eine mentale Repräsentation mit einem bestimmten Gehalt in Beates Geist, d. h. materialistisch gesprochen in ihrem Gehirn. Entscheidend ist, dass gemäß der Hypothese der ‚language of thought' die mentalen Repräsentationen im Medium des Gehirns so organisiert sind, wie die Einheiten einer Sprache: es gibt eine Syntax und eine Semantik dieser ‚language of thought' (im Folgenden wird die Abkürzung ‚LOT' gebraucht).

$LOT_{sy/se}$

- *($LOT_{sy/se}$) LOT ist durch syntaktische und semantische Regeln charakterisiert.*

Die *Syntax* von LOT legt fest, welche Elemente LOT hat, wie die Elemente miteinander kombiniert werden können und welche formalen Regeln für die Verarbeitung der Elemente gelten.

Für die *Semantik* der LOT wird ein Prinzip der *Kompositionalität* angenommen:

$LOT_{se/kompo}$

- *($LOT_{se/kompo}$) Die Sätze der LOT haben eine kompositionale Struktur.*

Kompositionalität besagt, dass die Bedeutung komplexer Ausdrücke sich aus den Bedeutungen der einzelnen Elemente und aus den Verknüpfungsregeln ergibt.

Die Bedeutung von ‚Beate lacht' ist das Resultat der Teilbedeutungen von ‚Beate' und ‚lacht'. Aufgrund der Kompositionalität gilt: Wenn Beate über die mentale Repräsentation verfügt ‚Beate lacht über Kant', dann kann sie auch die mentale Repräsentation ‚Kant lacht über Beate' bilden.

Kompositionalität ist ein wesentlicher Grundzug sprachlicher und mentaler Repräsentation. Den sprachlichen Einheiten in den vorangegangenen Beispielsätzen entsprechen in der LOT einzelne mentale Repräsentationen. Zu sagen, dass Beate die Überzeugung hat ‚Die Dufourspitze ist 4634 m hoch', bedeutet, ihr eine mentale Repräsentation mit dem entsprechend strukturierten Inhalt zuzuschreiben.

Darüber hinaus geht Fodor von der Computations-These aus:

LOT_{compu}

- *(LOT_{compu}) Die mentalen Repräsentationen der LOT werden computational verarbeitet.*

Damit ist ausgeschlossen, dass die Repräsentationen lediglich in zufälliger Weise kombiniert werden. Ebenfalls ausgeschlossen wird, dass die mentalen Repräsentationen semantische Regeln voraussetzen, die sich nicht formal (syntaktisch) rekonstruieren lassen.

Eine bloß zufällige Kombination mentaler Repräsentationen würde einen rationalen Zusammenhang von mentalen Repräsentationen und dem Verhalten eines Individuums ausschließen. Einen solchen rationalen Zusammenhang nimmt man aber an, wenn man einem Individuum mentale Zustände zuschreibt. Ein Zustand wird dann als Wunsch bestimmt, wenn er in charakteristischen Verbindungen zu anderen mentalen Zuständen und zum Verhalten des Individuums steht. Bei dem Zusammenhang zwischen Beates Wunsch ‚Ich will die Dufourspitze besteigen' und ihrer anschließenden Reise Richtung Zermatt handelt es sich um keine zufällige Koinzidenz. Wenn wir hinreichend informiert sind, sind wir uns ziemlich sicher, dass Beate deshalb den Zug nach Zermatt nimmt, *weil* sie die Dufourspitze besteigen will. Unbegründetes, spontanes Verhalten wird damit nicht ausgeschlossen. Aber es ist wesentlich für Individuen mit mentalen Zuständen, dass ihr Verhalten in der Regel in einen rational nachvollziehbaren Zusammenhang mit mentalen Zuständen (Überzeugungen/Wünschen) gebracht werden kann.

Erklärungen der Art ‚Beate nimmt den Zug nach Zermatt, weil sie den Wunsch hat, die Dufourspitze zu besteigen' werden oft mit einem ‚ceteris paribus'-Zusatz versehen. Die ‚ceteris paribus'-Klausel bedeutet, dass die Erklärung unter einem Vorbehalt steht. Alle relevanten Bedingungen sind in der gewählten Fallbeschreibung beachtet. Ein Beispiel für eine Verletzung dieses Prinzips gibt das folgende Szenario: Es mag sein, dass Beate den Wunsch hat, auf die Dufourspitze zu steigen. Aber sie nimmt nicht aus diesem Grund den Zug nach Zermatt, sondern weil sie gleichzeitig den stärkeren Wunsch hat, auf das Matterhorn zu steigen. Sie fährt nach Zermatt, um das Matterhorn zu besteigen. Die ‚ceteris paribus'-Klausel schließt solche Fälle aus.

Computation und Inferenz

LOT sagt: das Verhalten des Individuums ist durch die computationale Verarbeitung der mentalen Repräsentationen bedingt. LOT geht davon aus, dass die Regeln der Verarbeitung der mentalen Repräsentationen zum Teil inferentielle Regeln sind. Die inferentiellen Regeln sind Teile des Programms, welches das Verhalten von Beate bestimmt.

Die Frage, wie die mentalen Repräsentationen als semantische Einheiten von LOT bearbeitet werden können, konfrontiert die Theorie mit einem wichtigen Problem, das bereits in der Diskussion über die Turing-Maschine und Searles ‚Chinesisches Zimmer'-Argument erwähnt wurde (vgl. 6.3. und 6.5.). Als Materialist geht Fodor davon aus, dass die mentalen Repräsentationen bestimmte materielle (oder neuronale) Zustände und Prozesse sind. Das Semantik-Problem besteht darin, dass man nicht ohne weiteres erkennen kann, welche Eigenschaft entscheidend dafür ist, dass ein bestimmter neuronaler Zustand/Prozess einen semantischen Gehalt (im Sinn der Bedeutung einer mentalen Repräsentation) hat. Angenommen, man könnte auf einem Scanner sämtliche neuronalen Prozesse ablesen, die aktuell in einem Nervensystem ablaufen: Wie könnte man dann diejenigen Prozesse, die semantischen Gehalt und repräsentationalen Charakter haben, von den Prozessen unterscheiden, die keinen semantischen Gehalt und keinen repräsentationalen Charakter haben, aber beispielsweise für den Hormonhaushalt des Organismus ausschlaggebend sind? Auf diese Frage scheint es keine einfache Antwort zu geben.

Zusammenhang von Syntax und Semantik

Fodor sieht allerdings eine Möglichkeit, um hier einen Schritt voran zu kommen. Eine mögliche Antwort auf das Semantik-Problem bei computationalen Systemen bezieht sich auf den semantischen Aspekt bestimmter formaler, logischer Verhältnisse. Falls die formalen Schlüsse, die in LOT gezogen werden, wahrheitserhaltend sind, dann ist aufgrund der Syntax von LOT ein semantisches Ergebnis garantiert. Ein Beispiel für einen wahrheitserhaltenden formalen Schluss ist der so genannte ‚modus ponens'. Dabei handelt es sich um den folgenden Schluss:

(P1) $p \rightarrow q$
(P2) p

(K) q

Bei wahren Prämissen ist das Ergebnis stets eine wahre Konklusion. Wenn ein Programm dieses Schlussschema als syntaktische Struktur implementiert hat, dann garantiert seine Verwendung bei wahren Prämissen wahre Resultate. Insofern ist hier aufgrund rein syntaktischer Operationen ein semantisches Resultat gewährleistet.

Dies ist ein Beispiel für einen möglichen Zusammenhang zwischen semantischen Gehalten mentaler Repräsentationen und syntaktischen Operationen. Es ist wichtig zu beachten, dass Fodor nicht behauptet, dass alle Regeln der Verarbeitung der Repräsentationen inferentiell oder wahrheitserhaltend sind (vgl. (240), S. 22). Ebenso ist es wichtig zu bedenken, dass nicht alle Vorstellungen Wahrheitswertträger sind. Tagträume, Melodien oder bildhafte Vorstellungen sind nicht wahr oder falsch. Sie sind weder wahr noch falsch.

Fodor glaubt, dass die Frage nach dem semantischen Gehalt mentaler Repräsentationen im Grundsatz beantwortet werden kann. Fodor ist Materialist. Mentale Repräsentationen sind in neuronalen Zuständen und Prozessen realisiert. Das heißt zunächst, dass die Syntax von LOT in den neuronalen Verhältnissen des Gehirns realisiert ist. Der semantische Gehalt kann dann nach Fodors am ‚modus ponens' erläuterten Konzeption aufgrund der kausalen Verhältnisse durch die Theorie erfasst werden.

Isomorphie: kausale Rolle und Semantik

Diese optimistische Einschätzung stützt Fodor auf einen Isomorphismus von kausalen Verhältnissen und semantischem Inhalt. Ein *Isomorphismus* ist eine strukturelle Entsprechung. Hier handelt es sich um eine Äquivalenzrelation zwischen Elementen der neuronalen Ebene und der semantischen (inferentiellen) Ebene, die als Bedingung der Repräsentationsfunktion angegeben wird. *Der kausalen Rolle eines neuronalen Zustands entspricht die semantische Rolle der Proposition.* Da diese Überlegungen recht abstrakt sind, erläutere ich sie etwas ausführlicher in Anlehnung an Fodors eigene Darstellung ((240), S. 19): Mentale Zustände sind neuronale Zustände, die funktional bestimmt werden können. Für jeden mentalen Zustand gibt es eine bestimmte kausale Rolle. Diese kausale Rolle bestimmt ihn als einen spezifischen mentalen Zustand. Wenn ich die kausale Rolle eines Zustands kenne, dann kenne ich aber noch nicht automatisch seinen propositionalen Gehalt. Was wir bisher kennen, das sind Vernetzungen von Zuständen aufgrund kausaler Rollen. Es gibt aber auch ein Netzwerk mentaler Zustände, das durch die inferentiellen Verhältnisse zwischen Propositionen gebildet wird. Und inferentielle Relationen gehören zu den wesentlichen Eigenschaften von Propositionen. Es ist eine wesentliche Eigenschaft der Proposition (P1) ‚Kant ist ein besserer Philosoph als Beate', die Proposition (P2) ‚Beate ist ein schlechterer Philosoph als Kant' zu implizieren. Die grundlegende Idee ist, dass zumindest partiell eine Isomorphie zwischen dem kausalen Netzwerk und dem semantischen (inferentiellen) Netzwerk hergestellt werden kann. Der semantischen Rolle der Proposition entspricht die kausale Rolle eines mentalen Zustands. Am Beispiel (P1) konkretisiert bedeutet dies: Es gibt die Proposition (P1) ‚Kant ist ein besserer Philosoph als Beate', die in folgenden inferentiellen Beziehungen steht:

Erläuterung der Isomorphie

(P1) impliziert (P2) ‚Beate ist ein schlechterer Philosoph als Kant',
(P1) impliziert (P3) ‚Kant ist ein Philosoph',
(P1) impliziert (P4) ‚Kant ist ein besserer Philosoph als jemand anderer',
(P1) impliziert (P5) ‚Kant ist ein besserer Philosoph als Beate oder Kant ist nicht ein besserer Philosoph als Beate'.

Entsprechend zu diesem Netzwerk inferentieller Beziehung von (P1) gibt es auf der Ebene des Organismus neuronale/mentale Zustände, die man wie folgt beschreiben kann:

(Z1) die Überzeugung haben, dass Kant ein besserer Philosoph als Beate ist,
(Z2) die Überzeugung habe, dass Kant Philosoph ist,
(Z3) die Überzeugung haben, dass Kant ein besserer Philosoph als jemand anderer ist,
(Z4) die Überzeugung haben, dass Kant ein besserer Philosoph als Beate ist oder dass Kant nicht ein besserer Philosoph als Beate ist.

Der entscheidende Punkt hierbei ist, dass die Zuweisung der propositionalen Gehalte in (Z1), (Z2), (Z3), (Z4) von den kausalen Relationen der neuronalen Zustände bestimmt wird. Es muss also zutreffen dass (Z1) die Tendenz hat, eine Wirkung im Organismus zu verursachen, die im Auftreten von (Z2) usw. besteht.

Diese Überlegung soll zeigen: Es ist möglich, nicht willkürliche Zuschreibungen von Propositionen als Bezugspunkte propositionaler Einstellungen vorzunehmen, weil ein Isomorphismus zwischen den die Propositionen verbindenden semantischen Relationen und dem Netzwerk kausaler Beziehungen neuronaler Zustände existiert. Die *kausalen Konsequenzen* des Vorliegens eines neuronalen Zustands lassen sich somit prinzipiell ableiten aufgrund der semantischen Relationen des propositionalen Gehalts.

Fodor insistiert darauf, dass die propositionalen Gehalte – also die Semantik – auf der Ebene syntaktischer Regeln bestimmt werden müssen. Erst dadurch werden die Anforderungen an ein funktionalistisches Modell des Geistes eingelöst. Die Beziehung zwischen Programm und Hardware beim Computer liefert das Modell für LOT. Nicht der gesamte Bereich des Mentalen wird nach LOT von mentalen Repräsentationen (im Sinn der linguistischen Repräsentationen) gebildet. Aber ein zentraler Bereich des Mentalen ist durch die Konzeption der LOT abgedeckt.

Ein Individuum hat im funktionalistischen Modell nur dann intentionale Zustände oder propositionale Einstellungen (Überzeugungen, Wünsche etc.), wenn es die mentalen Repräsentationen aufgrund bestimmter Algorithmen bearbeitet. Fodor unterscheidet drei Ebenen, die hier nach zunehmender Komplexität angeordnet sind:

Drei Ebenen

- IMPLEMENTIERUNG: Auf der Implementierungs-Ebene werden die mentalen Repräsentationen durch physische Funktionen realisiert. Der Begriff ‚Tiger' wird beispielsweise durch einen bestimmten neuronalen Zustand oder Prozess gebildet.
- MENTALE REPRÄSENTATION: Auf der Repräsentationsebene werden mentale Repräsentationen kombiniert und verarbeitet.
- INTENTIONALITÄT: Auf der Intentionalitätsebene werden die mentalen Repräsentationen zu intentionalen Zuständen verbunden und kausale Beziehungen zwischen diesen Zuständen realisiert.

Alle drei Ebenen sind durch Realisierungsrelationen verbunden. Das Verhältnis zwischen den drei Ebenen und ihren Einheiten ist dadurch bestimmt, dass muliple Realisierbarkeit zugelassen wird. Ein bestimmter intentionaler Zustand Z_i kann somit durch unterschiedliche mentale Repräsentationen (R_1, $R_2 \ldots R_n$) realisiert sein. Und eine bestimmte mentale Repräsentation R_2 kann ihrerseits durch verschiedenartige physische Zustände (φ_1, $\varphi_2 \ldots \varphi_n$) verwirklicht werden. Für die Ebene der Implementierung ist entscheidend, dass ein enger Zusammenhang zwischen Kausalbeziehungen und Semantik besteht. Dies kann man sich am Beispiel eines Wahrnehmungsvorgangs verdeutlichen:

- *(R1) Ein Zustand Z repräsentiert in dem Individuum I genau dann die Eigenschaft [T], wenn*

(i) alle Ts Z-Vorkommnisse in I verursachen und
(ii) Z-Vorkommnisse in I nur durch Ts verursacht werden.

Angenommen, das Individuum I befindet sich in einem Zustand, der eine mentale Repräsentation ‚Tomate' realisiert. Dann gilt nach (R1): (1) Alle Tomaten verursachen in I Tomaten-Repräsentationen; (2) Tomaten-Repräsentationen werden in I nur durch Tomaten verursacht.

Beide Behauptungen können kritisiert werden: Gegen (1) kann man einwenden, dass nicht alle Tomaten in I tatsächlich Tomaten-Vorstellungen verursachen. Nur diejenigen Tomaten, die I wahrnimmt (oder an die er sich erinnert), verursachen Tomaten-Vorstellungen. Die im 18. Jahrhundert gereiften und gegessenen Tomaten spielen in der Regel für die Tomatenrepräsentationen eines heute lebenden Zeitgenossen keine Rolle.

Gegen (2) ist der Einwand möglich, dass manchmal andere Dinge als Tomaten Vorstellungen von Tomaten verursachen: Tomaten-Fotos können Tomaten-Vorstellungen verursachen oder bei Dämmerung kann es passieren, dass man eine rötliche Pflaume für eine Tomate hält. In diesem Fall wird eine Tomaten-Repräsentation durch eine Pflaume verursacht und das ist mit der zweiten Bedingung von (R1) nicht verträglich.

Wegen dieser Einwände wird (R1) verbessert. Die Bedingung (i) wird dadurch modifiziert, dass man sich auf ‚psychophysisch optimale Bedingungen' bezieht. Die Bedingung (ii) wird ebenfalls korrigiert. Der Einwand gegen (ii) wird als *Disjunktionsproblem* bezeichnet. Anders als in (ii) vorgesehen können Tomaten *oder* Pflaumen die Ursache von Tomaten-Repräsentationen sein. (Im Folgenden wird ,T' als Abkürzung für ,Tomate' und ,P' als Abkürzung für ,Pflaume' gebraucht):

(ii') Z-Vorkommnisse in S werden durch Ts oder Ps verursacht.

Wenn Z-Vorkommnisse im Allgemeinen durch Ts verursacht werden, unter bestimmten Bedingungen aber auch durch Ps verursacht werden, wie kann man dann entscheiden, ob Z die Eigenschaft [T] repräsentiert oder die Eigenschaft [T oder P] repräsentiert?

Fodors Antwort bezieht sich auf eine *Asymmetrie* der kausalen Verhältnisse:

- *Z repräsentiert die Eigenschaft [T] und nicht die Eigenschaft [T oder P], wenn die Kausalbeziehung zwischen P und Z-Vorkommnissen in asymmetrischer Weise von der Kausalbeziehung zwischen T und Z-Vorkommnissen abhängt.*

Asymmetrie der Kausalbeziehung

Die Kausalbeziehung zwischen Ps und Z-Vorkommnissen hängt genau dann asymmetrisch ab von der Kausalbeziehung zwischen Ts und Z-Vorkommnissen,

(1) wenn Ts auch dann Z-Vorkommnisse verursachen würden, wenn Ps dies nicht täten, und
(2) wenn Ps keine Z-Vorkommnisse verursachen würden, falls Ts dies nicht täten.

Ohne die Abkürzungen formuliert, sieht man sofort, dass das Argument ins Schwarze trifft. Tomaten würden auch dann Tomaten-Wahrnehmungen auslösen, wenn rötliche Pflaumen keine irrtümlichen Tomaten-Wahrnehmungen bewirken würden. Und wenn Tomaten keine Tomaten-Wahrnehmungen auslösen würden, dann würden rötliche Pflaumen keine (irrtümlichen) Tomaten-Wahrnehmungen bewirken. Damit ergibt sich folgende Definition:

- *(R2): Ein Zustand Z repräsentiert in dem Individuum I genau dann die Eigenschaft [T], wenn*

(i) unter psychophysisch optimalen Bedingungen alle Ts Z-Vorkommnisse verursachen,
(ii) wenn, falls in I Z-Vorkommnisse nicht durch Ts, sondern durch Ps verursacht werden, die Kausalbeziehungen zwischen Ps und Z-Vorkommnissen in asymmetrischer Weise von den Kausalbeziehungen zwischen Ts und Z-Vorkommnissen abhängt.

Kritik

Diese Argumentation ist zweifellos geeignet, die vorgebrachten Einwände zu entkräften. Allerdings sind nicht alle Schwierigkeiten aus dem Weg geräumt. Man kann gegen (R 2) die folgenden kritischen Fragen richten:

1. Kann man die optimalen Bedingungen in (i) ohne semantisches oder intentionales Vokabular fixieren?

Eine bejahende Antwort auf diese Frage scheint wenig wahrscheinlich zu sein.

2. Ist Fodors Strategie, eine asymmetrische Abhängigkeit der abweichenden Kausalbeziehung bei Fehlrepräsentation von der normalen Kausalbeziehung zu unterscheiden, letztendlich erfolgreich? Oder etwas verständlicher, anhand des Beispiels formuliert: Fodor glaubt, dass er eine kausale Geschichte über den Gehalt eines mentalen Zustands erzählen kann. Eine Tomaten-Repräsentation ist eine Tomaten-Repräsentation, weil Tomaten bewirken, dass unter Standardbedingungen in einem sehtüchtigen Subjekt eine Tomaten-Repräsentation bewirkt wird, sobald in seinem Gesichtsfeld eine Tomate erscheint. Die Tatsache, dass auch andere Objekte in einem sehtüchtigen Subjekt Tomaten-Repräsentationen bewirken, soll mittels des Asymmetrie-Arguments als Einwand gegen die kausale Herleitung mentalen Gehalts entkräftet werden. Gelingt das wirklich?

Ja, hier ist Fodors Strategie überzeugend. Der Hinweis auf die asymmetrische Abhängigkeit von Repräsentationen betrifft neben der Fehlrepräsentation zudem einen weiteren Fall. Die Asymmetrie-Strategie greift auch mit Blick auf die Möglichkeit, dass eine bestimmte mentale Repräsentation aufgrund mehrerer unterschiedlicher kausaler Bedingungen erworben wird ((245), S. 118): Unter bestimmten Bedingungen verursachen Tomaten bei mir Tomaten-Vorstellungen. Zu diesen Bedingungen gehören solche Faktoren wie normales Tageslicht, Funktionsfähigkeit meiner Augen, Aufmerksamkeit auf den Gegenstand meinerseits usw.

Die Referenz der Tomaten-Vorstellung wird hier erläutert über den kausalen Weg des Erwerbs dieser Vorstellung. Die Frage ‚Wie erwirbt das Individuum I die mentale T-Repräsentation?' kann folgendermaßen beantwortet werden: ‚I nimmt ein T wahr und erwirbt dadurch eine mentale T-Repräsentation'. I kann aber eine mentale T-Repräsentation auch dadurch erwerben, dass I keine T-Wahrnehmung macht, sondern eine externe, z. B. pikturale T-Repräsentation wahrnimmt. Ist das ein Problem für die LOT? – Nicht wirklich: Fodor kann sich auch hier auf die asymmetrische Abhängigkeit zwischen den verschiedenen mentalen Repräsentationen beziehen ((241), S. 182):

(1) Tomaten-Bilder verursachen Tomaten-Vorstellungen,
(2) Tomaten verursachen Tomaten- Vorstellungen.
(2) ist unabhängig von (1) in folgender Weise: Wenn (1) nicht gültig wäre, dann wäre (2) dennoch gültig. Dass Tomaten die Vorstellungen von Tomaten verursachen hängt nicht davon ab, ob Tomaten-Bilder die Vorstellung von Tomaten verursachen.

Fodor behauptet, dass auch dann, wenn ich die mentale Vorstellung ‚Tomate' durch Tomaten-Bilder erwerbe, ein Primat der Referenz von Tomaten-Vorstellungen zu Tomaten aufrechterhalten bleibt. Denn ein Tomaten-Bild ist schließlich deshalb ein Tomaten-Bild, weil es die externe Repräsentation einer Tomate ist. Die Kausalbeziehung ist gewissermaßen umgeleitet über die externe Repräsentation. Die Asymmetrie der Kausalbeziehung erweist sich als eine konsistente Konzeption.

Eine Bewertung von Fodors Modell insgesamt ist nicht Aufgabe eines einführenden Überblicks. Aber abschließend soll doch zumindest ein problematischer Punkt angesprochen werden. Es erscheint fraglich, ob alle mentalen Repräsentationen über den Folgerungsbegriff erfasst werden können, der in Fodors Modell zentral ist. Bildliche Vorstellungen – Beates Vorstellungsbild, in dem sie sich auf der Dufourspitze stehen sieht – spielen in unserem Verständnis von Qualitäten, bei der Bildung von Metaphern, im kreativen Denken und bei der Entstehung und Verarbeitung von Emotionen eine sehr wichtige Rolle. Sie sind aber sicherlich nicht insgesamt als Elemente zu bestimmen, deren Auftreten und Verarbeitung inferentiellen Regeln unterliegen. Das deutet darauf hin, dass die RTG keine erschöpfende Antwort auf die Frage liefert, welche Arten von Repräsentationen und Verarbeitungsformen von Repräsentationen den menschlichen Geist ausmachen.

7.5. Konnektionismus

Ein trotz aller Erklärungsversuche immer wieder auftauchendes Problem von Theorien mentaler Repräsentation besteht in der Frage, ob eine materialistisch orientierte Theorie eine wirklich überzeugende Antwort auf die Fragen anzubieten hat ‚Was sind intentionale Zustände? Wie können wir verstehen, dass ein physikalischer Prozess Intentionalität hervorbringt?'.

Für kognitiv hochstufige Prozesse wie abstraktes Denken und schlussfolgerndes Argumentieren scheint die Bezugnahme auf propositionale Einstellungen (Überzeugungen, Wünsche) und entsprechende mentale Repräsentationen sehr plausibel zu sein. Dies ist auch dann der Fall, wenn nicht alle Fragen nach einer Erklärung dieser Vorgänge auf rein physikalistischer Basis abschließend beantwortet sind.

Dennoch ist das klassische repräsentationale Modell nicht ohne Konkurrenz. Die bekannteste Alternative ist der *Konnektionismus.* Er scheint insbesondere mit Blick auf diejenigen Verhaltensweisen und mentalen Operationen überzeugende Erklärungsmöglichkeiten anzubieten, bei denen propositionale Einstellungen und die Manipulation von Symbolen keine oder keine wesentliche Rolle spielen. Hierzu gehören insbesondere *motorische Leistungen* wie etwa die Fähigkeit, Bewegungen unterschiedlicher Gliedmaßen zu koordinieren, bestimmte Bewegungsabläufe zu erlernen und zu trainieren, bestimmte Muster wieder zu erkennen. Skifahren, Tangotanzen, als Kellner ein Tablett mit 16 Gläsern balancieren sind Beispiele für solche motorische Fertigkeiten. Die Aufgabe, in einer Sammlung von 132 Passfotos das Gesicht einer bestimmten Person wieder zu erkennen, der Versuch, anhand des Gefieders einen Raubvogel zu identifizieren, oder die Bemühung, unter den 83 unterschiedlichen Designs in der Porzellanabteilung eines Kaufhauses das Muster einer bestimmten Kaffeekanne wieder zu erkennen, sind Beispiele für erfolgreiche (oder erfolglose) Mustererkennung. *Mustererkennung* spielt bei einer der zentralen kognitiven Aktivitäten des Menschen, beim Spracherwerb, eine fundamentale Rolle. Jeder, der eine Fremdsprache lernt, weiß, wie mühsam es ist, die Phoneme der neuen Sprache in den Geräuschen wieder zu erkennen, die die Sprecher von sich geben. Phoneme sind diejenigen Einheiten, die in einer bestimmten Sprache Bedeutungsunterschiede ermöglichen. Die Fähigkeit, bestimmte phonetische Muster wieder zu erkennen und selbst zu produzieren, brauchen wir nicht nur für das

Erlernen von Fremdsprachen. Im Säuglingsalter verfügen wir über das kognitive Potential, das es uns ermöglicht, in die Sprache hineinzuwachsen. In diesem Prozess lernen wir zwischen kontingenten Geräuschen und distinktiven, semantische Differenzen ermöglichenden Phonemen zu unterscheiden. Wir lernen, die Laute unserer ‚Muttersprache' zu identifizieren, wieder zu erkennen und zu artikulieren. Solche Leistungen sind von propositionalen Einstellungen und begrifflichem Wissen unabhängig. Denn die propositionalen Einstellungen scheinen sich eben erst im Zusammenhang mit der Primärsprache auszubilden. Konnektionistische Modelle sind vergleichsweise erfolgreich bei dem Versuch, diese grundlegenden Prozesse zu modellieren.

Der Konnektionismus entwirft ein vollkommen anderes Bild der Informationsverarbeitung als die RTG. Da es sich beim Konnektionismus um eine terminologisch und technisch außerordentlich anspruchsvolle Richtung handelt, skizziere ich nur die Grundlinien in groben Zügen (für Details und weitere Literatur vgl. (55), S. 200–210, (246), (235), (222), (248)).

Parallele Informationsverarbeitung

Der Konnektionismus arbeitet mit der Idee einer *parallelen Verarbeitung der Information.* Parallele Verarbeitung unterscheidet sich prinzipiell von der *linearen Vorgehensweise,* die typischerweise bei der Turing-Maschine vorliegt. Wir haben gesehen (vgl. 6.4.), dass das Programm der Turing-Maschine eine klar determinierte Folge einzelner Arbeitsschritte festlegt, die nacheinander abgearbeitet werden müssen. Das Programm bestimmt, wie bei dem jeweiligen Arbeitsschritt zu verfahren ist, und was der jeweils nächste Arbeitsschritt ist. Das Verfahren ist strikt linear und sequentiell. Es ist nicht möglich, einen im Programm vorgesehenen Schritt zu überspringen.

Als entscheidende Merkmale konnektionistischer Systeme werden oft die beiden folgenden Punkte genannt: (1) Es gibt keine Symbole und keine auf Symbole zugreifenden Algorithmen; (2) Es ist kein zentraler Prozessor vorhanden, der die einzelnen Abläufe repräsentiert und koordiniert. Gegen (1) kann man einwenden, dass auch das konnektionistische Modell mit Symbolen arbeitet. Der Input wird in einen ‚Wert' übersetzt und als solcher weitergegeben. Da die Beziehung zwischen Input und Output als Übersetzung einzelner Werte bestimmt werden kann, wäre es auch beim Konnektionismus möglich, von Symbolen zu sprechen. Entscheidend ist aber (2): Es gibt keine zentrale Einheit, die mit internen Repräsentationen der ablaufenden Prozesse ausgestattet ist. Im Konnektionismus existiert keine zentrale steuernde Einheit.

Neuronale Netze

Schon früh wurde festgestellt, dass die neuronalen Prozesse nicht mit den strukturellen Bestimmungen des Turing-Modells übereinstimmen. Als Alternative zum linearen Aufbau der Verarbeitung im Turing-Modell wurde das *Modell neuronaler Netze* formuliert. Neuronale Netze (bzw. ihre elektronischen Entsprechungen) verarbeiten Informationen parallel, d.h. gleichzeitig in verschiedenen nebeneinander laufenden Bahnen. Ein solches Netz besteht aus drei Ebenen: (1) Ebene der Input-Einheiten, (2) Ebene der ‚versteckten' Einheiten, (3) Ebene der Output-Einheiten. Die Einheiten einer Ebene und die Einheiten der direkt aneinander grenzenden Schichten sind direkt miteinander verbunden. Die Aktivierung der Einheiten hängt ab von den Verbindungen zu anderen Knoten des Netzes und vom Aktivierungsgrad dieser Knoten. Die meisten Netze werden als Einbahnstraßen konzipiert, d.h. der Fluss der Aktivierung verläuft nur in eine Richtung (z.B. vom Input über ‚versteckte' Einheiten zum Output).

Ein zentraler Zug der neuronalen Netze besteht in ihrer ‚Lernfähigkeit'. Durch Wiederholung und Verstärkung bestimmter Inputs ergeben sich stabile und ‚erwünschte' Abläufe. Das ist intuitiv einleuchtend, wenn man beispielsweise an die Bedeutung häufiger Wiederholungen beim Trainieren motorischer Abläufe im Sport oder beim Spielen eines Musikinstruments denkt. Die Übung, die die Meisterin oder den Meister macht, besteht zu einem erheblichen Teil aus Wiederholungen bestimmter Bewegungsabläufe. Die Leistungsfähigkeit der Wiedererkennung von Mustern gilt ebenfalls als eine der großen Stärken konnektionistischer Systeme.

Schematisch dargestellt sieht die Grundform eines konnektionistischen Systems folgendermaßen aus:

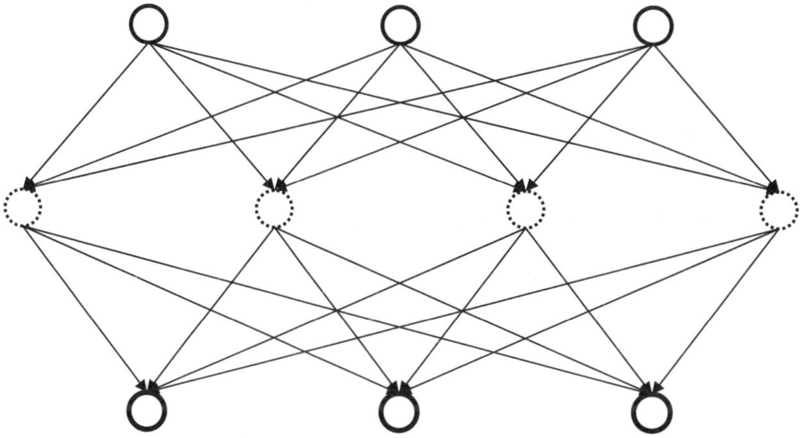

Die Kreise in der oberen Zeile stehen für die Einheiten der *Input-Ebene*. Die gestrichelten Kreise der mittleren Ebene stehen für die *‚versteckten' Einheiten* und die Kreise unten symbolisieren die Einheiten der *Output-Ebene*.

Distribution der Information

Oft wird der Kontrast des Konnektionismus durch den Hinweis betont, dass in einem konnektionistischen System die Information verteilt ist. Demnach enthalten nicht die einzelnen Einheiten eine bestimmte Information oder Repräsentation. In einem konnektionistischen System gibt es keine einzelne Einheit (wie etwa Lockes Ideen oder Fodors mentalesische Symbole), die ein systemexternes Objekt (z.B. eine Tomate oder das Rot einer Tomate) repräsentiert. Nur das System insgesamt, die Summe der spezifischen Aktivierungen, kann als Träger der Information aufgefasst werden. Die Frage, ob und wie auch intentionale Zustände, propositionale Einstellungen und symbolverarbeitende Vorgänge durch den Konnektionismus tatsächlich erfasst werden können, wird kontrovers beurteilt.

Konnektionismus und RTG operieren mit vollkommen unterschiedlichen Konzeptionen. Beide Ansätze zeigen spezifische Stärken und Schwächen. Keines der Modelle kann berechtigterweise den Anspruch erheben, flächendeckend alle Fragen zu beantworten, die von Bedeutung sind.

7.6. Zusammenfassung, Lektürehinweise, Fragen und Übungen

Zusammenfassung

Wenn im Alltag von mentalen Repräsentationen die Rede ist, wird meist der Ausdruck ‚Vorstellung' gebraucht. Zu Beginn des Kapitels haben wir den allgemeinen Vorstellungsbegriff charakterisiert. Die wichtigsten Vorstellungen sind Wahrnehmungen, Erinnerungen, Phantasievorstellungen. Vorstellungen werden oft als bildhaft beschrieben. Sie können in Teile zerlegt, zu Komplexen verbunden oder ineinander verschränkt werden.

Die Unterscheidung von semiotischen (externen) und mentalen (internen) Repräsentationen ist für ein Verständnis der Theorie mentaler Repräsentation grundlegend. Semiotische Repräsentation ist Repräsentation durch Zeichen, insbesondere durch linguistische Zeichen. Ein klassisches und sehr einflussreiches Modell der Funktionsweise der Sprache hat Aristoteles ausgearbeitet. Die Wörter benennen mentale Repräsentationen. Während die mentalen Repräsentationen auf der Grundlage von Wahrnehmungsvorgängen kausal bestimmt werden und bei allen Menschen von gleicher Art sind, gibt es unterschiedliche Sprachen und semiotische Repräsentationssysteme.

Eine Theorie mentaler Repräsentation beschäftigt sich hauptsächlich mit drei Fragen:

(R-1) Wie kommen die repräsentierten Gehalte in das Bewusstsein?

(R-2) Um welche Arten von Gegenständen handelt es sich bei den Repräsentationen im Bewusstsein? Aus was sind die Repräsentationen gemacht? Welche Arten von mentalen Repräsentationen gibt es? Wie werden Sie verarbeitet?

(R-3) Wie ist die Relation von Repräsentation und repräsentiertem Gegenstand zu bestimmen?

John Locke ist ein Autor, der mit seiner Philosophie Antworten auf diese Fragen zu geben versucht. Locke ist Empirist. Die Sinnesempfindungen sind die Grundlage der Erfahrung und Erkenntnis. Aus den einfachen Ideen wahrgenommener Qualitäten will Locke die Erkenntnis herleiten. Er unterscheidet die Empfindungen (einfache Ideen) und die durch die Reflexionstätigkeit des Verstandes aus diesen hergestellten komplexen Ideen (Allgemeinbegriffe, Artbegriffe). Wichtig ist der Umstand, dass der Verstand nicht nur dadurch definiert ist, dass er mentale Repräsentationen (Ideen) aufnimmt und verarbeitet. Er ist sich auch seiner Ideen bewusst. Ein Problem für die Theorie Lockes besteht darin, dass er letztlich nicht befriedigend erläutern kann, wie aus einer Vielzahl von einfachen Ideen die Allgemeinbegriffe hergeleitet werden können. Trotz dieser Schwierigkeit sind seine Konzeptionen aber sehr einflussreich gewesen. Viele zeitgenössische Theorien mentaler Repräsentation sind ihm zumindest indirekt verpflichtet.

Überzeugungen und Wünsche sind die wichtigsten repräsentationalen Zustände eines Individuums. Es handelt sich um intentionale Zustände, die auf Sachverhalte gerichtet sind. Überzeugungen und Wünsche sind propositional strukturiert. Das Subjekt S befindet sich in einer bestimmten propositionalen Einstellung zu einem Sachverhalt oder einer Proposition (‚S ist überzeugt, dass p', ‚S wünscht, dass q'). Überzeugungen und Wünsche können einstufig (‚S ist überzeugt, dass p') oder mehrstufig (‚S ist überzeugt, dass S überzeugt ist, dass p', ‚S ist überzeugt, dass S wünscht, dass p') sein. Die propositionalen Einstellungen eines Subjekts stehen in inferentiellen Zusammenhängen. Wenn gilt: ‚S ist überzeugt, dass p und q', dann ist bei einem rationalen Subjekt S ausgeschlossen, dass gilt ‚S ist überzeugt, dass nicht-q'.

Ein Sachverhalt (eine Proposition) kann Bezugsgegenstand mehrerer propositionaler Einstellungen eines Individuums sein. Dabei können Spannungen zwischen propositionalen Einstellungen auftreten, bei denen der Unterschied einstufiger und mehrstufiger propositionaler Einstellungen eine wichtige Rolle spielt.

Eine der wichtigsten repräsentationalen Theorien des Geistes aus jüngerer Zeit stammt von Jerry A. Fodor. Fodor nimmt an, dass die mentalen Repräsentationen in einem systematischen Zusammenhang stehen. Er spricht von einer ‚Language of Thought' – einer Sprache des Geistes –, deren Grundelemente mentale Repräsentationen sind. Diese Sprache des Geistes ist (i) durch syntaktische und semantische Regeln bestimmt, (ii) ihre Sätze haben eine kompositionale Struktur, (iii) die in ihr enthaltenen mentalen Repräsentationen werden computational verarbeitet. Im Rahmen dieses Modells glaubt Fodor die inferentiellen Zusammenhänge zwischen verschiedenen propositionalen Einstellungen (oder intentionalen Zuständen) erklären zu können. Dies ist eine zentrale Aufgabe, denn eine Theorie mentaler Repräsentation sollte erläutern können, welche Art der Verarbeitung mentaler Repräsentationen für rationale Individuen kennzeichnend ist.

Als Materialist geht Fodor davon aus, dass mentale Repräsentationen durch physische Funktionen realisiert sind. Intentionalität soll der Konzeption Fodors entsprechend auf physische Zustände und Funktionen reduzierbar sein. Den intentionalen Gehalt will Fodor über die kausalen Prozesse herleiten. Am Beispiel der Wahrnehmung einer roten Tomate wird die Genese einer Tomaten-Repräsentation skizziert. Das so genannte Disjunktionsproblem konfrontiert diese Erklärung mit dem Einwand, dass die kausale Herleitung Fehl-Repräsentationen (beispielsweise Sinnestäuschungen) nicht als irrtümliche Vorstellungen ausweisen kann. Fodors Replik entkräftet diesen Einwand durch den Hinweis auf eine Asymmetrie der kausalen Verhältnisse.

Während die repräsentationalen Theorien des Geistes insbesondere mit Blick auf höherstufige kognitive Aktivitäten wie begriffliches Denken und Realisierung inferentieller Zusammenhänge zwischen Propositionen erfolgreich zu sein scheinen, stellt der Konnektionismus eine Alternative dar, die vor allem für die theoretische Bestimmung von Vorgängen wie Mustererkennung, Wiedererkennensleistungen, komplexes motorisches Verhalten und Lernfähigkeit wichtig ist. Der Konnektionismus operiert mit einer Konzeption der Informationsverarbeitung, die von der klassischen, seriellen, typischerweise in Turing-Maschinen anzutreffenden Architektur abweicht. In konnektionistischen Systemen wird Information parallel verarbeitet, ohne dass es eine zentrale Steuerungsinstanz gibt, die den gesamten Prozess repräsentiert und koordiniert.

Die Tatsache, dass sowohl die ‚Language of Thought'-Hypothese wie auch konnektionistische Modelle diskutiert werden, ist ein Indiz dafür, dass die Theoriebildung noch lange nicht abgeschlossen ist und zahlreiche Einzelprobleme weiterer Bearbeitung bedürfen.

Lektürehinweise

Zu 7.1.:
Als einer der einflussreichsten Texte für das Nachdenken über die Sprache ist der Traktat ,De interpretatione' des Aristoteles bekannt (61). Was Aristoteles für die Antike und das Mittelalter ist, das ist Saussure für die Moderne: ein unverzichtbarer Bezugspunkt für das Nachdenken über die Sprache (180).
Die folgenden Handbücher bieten informative Artikel zu systematischen und historischen Stichwörtern sowie umfangreiche bibliographische Hinweise für weiteres Arbeiten (7), (12), (23), (25). Einen Überblick über den Gegenstand der Sprachwissenschaft gibt (4). Eine Geschichte der Schrift, die einen Einblick in die Vielfalt von Schriftsystemen und die Entwicklung dieser wichtigen Kulturtechnik gibt, ist (13).
Zu 7.2.:
Als einführende Darstellung des ,Essay' von Locke empfiehlt sich (116). Umfassende und ausführliche Auseinandersetzungen mit Lockes Philosophie geben (108) und (123). Eine informative Darstellung des Gesamtwerks in Form einer Aufsatzsammlung, die Beiträge führender Locke-Forscher vereinigt ist (111). Eine Darstellung der Hauptvertreter des Empirismus, die thematisch strukturiert ist und sowohl Abhängigkeiten wie auch Differenzen der Hauptvertreter deutlich herausstellt ist (109).
Zu 7.4.:
(149) ist ein Text, der die Erkenntniskonzeption des Empirismus grundlegend kritisiert, die Idee eines Aufbaus der Erkenntnis aus Sinneserfahrung destruiert und weitreichende Überlegungen zur Ontologie, Erkenntnistheorie, Sprachphilosophie und Philosophie des Geistes vorträgt. Fodors Texte sind Ausnahmeerscheinungen. Sie sind glänzend formuliert, witzig, selbstironisch und gleichzeitig sachhaltig. Empfehlenswert sind folgende Texte: (240), (241), (242). Eine Diskussion der Problematik der naturalistischen Konzeption der Semantik findet sich in (245).
Zu 7.5.:
Ein guter Überblicksartikel ist (55), S. 200–210. Die grundlegenden Differenzen zwischen konnektionistischen Systemen und klassischen von-Neumann-Computern diskutieren (246) und (248). Umfassende Darstellungen des Konnektionismus geben die Bücher von A. Clark (235) und T. Horgan/J. Tienson (222).

Fragen und Übungen

1. Schreiben Sie eine Definition der Begriffe ,mentale Repräsentation' und ,semiotische Repräsentation' auf. Denken Sie sich eigene Beispiele für diese beiden Arten von Repräsentationen aus.
2. Weshalb wird in 7.1. bei der schematischen Illustration der Aristotelischen Sprachtheorie im vierten Schaubild die französische Sprache verwendet? Stellen Sie den Zusammenhang mit den Überlegungen des Aristoteles her.
3. Aristoteles (384–322 v. Chr.) hat seine philosophischen Überlegungen ebenso wie seine Lehren schriftlich notiert. Seit wann gibt es die Kulturtechnik der Schrift? Aus welchen Ländern stammen die frühesten Schriftfunde? Suchen Sie in einem Handbuch nach Antworten.
4. Lesen Sie in einem Handbuch einen Artikel über John Locke: Auf welchen Gebieten hat er gearbeitet? Wie wird seine Philosophie charakterisiert? Gibt es wichtige Punkte zur Philosophie des Geistes, die in diesem Kapitel nicht erwähnt wurden?
5. Welche Vorgänge sind für Lockes Konzeption der Erkenntnis grundlegend? Aus welchen Ideen werden alle Erkenntnisse hergeleitet?
6. Was ist problematisch an der Konzeption Lockes?
7. Erläutern Sie die Begriffe ,Wahrheitsbedingung' und ,Erfüllungsbedingung'.

8. Was versteht man unter einer ‚Language of Thought'?
9. Was ist damit gemeint, wenn man sagt ‚Die Sätze der ‚Language of Thought' haben eine kompositionale Struktur'?
10. Was versteht man unter dem ‚Disjunktionsproblem', das im Kontext der ‚Language of Thought' diskutiert wird?
11. Im Hinblick auf welche Verhaltensweisen scheint der Konnektionismus eine aussichtsreiche Alternative zu den repräsentationalen Theorien des Geistes anzubieten? Nennen Sie Beispiele für Phänomene, die mit konnektionistischen Modellen besonders gut erfasst werden können.
12. Informieren Sie sich über die wichtigsten Etappen des Spracherwerbs: Wann setzt die Sprachentwicklung ein und in welchen Phasen schreitet Sie voran?

8. Phänomenales Bewusstsein

Eine Frage, die sich als roter Faden durch die gesamte Geschichte der Philosophie des Geistes hindurch verfolgen lässt, ist die Frage nach dem Verhältnis von Körper und Geist. Für die jüngere Entwicklung der Debatte sind Versuche kennzeichnend, den Geist, das Bewusstsein oder die Seele auf physikalische Tatsachen zurückzuführen. Der Behaviorist anerkennt überhaupt keine genuin psychologischen Begriffe. Der Identitätstheoretiker anerkennt die psychologischen Begriffe, aber er identifiziert ihre Bedeutung mit dem Gehalt physikalischer Begriffe. Der Funktionalist expliziert die Bedeutung der psychologischen Begriffe durch Rückgriff auf kausale Rollen bestimmter Elemente innerhalb eines komplexen Systems. Die Debatte über das phänomenale Bewusstsein ist deshalb von großer Bedeutung, weil in ihr die Frage diskutiert wird, ob es nicht-physikalische Tatsachen gibt.

Qualia

Im Zusammenhang mit dem phänomenalen Bewusstsein ist eine terminologische Vorbemerkung notwendig. Die Bezeichnung ‚phänomenales Bewusstsein' wird oft als gleichbedeutend mit den so genannten ‚Qualia' gebraucht. Bei den als Qualia bezeichneten mentalen Zuständen handelt es sich um unmittelbar gegebene, qualitative Bewusstseinsinhalte. Wenn die Frage nach nicht-physikalischen Tatsachen bejaht werden muss, dann sind alle Formen einer materialistischen Theorie des Geistes mit prinzipiellen Grenzen ihrer Leistungsfähigkeit konfrontiert. Aus diesem Grund spielt in der Qualia-Diskussion die Frage eine entscheidende Rolle, ob qualitative Bewusstseinszustände (gänzlich) als physikalische Tatsachen erfasst werden können. Im Fall einer negativen Antwort muss der Versuch einer vollständigen Erfassung des Geistes mit physikalischen Begriffen als gescheitert gelten. Es ist diese Frage nach den Grenzen einer materialistischen Theorie des Geistes, die der Diskussion über das phänomenale Bewusstsein oder die Qualia ihre besondere Bedeutung und Brisanz verleiht.

Mitunter mag es so erscheinen, als ob der Nachweis nicht-physikalischer Tatsachen als ein positives Argument zugunsten eines Dualismus interpretiert werden kann. Eine solche Einschätzung wäre aber nicht angemessen. Es geht im Zusammenhang mit dem phänomenalen Bewusstsein oder den Qualia zunächst um die Klärung der Reichweite materialistischer Theorien und um deren Anspruch, den Geist insgesamt erfassen zu können. Wenn man zeigt, dass der Materialismus den Geist nur unter Einschränkungen zu erfassen vermag, hat man noch keinen positiven Beitrag für die Durchsetzung einer immaterialistischen oder dualistischen Konzeption geleistet.

In 8.1. wird erklärt, welche Zustände des Bewusstseins als ‚Qualia' bezeichnet werden. Anschließend werden zwei bekannte Gedankenexperimente diskutiert, die die Relevanz der Qualia herausstellen. Dabei wird die Frage behandelt, ob eine begriffliche Bestimmung des Gehalts der Qualia gelingen kann (8.2. und 8.3.).

8.1. Grundlagen

Bislang stand die intentionale Struktur des Bewusstseins im Mittelpunkt des Interesses. Wahrnehmungen, Erinnerungen, Überzeugungen, Wünsche, alle diese Zustände haben einen Gehalt und sie sind als intentionale Zustände strukturiert. Der Slogan ‚Bewusstsein ist stets Bewusstsein von etwas' wurde bisher also noch nicht widerlegt. Mit der Berücksichtigung des phänomenalen (auch: qualitativen) Bewusstseins und der Qualia ändert sich das. Der Terminus ‚Quale' (Plural: ‚Qualia') wird von Charles S. Peirce bereits im letzten Jahrzehnt des 19. Jahrhunderts gebraucht (261). 1929 erörtert C. I. Lewis die Qualia vergleichsweise ausführlich ((258), S. 60 und S. 121–128; vgl. dazu (250)). Oft wird diese Stelle als Ausgangspunkt der gegenwärtigen Diskussion angeführt. Lewis bestimmt ein Quale als die wiedererkennbare Qualität eines unmittelbar gegebenen Bewusstseinsinhalts.

Beispiele für das phänomenale Bewusstsein, die Qualia, sind Schmerzempfindungen oder Sinnesempfindungen (die Geruchsempfindung des Fliederdufts, das Geräusch der auf der Tafel kratzenden Kreide, die Geschmacksempfindung unverdünnten Zitronensafts). Eine einzelne Schmerzempfindung oder ein Geschmackserlebnis ist nicht im Sinn des intentionalen Bewusstseins auf etwas gerichtet. Für das Qualia-Bewusstein ist nicht der bewusste Bezug auf einen objektiven Sachverhalt konstitutiv. Wenn ich den Geschmack des reinen Zitronensafts als ein Quale auffasse, dann geht es um den qualitativen Bewusstseinszustand und ausschließlich um diesen. Diese qualitative Geschmacksempfindung ist als bewusstes Erlebnis unabhängig davon, ob ich den Begriff eines Objekts oder eines Sachverhalts habe. Worauf es bei den Empfindungen ankommt ist, dass es sich irgendwie anfühlt, die jeweilige Empfindung bewusst zu erleben. Es ist wichtig, diese grundlegende Tatsache bezüglich des phänomenalen Bewusstseins zu unterscheiden von möglichen Überzeugungen bezüglich dieses Zustands. Schmerz- oder Geschmacksempfindungen als phänomenale Bewusstseinszustände sind unabhängig von begrifflichen und sprachlichen Bestimmungen. Natürlich ist es möglich, das phänomenale Bewusstsein z.B. einer Schmerzempfindung in einem zweiten Schritt zum Bezugspunkt sprachlicher und begrifflicher Bestimmungen zu machen. Dies geschieht etwa dann, wenn man sagt: ‚Der Zahnschmerz heute ist viel stärker als der Schmerz gestern'. Das Haben von Empfindungen impliziert aber nicht, dass ich irgendwelche Überzeugungen bezügliches meines Zustands bilde oder dass ich Begriffe verwende, um diesen Zustand zu bestimmen. Das leuchtet besonders dann ein, wenn man daran denkt, dass wir Kleinkindern oder Tieren Empfindungen zuschreiben, ohne vorauszusetzen, dass diese selbst über Begriffe verfügen, um die jeweiligen Empfindungen zu spezifizieren. Kleinkinder und Tiere besitzen ein phänomenales Bewusstsein.

Bewusstsein ohne Intentionalität

Empfindung vs. Überzeugung

Folgende Arten von phänomenalen Zuständen oder Qualia können unterschieden werden:

- Wahrnehmungs-Erlebnisse: Hierbei handelt es sich um Erlebnisse, die vermittels der fünf klassischen Wahrnehmungsorgane zustande kommen:

1. Auge: visuelle, durch das Sehen zustande kommende Erlebnisse;
2. Ohr: auditorische, durch das Hören entstehende Erlebnisse;
3. Nase: olfaktorische, durch das Riechen entstehende Erlebnisse;
4. Gaumen/Zunge: gustatorische, durch das Schmecken gebildete Erlebnisse;
5. Haut: taktile, durch Tasten oder Spüren ermöglichte Erlebnisse.

- Erlebnisse, die sich auf den Zustand des eigenen Körpers beziehen (somatosensorische, propriozeptive Wahrnehmungen): Schmerzerlebnisse sind nicht Erlebnisse, die einen externen Gegenstand haben. Schmerz, Wärme, Hunger, Jucken usw. sind Erlebnisse, die den eigenen Körper betreffen.
- Emotionen, Gefühle und Stimmungen: Ärger, Liebe, Müdigkeit, Eifersucht usw.

Es besteht Einigkeit darüber, dass Qualia spontan oft als Eigenschaften der Objekte angesehen werden. Die Alltagssprache erlaubt durchaus die Bildung von Sätzen wie ‚Die Zitrone ist gelb', ‚Der Zitronensaft ist sauer', ‚Der Flieder hat einen penetranten Geruch'. Wir sagen nicht: ‚Mein Bewusstsein befindet sich in einem qualitativen Zustand: Ich habe gerade ein Sauer-Erlebnis'. Dieser merkwürdig klingende Satz trifft die Sachlage aber eher als die direkt auf das Objekt zu beziehende Aussage ‚Der Saft ist sauer'. Qualia-Erlebnisse sind kausal nicht unabhängig von den objektiven Tatsachen. Dass ich angesichts einer Zitrone ein bestimmtes phänomenales Bewusstsein, ein Gelb-Quale, erlebe, ist nicht unabhängig von der Beschaffenheit der Zitrone, der Oberflächenbeschaffenheit des Objekts und den Lichtverhältnissen. Aber die Qualia-These sagt: wenn wir vom qualitativen oder phänomenalen Aspekt unseres Erlebens sprechen, dann beziehen wir uns nicht direkt und nicht primär auf Eigenschaften, die vor und unabhängig von unserem Auffassungs- und Wahrnehmungsbewusstsein gegeben sind, sondern wir beziehen uns auf die Qualität des bewussten Erlebens und nur auf diese. Thema ist das Bewusstsein und seine qualitativen Bestimmungen. Die objektiven Tatbestände außerhalb des Bewusstseins sind nicht das Thema der Qualia-Theorie.

Nun sind die Qualia nicht lediglich eine beliebige Form des Bewusstseins, die zur Vervollständigung der bisherigen Ausführungen noch erwähnt werden müsste. Die Qualia sind von besonderer Relevanz, weil sie als Argument gegen einen reduktiven materialistischen Ansatz in der Philosophie des Geistes gebraucht werden können. Ein reduktiver Materialist behauptet bezüglich des Leib-Seele Problems, dass alle relevanten Tatsachen über die Psyche im Rahmen einer materialistischen Ontologie formuliert werden können. Analog zur Reduktion des Phänomens des Blitzes auf den Begriff der elektrischen Entladung ist es gemäß der Auffassung des reduktiven Materialismus möglich, psychische Phänomene auf physiologische Tatsachen zurückzuführen.

Zwei klassische Beiträge zur Qualia-Diskussion wenden sich gegen diese Behauptung. Sie werden im Folgenden kurz vorgestellt.

8.2. Fledermäuse

Thomas Nagel hat in einem viel beachteten Aufsatz das Thema des phänomenalen Bewusstseins in die philosophische Diskussion eingeführt. Der Titel seines Texts lautet: „Wie ist es, eine Fledermaus zu sein?" (260).

Nach Nagel stellt der Begriff des Bewusstseins und speziell der Begriff des phänomenalen Bewusstseins ein entscheidendes Hindernis für den reduktionistischen Materialismus dar. Nagel betont, dass bewusstes Erleben eine subjektive Dimension hat. Es ist für ein Individuum, das Bewusstseinszustände hat, irgendwie, dieses Individuum zu sein. Nach Nagel ist dieser *subjektive Charakter bewussten Erlebens* entscheidend. Als bewusste Wesen erleben wir nicht nur die objektiven Tatsachen, sondern die objektiven Tatsachen sind uns im Zusammenhang mit einer subjektiven *Erlebnisperspektive* gegeben. Und keine reduktive Konzeption des Mentalen ist in der Lage, diese subjektive Dimension zu erfassen. Alle reduktiven Erklärungen sind mit der Abwesenheit des subjektiven Charakters der Erfahrung logisch vereinbar ((260), S. 262). Es ist widerspruchsfrei denkbar, dass alle, in einer materialistischen Beschreibung der Tatsachen berücksichtigten kausalen Prozesse vorliegen, aber kein subjektives Erleben vorkommt.

Erlebnisperspektive

Verdeutlicht werden Nagels Überlegungen durch den Verweis auf die im Titel seines Aufsatzes genannte biologische Art. Fledermäuse haben die Fähigkeit, sich durch Radar (Echolotung) in ihrer Umwelt zu orientieren. Menschen verfügen über keinerlei derartige Orientierungsmöglichkeit. Nagel geht davon aus, dass Fledermäuse eine Art von Bewusstsein aufweisen. Um zu wissen, wie es ist, eine Fledermaus zu sein, reicht es nicht aus, dass ich mir vorstelle, ich wäre eine Fledermaus. Angenommen meine Phantasie wäre stark entwickelt, dann wäre das Resultat solcher Spekulation bestenfalls ein Wissen darüber, wie es für mich wäre, eine Fledermaus zu sein. Was ich wissen will, ist aber, wie es ist, eine Fledermaus zu sein. Und das ist eine andere Frage.

Nagel zufolge ist es für einen Menschen unmöglich, die subjektive Dimension des Erlebens der Fledermaus zu erkennen. Die phänomenalen Tatsachen, die zum Erleben der Fledermaus gehören, können wird nicht in objektiven Begriffen bestimmen. Wir können objektives Wissen darüber bilden, wie schnell diese Tiere fliegen, wie ihre Echolotung funktioniert, wie ihre Flugbewegungen organisiert sind, wie die neuronalen Verschaltungen aussehen etc. Aber all das vermittelt uns nicht das Wissen darüber, wie es ist, eine Fledermaus zu sein. Weil das so ist, kann die reduktionistische Erklärung des Mentalen nicht vollständig gelingen. Sie versagt angesichts der subjektiven Tatsachen und des sie umfassenden phänomenalen Bewusstseins. Erlebnistatsachen sind Tatsachen, die sich darauf beziehen, wie es für einen Organismus ist, dieser Organismus zu sein.

„Wenn der subjektive Charakter der Erfahrung nur von einer einzigen Perspektive aus ganz erfaßt werden kann, dann bringt uns jeder Schritt hin zu größerer Objektivität, d. h. zu geringerer Bindung an eine spezifische Erlebnisperspektive, nicht näher an die wirkliche Natur des Phänomens heran: sie führt uns weiter von ihr weg." ((260), S. 268)

Aus diesem Grund haben wir nach Nagel keinen Anlass zu glauben, dass eine reduktive Erklärung des Mentalen gelingen wird. Das phänomenale

Bewusstsein, der subjektive Charakter des Erlebens scheint einer solchen Erklärungsstrategie Widerstand zu leisten.

8.3. Mary sieht rot

Der zweite Beitrag, der in der Qualia-Diskussion von allen Teilnehmern beachtet wird, stammt von Frank Jackson: „What Mary didn't know" (255). Auch F. Jackson argumentiert im Zusammenhang mit der Qualia-Thematik primär gegen den reduktiven Materialismus oder Physikalismus. Mittels der Qualia-Erlebnisse will er zeigen, dass der Physikalismus nicht vollständig ist, d.h. nicht alle Tatsachen erfasst. Bei Jackson steht anders als bei Nagel nicht die subjektive Erlebnisperspektive im Mittelpunkt des Interesses. Er konzentriert sich auf ein spezifisches Quale, die visuelle Rot-Empfindung. Jackson arbeitet mit einem Gedankenexperiment: Mary ist eine hervorragende Naturwissenschaftlerin. Sie lebt seit ihrer Geburt in einem schwarzweißen Raum. Diesen Raum kann sie nicht verlassen. Die Welt außerhalb ihres Zimmers beobachtet sie mittels eines schwarz-weißen Monitors. Mary ist Spezialistin im Bereich der Neurophysiologie des Sehens. Mary weiß alles, was es über den Sehvorgang beim Menschen auf der Ebene der Neurophysiologie zu wissen gibt. Sie weiß, so scheint es, ganz genau, was geschieht, wenn Menschen in der Welt außerhalb ihres schwarz-weiß-Raumes reife Tomaten sehen oder den Himmel an einem schönen Sommertag betrachten. Sie kann also die Wörter ‚rot' und ‚blau' verwenden. Sie weiß, welche Wellenlängen des Lichts, welche Effekte auf der Netzhaut bewirken. Und Mary weiß, welche neuronalen Prozesse ablaufen, bevor ein Mensch unter Standardbedingungen sagt ‚Diese Tomate ist rot'. Aber sie selbst hatte noch nie das subjektive Erlebnis des Farbensehens.

Was wird geschehen, wenn Mary den schwarz-weiß Raum zum ersten Mal verlässt? Wird sie etwas Neues lernen oder nicht? Wird ihr Wissen erweitert, wenn sie erstmals Farben sieht? Es erscheint vollkommen einleuchtend zu sagen: Wenn Mary zum ersten Mal eine Rotwahrnehmung macht, dann lernt Mary etwas über das visuelle Erleben und die Welt. Aber dann muss man sagen: Mary wusste zuvor in ihrem schwarz-weiß Raum nicht alles über das visuelle Sehen und die Welt. Wenn Mary aber alles wusste, was man naturwissenschaftlich wissen kann, dann ist naturwissenschaftliches (physikalisches) Wissen nicht hinreichend, um alle Tatsachen zu erfassen.

Argument des unvollständigen Wissens

Die gegen den reduktiven Physikalismus gerichtete Überlegung Jacksons wird als das *Argument des unvollständigen Wissens (Knowledge-Argument)* in folgender Form zusammengefasst ((253), S. 36f.):

(P1) Mary weiß (vor ihrer Freilassung) alles, was es in physikalischer Hinsicht über ihre Mitmenschen zu wissen gibt.

(P2) Mary weiß (vor ihrer Freilassung) nicht alles, was es über ihre Mitmenschen schlechthin zu wissen gibt (weil sie bei ihrer Freilassung etwas über sie lernt).

(K) Es gibt Wahrheiten über Marys Mitmenschen (und sie selbst), denen der Physikalismus nicht gerecht werden kann.

Kritik

Diese Argumentation wurde in verschiedenen Hinsichten angegriffen. Eine beliebte Strategie besteht darin, die Thesen als unterbestimmt und vage zu kritisieren. Drei Argumente sind wesentlich:

(1) Als Argument gegen P1 wird die Behauptung angeführt, dass Mary keine neue Tatsache kennen lernt, wenn sie den schwarz-weißen Raum verlässt. Sie sieht die bekannten Tatsachen allerdings in einer neuen Perspektive. Dies aber ist mit dem reduktionistischen Physikalismus verträglich. Denn man kann dem Physikalismus nicht vorwerfen, dass er bestimmte Tatsachen überhaupt nicht beachtet. Man wird ihn nur dahingehend präzisieren, dass man sagt: Es gibt unterschiedliche Arten des Gegebenseins von Tatsachen und Mary erweitert in diesem Sinn ihren Zugang zu den bekannten Tatsachen, sobald sie den schwarz-weiß Raum verlässt (254).
(2) Ein zweites Argument greift die Prämisse P2 an (vgl. (154), S. 398–401). P 2 ist falsch, denn Mary lernt nach ihrer Freilassung nichts Neues. Sie weiß vorher schon, wie es ist, Rot zu sehen. D. Dennett behauptet, dass wir uns uns gar nicht vorstellen können, was es heißt, physikalisch allwissend zu sein. Daher unterschätzen wir den Umfang und die Präzision des Wissens, das Mary vor ihrer Freilassung besitzt. Folgendes ist nicht ausgeschlossen: Mary kann sich aufgrund ihres enormen physikalischen Wissens vorstellen, wie es ist, Rot zu sehen.
(3) Das dritte Argument bezieht sich auf den Begriff des Wissens. Bei dem Wissenszuwachs, den Mary beim Verlassen ihrer schwarz-weißen Welt erfährt, handelt es sich um einen epistemischen Fortschritt. Diese Tatsache widerspricht aber nicht der Behauptung, dass Mary zuvor bereits vollständiges Wissen über Farbwahrnehmung (deklaratives Wissen, propositionales Wissen) besaß. Denn der epistemische Fortschritt besteht im Erwerb von Fähigkeiten (David Lewis). Sie erwirbt die Fähigkeit, sich etwas Rotes vorzustellen, etwas Rotes wieder zu erkennen, sich an etwas Rotes zu erinnern. Dabei handelt es sich um kein propositionales Wissen, sondern um eine Art von ‚knowing how', eine Fähigkeit (257). Wieso ist dies ein Argument gegen Jackson? Jackson will zeigen, dass der Physikalismus nicht alle Tatsachen erfasst. Das dritte Argument behauptet, dass der Physikalismus alle Tatsachen durch propositionales Wissen erfasst. Aber der Physikalismus impliziert nicht alles praktische Wissen oder Können (‚knowing how').

Verteidigung

Die Argumente gegen Jackson werden nicht ohne Widerspruch von den Qualia-Verteidigern akzeptiert. Ich fasse die wesentlichen Gegenargumente knapp zusammen:

Auf (1) antworten die Qualia-Verteidiger, indem sie behaupten, dass die Kritiker Jacksons sich auf subjektive Tatsachen oder phänomenale Gegebenheitsweisen von Tatsachen beziehen. Damit anerkennen sie aber nach Auffassung des Qualia-Verteidigers die Relevanz der nicht-reduzierbaren Qualia. Eine Gegebenheitsweise von Tatsachen, die von einer materialistischen (oder physikalistischen) Theorie als solche nicht adäquat beschrieben werden kann, gilt in den Augen des Qualia-Verteidigers als Zurückweisung des starken Anspruchs des Materialismus (Physikalismus). Die Qualia sind dem Physikalisten aus prinzipiellen Gründen nicht zugänglich (vgl. (244), S. 329–358).

Zu (2) sagen die Qualia Verteidiger: Jacksons Argument bezieht sich auf Wissen. Die Frage, was Mary sich vorstellen kann, ist daher irrelevant.

Gegen das Argument (3) wird der Einwand formuliert, dass die angesprochenen Fähigkeiten nicht mit dem phänomenalen Bewusstsein identisch sind. Die Tatsache, dass Mary neue Fähigkeiten beim Verlassen des schwarz-weißen Raumes erwirbt, beweist nicht, dass sie vorher vollständiges Wissen über subjektive Tatsachen besaß. Denn es ist möglich, dass Mary zugleich mit den Fähigkeiten auch neues Wissen erwirbt.

Mit diesem Austausch von Argumenten ist die Debatte aber nicht abgeschlossen. Das von Jackson erdachte Gedankenexperiment gibt weiterhin Anlass zu Analysen und Interpretationen (vgl. (259)). Neben dem Argument des unvollständigen Wissens wird dabei eine Reihe weiterer Argumente (Argument der Erklärungslücke, Argument der invertierten Qualia, Argument der fehlenden Qualia) in einer kaum noch überschaubaren Menge von Beiträgen diskutiert (vgl. die Bibliographie (253), S. 505–519). Bei dieser Kontroverse wird über die folgenden Eigenschaften der Qualia und über die Möglichkeit diskutiert, sie mit physikalistischen Begriffen zu erfassen:

- Qualia sind unaussprechlich.
- Qualia sind intrinsisch: Sie sind nicht strukturierte, nicht-intentionale Bewusstseinszustände.
- Qualia sind privat: Sie sind an die Erlebnisperspektive, die Perspektive der Ersten Person gebunden.
- Qualia sind dem Bewusstsein unmittelbar oder direkt zugänglich (vgl. (251), S. 460).

8.4. Zusammenfassung, Lektürehinweise, Fragen und Übungen

Zusammenfassung

Das Thema dieses Kapitels war das so genannte phänomenale Bewusstsein oder die Qualia. Beispiele für die Qualia sind Schmerzempfindungen oder einzelne Sinnesempfindungen.

Das phänomenale Bewusstsein wird grundsätzlich von intentionalem Bewusstsein unterschieden. Das phänomenale Bewusstsein ist nicht strukturiert und auf einen Gegenstand (oder Sachverhalt) bezogen. Es handelt sich um einen Bewusstseinszustand mit intrinsischen Erlebnisqualitäten. Worauf es bei den Empfindungen – die als Beispiele für Qualia angeführt werden – ankommt ist, dass es sich irgendwie anfühlt, die jeweilige Empfindung zu haben. Es ist wichtig, diese grundlegende Tatsache des phänomenalen Bewusstseins zu unterscheiden von möglichen Überzeugungen bezüglich dieses Zustands. Bei letzteren handelt es sich um intentionale Formen des Bewusstseins.

Perzeptuelle Erlebnisse (visuelle, auditorische, taktile, olfaktorische und gustatorische Wahrnehmungen), somatosensorische Erlebnisse (propriozeptive Wahrnehmungen des eigenen Körpers wie Schmerz, Wärme, Hunger,

Jucken usw.) und Emotionen, Gefühle und Stimmungen (Ärger, Liebe, Müdigkeit, Eifersucht usw.) gehören zu den qualitativen, phänomenalen Zuständen.

Qualia werden in der Philosophie des Geistes als Argument gegen einen reduktiven materialistischen Ansatz angeführt, denn es ist nicht absehbar, wie der Materialist (oder Physikalist) den subjektiven unmittelbaren Erlebnischarakter und das phänomenale Bewusstsein erfassen kann. T. Nagel und F. Jackson argumentieren in diesem Sinn mit Hilfe von Gedankenexperimenten.

Nagel versucht zu zeigen, dass objektives Wissen nicht hinreichend ist, um die subjektive Erlebnisperspektive zu erfassen. Sein Beispiel ist die Fledermaus, die sich durch Radar (Echolotung) orientiert. Menschen haben keine solchen Empfindungen und Erlebnisse. Nagel argumentiert, dass das objektive Wissen über die einschlägigen Tatsachen nicht ausreicht, um die im Rahmen einer subjektiven Perspektive gemachten Erlebnisse adäquat zu erfassen. Ich kann sehr viel über die Sinnesphysiologie von Fledermäusen wissen. Aber ich kann nicht wissen, wie es ist, eine Fledermaus zu sein. Nach Nagel muss man daher sagen, dass der Physikalismus nicht alle Tatsachen erfassen kann und begrenzt ist.

Jackson beschreibt ein Szenario, in dem eine Neurowissenschaftlerin Mary vollständiges naturwissenschaftliches Wissen über das Farbensehen besitzt. Sie hat aber selbst noch niemals Farben gesehen. Falls der Physikalismus Recht hat, lernt Mary nichts Neues, wenn sie erstmals das Erlebnis des Farbensehens hat. Denn Mary weiß bereits alles, was man wissen kann. Jacksons Gedankenexperiment versucht, diese Auffassung zu unterminieren. Jackson bemüht sich zu zeigen, dass Mary in dem Moment, in dem sie erstmals Farben sieht, etwas Neues lernt. Jacksons Überlegungen wurden unter dem Titel ‚Argument des unvollständigen Wissens' diskutiert.

Die Befürworter der These von der Nicht-Reduzierbarkeit der Qualia auf materialistische (physikalistische) Begriffe betonen folgende Eigenschaften der Qualia: Qualia sind unaussprechlich, intrinsisch, privat, unmittelbar gegeben, direkt zugänglich.

Die Verteidiger des Physikalismus greifen Jacksons Argumente an unterschiedlichen Punkten an. Die Diskussion behandelt neben dem Argument des unvollständigen Wissens eine Reihe weiterer Argumente. Ein endgültiges Ergebnis dieser Diskussionen lässt sich derzeit nicht formulieren. Aber es ist deutlich, dass die Qualia für den reduktiven Materialismus (Physikalismus) eine beträchtliche Herausforderung darstellen. Beim phänomenalen Bewusstsein bzw. den Qualia kollidieren die reduktiven Erklärungsstrategien des Materialismus (Physikalismus) mit dem alltäglichen Selbstverständnis und tief verwurzelten Weisen des Erlebens.

Lektürehinweise

Den besten Zugang zur Qualia-Diskussion gewinnt man nach wie vor durch die Lektüre der Aufsätze von T. Nagel (260) und F. Jackson (255). Eine gute philosophische Darstellung des Problembereichs bietet die sorgfältige und gut lesbare Arbeit (256). Mehrere Aufsätze, die die verschiedenartigen argumentativen Strategien vertreten, sind in deutscher Übersetzung mit konzisen Einführungen versehen abgedruckt in dem Sammelband (253).

Fragen und Übungen

1. Was bedeutet der Terminus ,Qualia'? Welche Eigenschaften haben die Qualia?
2. Überlegen Sie, in welchem qualitativen Bewusstseinszustand Sie sich gerade jetzt, während des Lesens dieser Aufgabe befinden: Haben Sie ein Quale, oder mehrere Quale? Welche sind es?
3. Es wird oft gesagt, die Qualia seien unaussprechlich. Was genau soll das bedeuten? In diesem Kapitel wurde ausführlich über die Qualia gesprochen, inwiefern kann man sagen, sie seien ,unaussprechlich'?
4. Das gegen den reduktiven Materialismus gerichtete Gedankenexperiment mit der Neurowissenschaftlerin Mary wurde beschrieben. Wie plausibel ist dieses Gedankenexperiment? Gibt es unplausible Momente in diesem Szenario? Versuchen Sie sich die Situation möglichst genau vorzustellen und finden Sie Schwachstellen des Gedankenexperiments heraus.
5. Formulieren Sie das Argument des unvollständigen Wissens (,knowledge argument') und nennen Sie mindestens zwei kritische Einwände, die gegen dieses Argument vorgebracht wurden.

9. Personalität und Identität der Person

Dieses Kapitel ist einem Problembereich gewidmet, der nicht nur für die Philosophie des Geistes, sondern auch für die Praktische Philosophie (Moraltheorie, Ethik) von großer Bedeutung ist. Zunächst werden verschiedene Aspekte der Rede von der Identität einer Person unterschieden (9.1.). Anschließend wird der Personbegriff erläutert (9.2.) und das Problem der personalen Identität mit Bezug auf das klassische Modell J. Lockes dargestellt (9.3.). Abschließend wird der aktuelle Stand der Debatte anhand der Theorie D. Parfits skizziert (9.4.).

9.1. Kontexte des Begriffsgebrauchs

Bei Reisen ins nicht-europäische Ausland wird beim Grenzübertritt oft der Reisepass oder der Personalausweis kontrolliert. Mittels dieser Dokumente identifizieren die Behörden die einreisenden Personen. Name, Geburtsort, Geburtsdatum und einige körperliche Merkmale sollen dies auf eindeutige Art ermöglichen. Eindeutigkeit ist hier – wie die Fälschungen von Ausweispapieren beweisen – ein ziemlich lockeres Kriterium. Personale Identität ist – so könnte man meinen – also eine Angelegenheit, mit der sich der Zoll und die Polizei beschäftigen. Weshalb sollen sich Philosophen mit diesem Thema befassen?

Begriff der Person

Philosophen interessieren sich erstens für die Frage, wie der *Begriff der Person* inhaltlich zu bestimmen ist: Was bedeutet es, wenn man von einem Individuum sagt, es sei eine Person? Welches sind die Bedingungen des Personseins? Gibt es einen Unterschied zwischen dem Begriff des Menschen und der Person?

Personale Identität

Philosophen interessieren sich zweitens für den *Begriff der Identität der Person*: Dabei sind zunächst zwei Gesichtspunkte zu unterscheiden. Welche Bedingungen müssen erfüllt sein, damit man von einem Individuum zu einem bestimmten Zeitpunkt sagen kann, es sei *eine* Person oder es besitze eine spezifische Form eines *einheitlichen* Bewusstseins? Hier steht die *synchrone Identität* einer Person zur Debatte.

Der zweite Aspekt wird mit der folgenden Frage angesprochen: Welche Bedingungen müssen erfüllt sein, damit man von einem Individuum zu *unterschiedlichen* Zeitpunkten sagen kann, es sei *dieselbe* Person? Hier steht die *diachrone Identität* im Zentrum der Aufmerksamkeit.

Ein wesentlicher Punkt, der im Folgenden zu klären sein wird, bezieht sich auf den Zusammenhang zwischen der Identität der Person und der Identität eines menschlichen Organismus. Wissen wir alles, was wir über eine Person wissen wollen, wenn wir hinreichende Informationen über einen bestimmten Organismus und seine Identität besitzen? Wie man sieht, betrifft das Thema der personalen Identität Aspekte, die weit über den trivialen Fall der Kontrolle des Identitätsausweises hinausgehen. Die folgenden fiktiven Fälle skizzieren einige der wichtigsten Punkte und Problembereiche:

(1) *Kulturrevolution*: Die Revolutionäre stürzen die Regierung und etablieren den radikalen Gottesstaat von Theokratien. Die alte demokratische und freiheitliche Kultur wird vollkommen ausgelöscht. Alle Bürger werden umgetauft, die Familienstrukturen werden aufgelöst, der Privatbesitz wird eingezogen, in Umerziehungslagern werden die neuen sittenstrengen Gebräuche eingeübt (inklusive öffentlicher Hinrichtungen von Sündern und Ketzern usw.). Die Erinnerung an die vor-revolutionären Zeiten wird getilgt. Bücher, Inschriften, Fotos, Filme, Videos werden vernichtet. Nur die heiligen Texte werden geduldet. Es ist verboten, die alten Zeiten zu erwähnen oder über das vergangene Leben zu sprechen. Durch eine Art kollektiver Gehirnwäsche erhalten alle eine neue Identität. Die in Theokratien lebenden Personen sind andere geworden.

(2) *Konversion*: S. ist Unternehmer. Als Zulieferer eines Rüstungskonzerns stellt er in seiner Fabrik elektronische Steuerungselemente für Präzisionswaffen her. S. ist überzeugt, dass gerade im Krieg gegen den Terrorismus seine Arbeit nicht nur Gewinn, sondern Nutzen für alle bringt. Aber im Grunde ist er vor allem an seinem Profit interessiert. S. arbeitet hart, er nimmt auf die Bedürfnisse seiner Angestellten keine Rücksicht und bekämpft seine Konkurrenten mit allen ihm zur Verfügung stehenden Mitteln. Während eines Ferienaufenthalts in einem asiatischen Land wird S. Zeuge, wie die Armee gegen ‚Rebellen' vorgeht und versehentlich einen Bus mit Schulkindern angreift. S. sieht schwer verletzte und sterbende Jugendliche. Er weiß, dass die Armee die Waffen benutzt, die mit den von ihm produzierten Komponenten ausgestattet sind. Plötzlich ist ihm die Vorstellung unerträglich, mit der Herstellung von Waffen Geld zu verdienen. Seine Überzeugung, mit seinen Produkten dazu beizutragen, dass das das Gute sich in der Welt durchsetzt kommt ihm nun zynisch und verlogen vor. Seine Familie und seine Freunde haben kein Verständnis für seine Erschütterung. S. verkauft die Firma, verlässt seine Familie und beginnt, in einer pazifistischen Organisation mitzuarbeiten. Er ist ein aufgeschlossener, am Leben anderer interessierter Mensch. S. ist ein anderer geworden.

(3) *Diskontinuität*: Bei einem Verkehrsunfall wird die Pianistin K. schwer verletzt. Sie liegt mehrere Monate lang im Koma. Nachdem sie aus dem Koma erwacht ist, sitzt ein netter Mann an ihrem Bett. P. erkennt ihren Ehemann und ihre Kinder nicht wieder. Sie hat keinerlei Erinnerungen mehr an die letzten zwanzig Jahre vor dem Unfall. Wegen der Verletzungen ihrer Hände wird sie nie wieder Klavier spielen können. K. ist eine andere geworden.

(4) *Körpertausch*: Die Spezialklinik in Geldstadt ist bekannt für ihre Effizienz und die gute Qualität der medizinischen Versorgung der Patienten. Der Kostendruck hat zu einer ganz erheblichen Steigerung der Anzahl operativer Eingriffe geführt. Im Operationssaal werden zwei Eingriffe gleichzeitig vorgenommen. Bei Herrn B. und Herrn R. werden Gehirntumore entfernt, wobei ein neuartiges Operationsverfahren zur Anwendung kommt. Nach Abschluss der Eingriffe stellt der Chefarzt fest, dass ein Assistent das Gehirn von R. in den Körper von B. implantiert hat. Das Gehirn von B befindet sich jetzt im Körper von R. Einer der beiden stirbt direkt im Anschluss an den Eingriff. Der Überlebende besteht aus dem Körper von R. und dem Gehirn von B.

Als er aus der Narkose aufwacht und im Bad in den Spiegel sieht, erschrickt er, denn er sieht das Gesicht von R. Er ruft aus „Aber das bin doch nicht ich!". Wenn man ihn nach seinem Namen fragt, sagt er ohne zu zögern: „Ich bin B.". Er erkennt B.s Frau und seine Kinder wieder, hat aber keine Ahnung davon, wie R.s Frau aussieht. Er kann gut verstehen, dass seine Frau verzweifelt ist: ihr Mann hat jetzt den falschen Körper und das das Gesicht, das sie geliebt hat, liegt in einem Sarg (hier variiere ich ein Beispiel von S. Shoemaker, vgl. (273), S. 23f).

Die vier Fälle thematisieren unterschiedliche Aspekte des Themas personaler Identität. Dabei ist vergleichsweise klar, was in den ersten beiden Fällen geschieht: (1) betrifft Veränderungen kollektiver, sozial-politischer Identitätskonzeptionen und Normen, die für eine Lebensform maßgeblich sind; (2) betrifft die Ebene des Individuums und seines Selbstmodells: Normen, Werte, Einstellungen stehen zur Diskussion. Hier ist die Frage zentral, welche Werte und Normen von einem Individuum als maßgeblich anerkannt werden. Charaktereigenschaften und feste Gewohnheiten spielen ebenfalls eine wichtige Rolle.

Weder bei (1) noch bei (2) besteht für die Personen selbst ein Zweifel an ihrer Identität über die Zeit hinweg. Die Menschen in Theokratien, wissen auch nach der Revolution, wer sie sind, sie wissen, wer sie waren und sie wissen, wodurch sich ihr Leben verändert hat. Eventuell wird – je nach Stärke der ‚Gehirnwäsche' und des Terrors – dieses Wissen verblassen. Aber alle diese Vorgänge stellen für eine begriffliche Erfassung der Sachlage keine prinzipiellen Schwierigkeiten dar. Auch S. weiß nach seinem Ferienaufenthalt, wer er ist. Er ist sich vollkommen im Klaren darüber, dass sich sein Leben grundlegend verändert hat, dass seine Orientierungen, die von ihm akzeptierten Normen und Werte sich radikal gewandelt haben. Er hat keineswegs seine frühere Identität, d.h. sein ehemaliges Selbstbild, vergessen. Sondern er kann sagen ‚Ich bin ein Anderer geworden. Mein früheres Ich kommt mir vor wie ein Fremder'.

Im Fall (3) ist die personale Identität in einer ganz anderen Weise problematisch. Hier hat man es mit einem Problem der Identität einer Person zu tun, das in philosophischer Perspektive relevant ist. K. weiß selbst in gewisser Weise nicht, wer sie ist. Die Kontinuität einer Biographie ist zerstört. Die Ich-Perspektive und die Beobachter-Perspektive unterscheiden sich in erheblichem Maß. Auch wenn K. begreifen sollte, dass sie einen radikalen Gedächtnisverlust erlitten hat, und falls sie (mehr oder weniger erfolgreich) versuchen sollte, sich die verlorene Vergangenheit mit Hilfe der Erinnerungen ihrer Bezugspersonen wieder anzueignen, so hat sie zunächst eine Phase tief greifender Desorientierung erlebt.

Diese Probleme sind nicht dadurch zu klären, dass man untersucht, ob vor und nach dem Unfall derselbe Organismus (Mensch) weiterlebt. Offensichtlich ist die Identität einer Person nicht allein durch Bezugnahme auf einen bestimmten Organismus zu beantworten. Genau dies wird auch durch den verwirrenden Fall (4) deutlich. Wir werden durch dieses Szenario auf die Unterscheidung physischer und psychischer Kontinuität hingewiesen. Bei (4) wir haben keine Schwierigkeit, die Organismen und ihre Teile zu identifizieren. Es ist ja klar: nach der Operation überlebt der Körper von

Mensch vs. Person

R. mit dem Gehirn von B. Aber welche Person überlebt? Es erscheint unplausibel, die Identität der Person an den Körper (abzüglich des Gehirns) zu binden. Auf der anderen Seite ist es auch nicht völlig überzeugend zu sagen: B. hat überlebt. Denn bei menschlichen Personen sehen wir zumindest eine enge Verbindung der Person und ihrem Körper. Wir stehen hilflos vor einer Person, die plötzlich einen neuen (oder falschen) Körper hat. Und die Person selbst steckt vermutlich ebenso hilflos in dem neuen Körper. Die folgenden Überlegungen werden einige der begrifflichen Unklarheiten beseitigen, die hier auftreten. Dabei wird in einem ersten Schritt die Frage gestellt ‚Welches sind die Bedingungen des Personseins?'.

9.2. Personalität

Der Begriff der Person ist ein Grundbegriff der Theoretischen und der Praktischen Philosophie. Die Theoretische Philosophie interessiert sich für Personen als rationale Individuen, die selbständig Denkakte ausführen und in der Lage sind, durch Überlegung und Reflexion Wissen zu bilden. Die Praktische Philosophie interessiert sich für Personen als Individuen, die Handlungen ausführen und denen die Folgen ihres Handelns (moralisch) zugerechnet werden.

Im Alltag werden die Begriffe des Menschen und der Person oft nicht deutlich unterschieden. Die These (MP) wird oft als allgemeingültig angesehen:

MP • *(MP) Alle Menschen sind Personen.*

Zudem scheint im Alltag auch die These (PM) allgemein akzeptiert zu sein:

PM • *(PM) Alle Personen sind Menschen.*

Die Pointe von (PM) wird möglicherweise in der Umformulierung ‚Nur Menschen sind Personen' deutlicher. Philosophische Begriffsanalysen können sich nicht damit zufrieden geben, alltägliche Standardsituationen zu beschreiben. Denn oft sind die Begriffe, die im Alltag verwendet werden, unscharf oder mit Unklarheiten verbunden. Das ist durch die eingangs angeführten Fälle (3) und (4) bereits deutlich geworden. Daher sind eingespielte und selbstverständliche Begriffsverwendungen oft Gegenstand kritischer Analysen. Dementsprechend ist die These (non-MP) als ein Einwand gegen (MP) zu beachten:

non-MP • *(non-MP) Nicht alle Menschen sind Personen.*

Wie kann man auf den Gedanken kommen (non-MP) zu formulieren? – Nicht jeder lebende menschliche Organismus kann als ein rationales und zurechnungsfähiges Wesen gelten. Menschliche Organismen in pränatalem Stadium, Kleinkinder, demente Menschen oder Menschen in irreversiblem schwerem Koma fallen in diese Gruppe. Natürlich unterscheiden sich die angeführten Fälle in dramatischer Weise. Föten und Kleinkinder entwickeln sich im Regelfall zu rationalen und handlungsfähigen Personen (potentielle Personalität). Im Fall des schweren Komas oder des Hirntods hingegen ist von einem irreversiblen Verlust selbständigen Denkens, Handelns und bewussten Erlebens auszugehen.

Im Hinblick auf die Geltung von (MP) und (non-MP) werden sehr unterschiedliche Einschätzungen vertreten. Einige Autoren behaupten, man müsse Menschen grundsätzlich und ohne Bedingungen den Status des Personseins zuerkennen. Jeder menschliche Organismus ist demnach ganz unabhängig von seinen spezifischen Lebensfunktionen und Leistungen als Person zu betrachten. Die Begriffe ‚Mensch' und ‚Person' haben dieselbe Extension, d.h. sie beziehen sich auf dieselben Objekte. Auch Menschen, die aktuell nicht rational oder handlungsfähig sind und nach dem Stand medizinischen Wissens künftig niemals rational oder handlungsfähig sein werden, gelten hier als Personen. Dementsprechend sind sie nicht bloß als Lebewesen zu behandeln, denen kein Leid zugefügt werden soll, sondern als Personen, denen eine spezifische Würde und wichtige Grundrechte zugesprochen werden. Motive für die These (MP) sind metaphysischer, religiöser oder ethischer Art. Die Konflikte, die sich im Zusammenhang mit dieser Konzeption ergeben, liegen auf der Hand und führen ins Dickicht ethischer, medizinischer und juristischer Debatten (Abtreibung, Organspende, aktive/passive Sterbehilfe, Stammzellentherapie, Klonen usw.). Gerade die Schwierigkeiten einer eindeutigen Abgrenzung personaler Phasen menschlichen Lebens von nicht-personalen Lebensphasen, werden von vielen als Argument für (MP) angesehen. Die Erwartung, dadurch moralisch bedenkliche Formen des Umgangs mit menschlichem Leben verhindern zu können, spielt dabei eine wesentliche Rolle. Ob diese Erwartung realistisch ist, erscheint fraglich.

Metaphysik, Religion, Ethik

Obwohl das Bürgerliche Gesetzbuch in § 1 feststellt „Die Rechtsfähigkeit des Menschen beginnt mit der Vollendung der Geburt", wird menschliches Leben bereits vor der Vollendung der Geburt zum Gegenstand rechtlicher Normen und Vorschriften, die sich an dem fundamentalen und vagen Grundsatz der deutschen Verfassung „Die Würde des Menschen ist unantastbar" (Grundgesetz, §1) zu orientieren versuchen (vgl. (263)).

Die These (non-MP) behauptet, dass der Personbegriff auf einen Menschen sinnvoller Weise auf der Basis bestimmter aktueller Eigenschaften und Funktionen angewendet wird. Demnach habe ich selbst pränatale und frühkindliche Lebensphasen durchlebt, während derer ich nicht Person (oder lediglich eine potentielle Person) war. Gegenwärtig bin ich eine Person, die von ihrer Vernunft einen mehr oder weniger zufrieden stellenden Gebrauch macht. Ich bin handlungsfähig, kann andere Individuen als Personen anerkennen und ich merke, ob mich jemand als ein bloßes Mittel für seine Zwecke manipuliert oder mich als eigenständige Person anerkennt. Es ist nicht auszuschließen, dass mir – wie vielen Menschen – vor dem Ende meines Lebens krankheitsbedingt oder im Verlauf des Sterbeprozesses eine nicht-personale Lebensphase bevorsteht.

Den Konflikt von (MP) und (non-MP) werde ich hier nicht argumentativ zu entscheiden versuchen. Es genügt, wenn der Kontrast beider Versionen des Personbegriffs deutlich geworden ist.

Auch die These (PM) wird nicht ohne weiteres akzeptiert werden. Als Gegenthese tritt folgende Behauptung auf:

- *(non-PM) Nicht alle Personen sind Menschen.*

Das klingt zunächst merkwürdig. Als Beispiele für Personen, die nicht Menschen sind, werden zum einen juristische Personen genannt. Dabei handelt es sich um Rechtssubjekte wie Körperschaften und Verbände (Firmen, Staaten). Diese können Verträge schließen und im juristischen Sinn Handlungen vollziehen, für deren Folgen sie verantwortlich sind. Wenn der Regierungschef eines Landes einen bilateralen Vertrag unterschreibt, dann geht er nicht als Privatperson in eigenem Namen eine vertragliche Verpflichtung ein, sondern der Staat als juristische Person handelt durch eines seiner Organe (den Regierungschef).

Zum anderen wird darauf verwiesen, dass Formen der Künstlichen Intelligenz denkbar sind, denen der Status des Erkenntnis- und Handlungssubjekts zuzuschreiben wäre. Christen schließlich sind durch ihr Glaubensbekenntnis dazu verpflichtet, an die drei Personen des einen Gottes zu glauben, von denen der Vater und der Heilige Geist keine Menschen sind.

‚Person' als normativer Begriff

Eine Klärung der Relevanz der Thesen (MP), (PM), (non-MP), (non-PM) hängt entscheidend davon ab, welche Funktionen dem Personbegriff zugewiesen werden. Es besteht weitgehend Einigkeit darüber, dass der Begriff der Person als ein *normativer, evaluativer Begriff* aufzufassen ist. Wenn ein Individuum als Person angesehen wird, dann wird ihm eine Würde, ein unveräußerlicher Wert zugebilligt.

Diesen Gedanken der *Würde* und der *Achtung* hat insbesondere I. Kant sehr stark betont. Bei Kant besitzt die Person einen unveräußerlichen Wert und eine spezifische Würde. Menschenhandel und Sklaverei sind mit der Würde der Person nicht zu vereinbaren. Denn durch diese Praktiken werden Menschen wie bloße Dinge und Waren behandelt und nicht als Personen geachtet. Dass Kant die Todesstrafe mit dieser Einschätzung für vereinbar hält, ist für viele überraschend. Kant sagt ausdrücklich, dass die Todesstrafe in einer Rechtspraxis zu vollziehen ist, die die Würde aller Personen für grundlegend anerkennt („Hat er [der Täter] aber gemordet, so muß er *sterben*") ((98), S. 455; kursiv im Original gesperrt). Moralität ist bei Kant nicht in erster Linie als ein Anspruch an Andere, sondern als eine Pflicht zu verstehen, der die Individuen sich freiwillig aus vernünftiger Einsicht unterwerfen. Erst dadurch, dass das vernunftfähige Individuum die Möglichkeit hat, sich der moralischen Pflicht aus freiem Entschluss unterzuordnen, wird es Person:

Die Würde der Person

„Der Mensch im System der Natur […] ist ein Wesen von geringer Bedeutung und hat mit den übrigen Tieren, als Erzeugnissen des Bodens, einen gemeinen Wert […]. Allein der Mensch, als *Person* betrachtet, d.i. als Subjekt einer moralisch-praktischen Vernunft, ist über allen Preis erhaben; […] er besitzt eine *Würde* (einen absoluten innern Wert) […]" ((98), S. 568f.)

Von D. Dennett stammt einer der wichtigen Beiträge zur Diskussion des Personbegriffs. Dennett charakterisiert den Begriff der Person durch sechs Bedingungen. Seiner Einschätzung nach enthält der allgemein gebräuchliche Begriff der Person möglicherweise inkonsistente Elemente. Man muss damit rechnen, dass nicht alle wesentlichen Intuitionen, die mit dem Begriff verbunden sind, bewahrt werden können, wenn man eine systematische und konsistente Revision anpeilt. Bei den von Dennett genannten Bedingungen des Personseins handelt es sich wohl nicht um gemeinsam hinreichende Bedingungen, aber um gute Kandidaten für notwendige Bedingungen von Personalität:

„Das *erste* und nächstliegende Thema lautet: Personen sind *Vernunftwesen.* […] Das *zweite* Thema lautet: Personen sind Wesen, denen Bewußtseinszustände zukommen, denen psychologische oder mentale oder *intentionale Prädikate* zugeschrieben werden. […] Das *dritte* Thema lautet: Ob etwas eine Person ist, hängt irgendwie von einer *Einstellung* ihm gegenüber ab, von einer ihm gegenüber *eingenommenen Haltung.* Danach ist es nicht so, dass wir jemanden, sobald wir die objektive Tatsache festgestellt haben, daß er eine Person ist, in einer bestimmten Weise behandeln; vielmehr ist umgekehrt diese bestimmte Weise, ihn zu behandeln, irgendwie und in einem gewissen Ausmaß für sein Personsein konstitutiv. […] Das *vierte* Thema lautet: Das Objekt demgegenüber diese personale Haltung eingenommen wird, muß diese Haltung irgendwie *erwidern* können. […] Das *fünfte* Thema lautet: Personen müssen zu *verbaler Kommunikation* fähig sein. Allen Lebewesen, die keine Menschen sind, wird mit dieser Bedingung vollständige Personalität und die dazugehörige moralische Verantwortung schlicht abgesprochen […] Das *sechste* Thema lautet: Personen können von anderen Entitäten dadurch unterschieden werden, daß sie in einer besonderen Weise *bewußt* sind: Es gibt eine Weise, in der *wir* Bewußtsein haben und in der keine andere Spezies Bewußtsein hat. Zuweilen hat man dies als *Selbstbewußtsein* der einen oder anderen Art identifiziert." ((264), S. 305 f.)

Bedingungen des Personseins

Dennetts Ansatz greift in modifizierter Form mehrere prominente Prädikate des traditionellen Personbegriffs auf. Die erste Bedingung ist die Vernunftfähigkeit oder Rationalität. Mit ihr wird der klassische Topos des vernünftigen Lebewesens (‚animal rationale') berücksichtigt. Mit der fünften Bedingung (Sprachfähigkeit) wird ebenfalls eine auf die griechische Antike zurückgehende Bestimmung beachtet. Die seit Descartes als zentral angesehene Reflexivität des Bewusstseins erscheint in der sechsten Bedingung und das Moment der Vergemeinschaftung spielt in der dritten und vierten Bedingung eine wichtige Rolle. Die Pointe der Liste Dennetts besteht darin, dass nicht einfach irgendwelche wichtigen Topoi lose aneinandergereiht, sondern bestimmte Abhängigkeitsbeziehungen zwischen den einzelnen Elementen behauptet werden:

Abhängigkeiten

Der wesentliche Punkt der Abhängigkeitsverhältnisse besteht nach Dennett in einer Zweiteilung, derzufolge die Bedingungen (1), (2) und (3) interdependente Bedingungen von Personalität bilden. Als interdependent werden Bedingungen dann bezeichnet, wenn sie wechselseitig voneinander abhängig sind: (1) ist abhängig von (2) und (3); (2) ist abhängig von (1) und (3); (3) ist abhängig von (1) und (2).

Gemeinsam stellen (1), (2) und (3) eine notwendige und nicht-hinreichende Bedingung für die Erfüllung von (4) dar. Die Bedingungen (4), (5) und (6) hingegen sind nach Komplexitätsgraden geordnete unabhängige Elemente, wobei (4) eine notwendige, nicht-hinreichende Bedingung für (5), und (5) wiederum eine notwendige, nicht-hinreichende Bedingung für (6) ist.

Der mit der ersten Trias thematisierte Komplex ist nach Dennett nicht nur für Personen, sondern für alle intentionalen Systeme wesentlich (vgl. (155), (156)). *Intentionale Systeme* sind solche Systeme, die nicht allein kausal beschrieben und erklärt werden können. Die Konstitution und das Verhalten

Intentionale Systeme

intentionaler Systeme werden durch Rekurs auf Intentionen, insbesondere auf Überzeugungen und Wünsche beschrieben, erklärt und prognostiziert. Dennett betrachtet intentionale und kausale Erklärung nicht als unvereinbare Alternativen. Intentionale Systeme setzt er auf vergleichsweise niedrigem Niveau an. Dennett bezieht sich mit dem Intentionalitätsbegriff nicht auf hoch entwickelte Formen von rationalem Verhalten, wie sie üblicherweise mit dem Topos ‚animal rationale' verbunden sind. Von Pflanzen, die sich den Umweltbedingungen entsprechend an ihre Umgebung anpassen, kann man sagen, dass sie mehr Licht ‚suchen'. Solche Redeweisen – die Tradition gebraucht den Begriff der teleologischen Erklärung – sind nach Dennett keine leeren Worte, denn sie erlauben es, die Verhaltensweise von Objekten in einer Weise zu erklären und zu prognostizieren, die in bestimmten Fällen zuverlässig und befriedigend ist. Es ist möglich, von einer Pflanze, die durch eine Veränderung ihrer Position die eigenen Lebensbedingungen verbessert, zu sagen: das beobachtete Geschehen ist vernünftig.

Dennetts Auffassung widerspricht hier einer traditionellen Tendenz der Philosophie, die einen tiefen Schnitt zwischen den Naturdingen einschließlich der höheren Tiere einerseits und dem Menschen andererseits vornimmt. Im Gegensatz zu dieser Tradition sieht Dennett ein kontinuierliches Spektrum von natürlichen Organismen, die nach Formen zunehmender Komplexität angeordnet werden können, ohne dass scharfe Brüche das Kontinuum in diskontinuierliche Blöcke auseinander fallen lassen.

Interdependent sind die Bedingungen (1), (2) und (3), weil die Zuschreibung von Rationalität in diesem allgemeinen Sinn mit der Zuschreibung von intentionalen Einstellungen einhergeht. Ein Wesen, das keine Wünsche, Meinungen, Überzeugungen hat, kann nicht als ein rationales Wesen gelten. Ebenso hängt die Zuschreibung von Wünschen, Meinungen und Überzeugungen von der Einstellung dessen ab, der die jeweiligen Entitäten beschreibt. Nach Dennett kann man sowohl im Hinblick auf Pflanzen wie auch auf Menschen kausale, d.h. nicht-intentionale Erklärungen suchen und in vielen Fällen geben. Dabei wird der betreffende Gegenstand nicht als ein intentionales Wesen bestimmt. Ein harter Materialist vertritt die These, dass Personen Körper sind. Sie können ohne jegliche intentionalen oder irreduzibel mentalen Prädikate beschrieben werden. Dennett antwortet darauf nicht, dass eine solche Auffassung mit den objektiven Fakten in Widerspruch steht. Er gesteht zu, dass es erfolgreiche Erklärungsstrategien geben kann, die auf einer solchen Annahme basieren. Dies schließt aber nicht aus, dass alternative Beschreibungen und Prognosen mittels eines intentionalen Vokabulars ebenfalls erfolgreich, in bestimmten Kontexten vollkommen hinreichend und in spezifischen Fällen der nicht-intentionalen Beschreibungsweise klar überlegen sind. Dennett schaltet also die Möglichkeit aus, durch Bezug auf objektive Fakten über die Legitimität von intentionalen oder nicht-intentionalen Konzeptionen zu entscheiden. Nur in Abhängigkeit von bestimmten Beschreibungen kann man von intentionalen Systemen sprechen. Das heißt nicht, dass die Beschreibungs- oder Einstellungsabhängigkeit den Gebrauch des Intentionalitätsbegriffs oder des Personbegriffs reiner Willkür unterwirft. Entscheidend sind nach Dennetts pragmatischer Auffassung die Erfolge der jeweiligen Beschreibungen und Erklärungen. Über diese kann mit Gründen gestritten und argumentiert werden.

Aus der Interdependenz von (1), (2), (3) und der knappen Erläuterung dessen, was Dennett unter einem intentionalen System versteht, geht klar hervor, dass ein intentionales System zu sein nicht bedeutet, eine Person zu sein. Die auf diesen Ebenen gegebenen Eigenschaften und Fähigkeiten sind von sehr elementarer Art. Auf der Ebene der vierten Bedingung tritt eine Struktur der Höherstufigkeit intentionaler Einstellungen auf. Entscheidend ist, dass eine Entität dazu fähig ist, die ihr gegenüber eingenommene Einstellung zu erwidern. Dennett bestimmt Reziprozität zunächst als Fähigkeit eines Systems, Meinungen, Wünsche und andersartige Intentionen hinsichtlich der Intentionen eines anderen Systems zu haben. Bei Pflanzen ist dies eindeutig nicht der Fall. Zwar kann der Gärtner sagen, die Pflanze versuche, mehr Licht zu bekommen, indem sie in eine bestimmte Richtung wächst. Aber Pflanzen können auf die intentionalen Einstellungen des Gärtners nicht antworten. Sie gedeihen oder verkümmern, jedoch nicht in Reaktion auf die Einstellungen des Gärtners.

Reziprozität

Aus begrifflichen Gründen wird oft angenommen, dass Reziprozität der fraglichen Art nur bei Menschen in Verbindung mit der Fähigkeit zu sprachlicher Kommunikation gegeben ist. Dennett ist von diesen rein begrifflichen Überlegungen nicht sehr beeindruckt. Er glaubt, dass es sich hier um eine empirische Frage handelt. Offensichtlich ist das Verhalten von Tieren kaum jemals derart, dass die Zuschreibung von Intentionen zweiter Stufe unabdingbar ist. Aber dies berechtigt nach Auffassung Dennetts nicht zu der Behauptung, dass Tiere grundsätzlich keine intentionalen Systeme zweiter Stufe sein könnten. Als Beispiele tierischen Verhaltens, die die Zuschreibung von Reziprozität zu legitimieren scheinen, nennt Dennett den folgenden Fall: Ein Hund kratzt an der Tür. Sein Herr steht aus dem Sessel auf, um den Hund aus dem Zimmer zu lassen. Der Hund rennt zu dem frei gewordenen Sessel – seinem Lieblingsplatz – und legt sich dort hin. In diesem Fall liegt es nah, eine Absicht zweiter Stufe zu unterstellen. Die Intention zweiter Stufe zielt darauf ab, den Herrn durch das Kratzen an der Tür zum Aufstehen aus dem Sessel zu veranlassen.

Dennett unterstellt nicht, dass Tiere, die ein solch komplexes Täuschungsverhalten zeigen, explizit Überzeugungen bilden und bewusst Folgerungsbeziehungen zwischen Meinungen herstellen. Die These behauptet lediglich, dass die Zuschreibung von Intentionen, die sich auf die Intentionen eines Interaktionspartners beziehen, das Verhalten in geeigneter Weise erklärt. Repräsentationen von Meinungen zweiter Stufe, etwa in propositionalem Format, müssen deshalb nach Dennetts Auffassung nicht notwendigerweise zugeschrieben werden.

Die fünfte Bedingung nennt die für Menschen seit jeher als essentiell angesehene Fähigkeit zu sprachlicher Kommunikation. Dennett erläutert seinen Kommunikationsbegriff mit Bezugnahme auf die Theorie von H. P. Grice ((171), (172)). Grice definiert Kommunikation durch ein dreistufiges Schema, das sich auf das Verhalten eines Sprechers S gegenüber einem Hörer H bezieht:

Kommunikation

„>S gibt, indem er x äußert, etwas zu verstehen< ist genau dann wahr, wenn S, mit Bezug auf einen Hörer H, x mit der Absicht äußert,
(1) daß H eine bestimmte Reaktion r zeigt;

(2) daß H glaubt (erkennt), daß S (1) beabsichtigt;
(3) daß H (1) aufgrund dessen erfüllt, daß er (2) erfüllt." ((264), S.313)

Die Details und kritischen Punkte dieser Definition sind hier nicht relevant (vgl. hierfür (168)). Von entscheidender Bedeutung ist der Umstand, dass Kommunikationen nach dieser Definition als dreistufige Intentionen zu begreifen sind. A will, dass B erkennt, dass A etwas will. Dennett folgert, dass die Hierarchie seiner Bedingungen insofern begründet ist, als Reziprozität in zweistufigen Intentionen erfüllt sein kann, während Kommunikation nur durch Intentionen dritter Stufe realisiert werden kann.

Die Stufe (6) wird dann erreicht, wenn ein Wesen sich seines Verhaltens unter einer bestimmten Beschreibung bewusst ist und Gründe für sein Verhalten angeben kann. Bewusstheit war in (5) weder vorausgesetzt noch gefordert. Zwar ist verbale Kommunikation zwischen Menschen in der Regel mit bestimmten Graden von Bewusstheit verbunden. Das ist aber in der Definition von Kommunikation nicht explizit gefordert. Nach Dennetts Darstellung wird Bewusstheit dann relevant, wenn das Verhalten von Entitäten so komplex ist, dass diese selbst reflexiv ihr eigenes Tun bewerten können. Damit ist man auf einer Ebene angelangt, auf der Frankfurts Modell der höherstufigen Wünsche seinen Platz hat. Die Besonderheit der Volitionen zweiter Stufe besteht nach seiner Überzeugung darin, dass die Person sich ihrer selbst bewusst ist. Es handelt sich um eine spezifische Form von Selbstbewusstsein, nämlich um die Fähigkeit, sich selbst gegenüber die Rolle eines Rechenschaft fordernden Dialogpartners einzunehmen. Selbstverständlich ist die Fähigkeit zur kritischen Selbstbewertung nicht nur eine im Monolog anzuwendende Gabe. Vielmehr begründet sie den Bereich der Ethik oder Moral: *Personen sind Wesen, die sich selbst und anderen gegenüber Rechenschaft über ihr Handeln ablegen und von anderen Personen Rechenschaft verlangen können. Personen sind Wesen, die in ihrem Handeln auf die Übereinstimmung mit höherstufigen und wertenden Intentionen Rücksicht nehmen können.*

Selbstbewertung

Wegen der zentralen Bedeutung der Bedingung (6) ist Dennetts Personbegriff ein *normativer* Begriff. Durch die Erfüllung der sechsten Bedingung wird ein Wesen allen zentralen Bedingungen von Personalität gerecht. In Anbetracht der Normativität des Begriffs hält Dennett es für nicht überzeugend, die Bedingungen (1)-(6) insgesamt als hinreichend auszugeben. Sein Grund besteht in der bereits erwähnten Auffassung, dergemäß die Zuschreibung von intentionalen Einstellungen nicht durch Rekurs auf objektive Fakten erzwungen werden kann, sondern im Rahmen einer bewährten Praxis sinnvoll ist.

Mit Bezug auf die Frage, ob Menschen und nur Menschen im vollen Sinn als Personen gelten können, antwortet Dennett abschließend, dass nicht einmal bei Menschen sicher ist, ob sie dem normativen Personbegriff vollständig gerecht werden. Die sechste Bedingung bezieht sich auf ethisches oder moralisches Handeln. Menschen handeln aber nicht immer in Übereinstimmung mit ethischen oder moralischen Überzeugungen. Jeder Fall, in dem ein Mensch in seinem Handeln nicht auf Gründe und Argumente Rücksicht nimmt, die er auch selbst teilt, ist ein Fall, in dem es fraglich ist, ob dieser Mensch überhaupt eine Person ist. Denn Personen sind der gegebenen Erläuterung entsprechend gerade dadurch ausgezeichnet, dass sie in ihrem Handeln höherstufige Intentionen, die rationale Norm der Konsistenz von Überzeugungen und handlungsleitenden Wünschen beachten.

Kritiker machen geltend, dass entgegen Dennetts Darstellung auf dem Niveau von (4) und (5) reflexive Rationalität bereits eine Rolle spielt. Damit wird die Anordnung der einzelnen Bedingungen nach Maßgabe zunehmender Komplexität problematisch (vgl. (272)). Alle sechs Bedingungen enthalten rationale Normen. Entgegen Dennetts eigener Auffassung kann man behaupten, dass auch das Verhältnis der Bedingungen (4), (5), (6) als interdependent zu verstehen ist. Dennett selbst präsentiert sie als aufeinander aufbauende Stufen mit ansteigender Komplexität. Die Reziprozität intentionaler Einstellungen und verbale Kommunikation setzen aber reflexive Rationalität jeweils voraus. Bereits auf dem Niveau von (4) und (5) ist von spezifisch interpersonalen Relationen zu sprechen. Die Vorstellung einer gestuften Anordnung von (4), (5) und (6) sowie die These, dass interpersonale Beziehungen erst auf der höchsten Stufe erreicht werden, sind demnach verfehlt.

9.3. Personale Identität

Nachdem zentrale Aspekte des Personbegriffs geklärt wurden, ist es nun möglich, die Frage nach der Identität der Person zu erörtern (zum Identitätsbegriff vgl. die Erläuterungen in 4.1.). Unter dem Stichwort ‚personale Identität' werden Fragen der folgenden Art bearbeitet:

Synchrone Identität

- Was bedeutet es von einem Individuum I zu einem gegebenen Zeitpunkt zu sagen ‚I ist eine Person'?

Diachrone Identität

- Was heißt es zu sagen, eine Person I ist über die Zeit hinweg mit sich selbst identisch? Welche Bedingungen müssen erfüllt sein, damit die durch den singulären Term A zum Zeitpunkt t_1 bezeichnete Person identisch ist mit der durch den singulären Term B zum Zeitpunkt t_2 bezeichneten Person? (Beispiel: Unter welchen Bedingungen ist die folgende Aussage wahr: ‚Die Person, die gestern vormittags ihren Wohnungsschlüssel in der Universität verloren hat, ist identisch mit der Person, die jetzt gerade mit einem blauen Koffer im Bus der Linie F zum Hauptbahnhof fährt?').

Erinnern Sie sich an die zu Beginn des Kapitels angeführten Fälle des unfallbedingten Gedächtnisverlusts von K. und des Körpertauschs bei der Gehirnoperation von B. Hier haben wir es mit Problemen der personalen Identität zu tun. Wegen des engen Zusammenhangs des Begriffs ‚personale Identität' mit zeitlichen Prozessen, in deren Verlauf Personen sich verändern, spricht man oft von *diachroner Identität* oder *transtemporaler Identität*.

Eine auch noch für die gegenwärtige Diskussion maßgebliche Auffassung über die Bedeutung psychischer Kontinuität für die Identität der Person hat John Locke am Ende des 17. Jahrhunderts formuliert. Da seine Überlegungen mit weit verbreiteten Intuitionen übereinstimmen, beginnen wir mit einem Blick auf seine Konzeption.

9.3.1. Lockes Theorie der personalen Identität

Lockes Begriff der Person

„[‚Person' stands for] a thinking intelligent Being, that has reason and reflection, and can consider it self as it self, the same thinking thing in different times and places; which it does only by that consciousness, which is inseparable from thinking, and as it seems to me essential to it: It being impossible for any one to perceive, whithout perceiving, that he does perceive." (Locke, II, 27, § 9; (103), S. 335)

Die Person wird von Locke als ein denkendes intelligentes Wesen bezeichnet. Für Lockes Modell personaler Identität ist entscheidend, dass eine Gleichsetzung von Personalität und Bewusstsein vorgenommen wird. Bewusstsein ist für Locke in wesentlicher Hinsicht reflexives Bewusstsein. Jede Wahrnehmung und jeder Denkakt hat einen reflexiven Charakter. Aufgrund dieses reflexiven Charakters der Wahrnehmung und des Denkens entsteht nach Locke das Ich oder das Selbst. Von besonderem Interesse ist, dass bei Locke die Definition der Personalität unmittelbar verbunden ist mit der Identität der Person durch die Zeit hindurch. Locke sagt explizit, dass eine Person sich selbst als dasselbe denkende Ding erfasst, welches sich zu unterschiedlichen Zeitpunkten an verschiedenen Örtern aufhält. Damit verknüpft Locke die allgemeine Konzeption von Personalität direkt mit dem Begriff der personalen Identität. *Eine Person ist ein Wesen, welches sich seiner Identität über die Zeit hinweg bewusst ist.*

Locke geht nicht von einem unmittelbaren Zusammenhang zwischen der Person (oder dem Bewusstsein) und der Substanz (z.B. dem Körper) aus. Was das bedeutet, kann man sehen, wenn man die Differenz der folgenden Fragen betrachtet:

(a) ‚Ist dies dieselbe Person wie gerade eben noch?';
(b) ‚Ist dies derselbe Mensch/Organismus wie gerade eben noch?'.

Nach Locke können die Antworten auf diese beiden Fragen unterschiedlich ausfallen. Wenn man etwa den totalen Ausfall der Gehirnfunktionen so interpretiert, dass eine notwendige Bedingung von Personalität entfällt, dann gilt folgende Feststellung: ‚Dies ist derselbe Mensch/Organismus wie gerade eben. Aber es handelt sich nicht um dieselbe Person wie gerade eben. Denn ein Gehirntoter ist keine Person. Es kann sich deshalb im vorliegenden Fall auch nicht um dieselbe Person wie gerade eben handeln'. Sätze, die Identitätsbehauptungen über Personen formulieren, unterliegen anderen Wahrheitsbedingungen als Sätze, die Identitätsaussagen über Organismen machen.

Locke argumentiert nicht für eine materialistische Lösung, die die Person als ein bewusstes Wesen mit einer bestimmten materiellen Substanz, einem Organismus, identifiziert. Mehr noch, er entscheidet sich auch nicht für die Cartesianische Auffassung, dergemäß das Bewusstsein (und konsequenterweise die durch Bewusstsein konstituierte Person) mit einer immateriellen Substanz, der ‚res cogitans', gleichzusetzen wäre. Der Gegensatz zu Descartes ist zentral. Das Ich oder Selbst wird konstituiert durch die bewussten und reflexiven Denkprozesse. Das Ich oder Selbst wird von Locke weder mit einer es tragenden materiellen noch mit einer immateriellen Substanz identifiziert:

„It not being considered in this case, whether the same *self* be continued in the same, or divers Substances. For since consciousness always accompanies thinking, and 'tis that, that makes every one to be, what he calls *self*; and thereby distinguishes himself from all other thinking things, in this alone consists *personal Identity, i.e.* the sameness of a rational Being." (Locke, II, 27, § 9; (103), S. 335)

Locke bezieht die Rede von der Person und ihrer Identität ausschließlich auf die Ebene bewusster Denkvorgänge und koppelt diese ab von der Frage nach den substanziellen Trägern der Denkprozesse. Liegt eine bestimmte Verbindung zwischen zeitlich unterschiedenen Denkvorgängen vor, so ist eine identische Person gegeben. Die Frage, ob der Identität der Person eine Identität der zugrunde liegenden Substanz entspricht oder nicht, ist für die Entscheidung über die Frage nach der Identität der Person selbst irrelevant.

9.3.2. Substanztheorien und Relationstheorien

In Substanztheorien wird der Begriff der Person durch Rekurs auf eine zu Grunde liegende Entität bestimmt. Im Wandel der physischen oder mentalen Zustände hält sich ein gegen alle Veränderungen resistenter Kern oder eine invariante Substanz durch. Diese konstituiert die Identität der Person. Im Rahmen einer materialistischen Substanztheorie wird beispielsweise angenommen, dass das Gehirn der für die Identität einer Person ausschlaggebende Körper(teil) ist.

Die Grundvorstellung des Relationsmodells besagt demgegenüber, dass die Identität einer Person in einer Beziehung zwischen je nach Theorietyp näher zu charakterisierenden Gliedern besteht. Die verbundenen Elemente selbst können ihrerseits Substanzen sein oder nicht. Locke selbst nimmt zu dieser Frage nicht explizit Stellung.

Bei zwei zeitlich unterschiedenen Vorkommnissen von Personen (P_{t1}, P_{t2}) als jeweils denkenden Wesen kann es sich um (a) zwei Instantiierungen bewussten Denkens bei *einer* Person oder um (b) zwei Instantiierungen bewussten Denkens bei *zwei* Personen handeln. Personale Identität meint nun den Fall (a) im Gegensatz zum Fall (b). Welche Art der Beziehung zwischen den Bewusstseinszuständen fungiert als Unterscheidungskriterium für (a) und (b)?

Kontinuität des Bewusstseins

„[A]s far as [...] consciousness can be extended backwards to any past Action or Thought, so far reaches the Identity of that *Person*; it is the same *self* now it was then; and 'tis by the same *self* with this present one that now reflects on it, that that Action was done." (Locke, II, 27, § 9; (103), S. 335)

Entscheidend dafür, ob zwei Bewusstseinszustände als Zustände *einer* Person anzusehen sind, ist demzufolge die Frage, ob der spätere Bewusstseinszustand den früheren in gewisser Weise mit erfasst.

($P_{t1} \rightarrow P_{t1-n}$): Wenn P_{t1} weiß, dass P_{t1-n} einen Espresso getrunken hat, dann ist P_{t1} dieselbe Person wie P_{t1-n}.

Nun ist aber zunächst nicht klar, weshalb ausgeschlossen werden kann, dass es sich bei P_{t1} und P_{t1-n} um unterschiedliche Personen handelt. Wissen, dass *jemand* gestern Espresso getrunken hat, bedeutet nicht, zu wissen, dass *ich* gestern Espresso getrunken habe. Denn schließlich zählen nicht alle Fälle des Wissens von vergangenen Handlungen als Fälle des Wissens von *eigenen* vergangenen Handlungen. Die plausibelste Lösung dieses Problems besteht darin, dass man sagt: Locke muss eine spezifische Form des Bewusstseins von vergangenen Taten und der Ausdehnung des Bewusstseins auf Vergangenes im Blick haben, und zwar eine eigentümliche *Perspektive der ersten Person oder des Selbstbewusstseins.*

Ich-Perspektive

Der *Erinnerungsbegriff* erlaubt diese Differenzierungen, wenn man (i) verlässlich zwischen der *Erinnerung an eigene Erfahrungen (Innenperspektive)* und dem *Gedächtnis im Sinn des Verfügens von Wissen und Information über vergangene Ereignisse (Beobachterperspektive)* unterscheidet und (ii) annimmt, dass Erinnerung aus der Innenperspektive nicht restlos auf Erinnerung aus der Beobachterperspektive zurückgeführt werden kann.

Welches sind nun die Gründe dafür, dass Locke weder eine materialistische noch eine immaterialistische Substanztheorie vertritt? – Der wichtigste Grund, der gegen eine cartesianische Konzeption (Person als immaterielle Substanz) spricht, besteht darin, dass es auf der Ebene des Bewusstseins, im Gegensatz zur Ebene des Organischen, radikale Diskontinuitäten zu geben scheint. Locke bemerkt, dass das Bewusstsein häufig durch Zustände des Vergessens unterbrochen wird. Unser gegenwärtiges Bewusstsein beinhaltet keineswegs alle unsere vergangenen Taten und Erlebnisse. Mehr noch, im Schlaf oder bei Zuständen der Bewusstlosigkeit verlieren wir uns selbst aus den Augen. Diese Phänomene sind für eine Theorie der Person als immaterielle Substanz problematisch. Falls die Existenz der immateriellen Substanz unmittelbar mit Bewusstsein verknüpft wäre, dann wäre das Fehlen jeglichen Bewusstseins ein Beweis für die Nichtexistenz der Substanz. Wenn Zustände des bewusstlosen Schlafs vorkommen, dann wäre demzufolge Zweifel am Vorhandensein einer immateriellen Substanz berechtigt.

Die Suspendierung der Substanzproblematik stellt eine wesentliche Entscheidung Lockes dar. Hätte er den Personbegriff unmittelbar mit dem Konzept der immateriellen Substanz verknüpft, welcher immer die Eigenschaft zu denken zukommt, dann wäre ein bewusst- und gedankenloser Schlaf gleichbedeutend mit dem Ende der Existenz dieser immateriellen Substanz. Für Locke sind aber nur Zustände des Bewusstseins sowie die Frage relevant, ob in diesen Zuständen Bezug genommen wird auf bereits vergangene Bewusstseinsvorgänge. Allein eine Verbindung von unterschiedlichen Bewusstseinszuständen, und nicht die Frage, ob der Bewusstseinsstrom unterbrochen wurde und von neuem einsetzt, entscheidet also über das Vorhandensein von Personalität. Bewusstlosigkeit bedeutet für ein cartesianisches Ich das Ende. Ebenso bedeutet bei Organismen eine Unterbrechung der Lebensprozesse das Ende der Existenz des betreffenden Organismus. Mit Bezug auf Personen hat Diskontinuität Locke zufolge aber eine andere Bedeutung. Gefordert ist nicht ununterbrochenes Bewusstsein, sondern die Fähigkeit, Beziehungen zwischen gegenwärtigen Bewusstseinszuständen und vergangenen Bewusstseinszuständen herzustellen.

9.3.3. Praktische Konsequenzen

Verantwortung

Die Relevanz der Identitätskonzeption besteht nach Locke im Wesentlichen darin, dass sie die Praxis der *Zuschreibung und Zurechnung von Handlungen und von Konsequenzen des Handelns* begründen kann. Diese Praktiken setzen ein identisches Handlungssubjekt voraus.

„In […] *personal Identity* is founded all the Right and Justice of Reward and Punishment […] – [‚Person'] is a Forensick Term appropriating Actions and their Merit; and so belongs only to intelligent Agents capable of a Law, and Happiness and Misery." (Locke, II, 27, §§ 18 und 26; (103), S. 341 und S. 346)

Durch diese Akzentuierung wurde Lockes Theorie personaler Identität in der Neuzeit sehr einflussreich. Auch bei Kant ist der Gedanke zentral, dass Personen Wesen sind, die der Zurechnung fähig sind: „Person ist dasjenige Subject, dessen Handlungen einer Zurechnung fähig sind." ((98), S. 329).

Was sagt Locke zu dem Fall eines Menschen, der zunächst gesund und später aufgrund einer Erkrankung dement ist: Handelt es sich um zwei unterschiedliche Personen (mit unterschiedlichen Graden der rationalen Verhaltenskontrolle)? Oder handelt es sich zunächst um eine Person und später um einen menschlichen Organismus, der nicht als zurechnungsfähige Person gelten kann? Ohne auf die Schwierigkeiten einer empirischen Präzisierung der einschlägigen klinischen Befunde einzugehen, ist klar, dass Locke diese Möglichkeit berücksichtigt. Es ist denkbar, dass ein Mensch im Verlauf seines Lebens den Status als zurechnungsfähige Person verliert. Nach Locke ist dabei ausschlaggebend, ob eine psychische Kontinuität gegeben ist, dank derer eine Erinnerung an ausgeführte Handlungen besteht. Der Fall des krankheitsbedingten Ausfalls psychischer Kontinuität unterscheidet sich nach Locke von dem Fall des Verlusts der Verhaltenskontrolle und des Gedächtnisses durch Trunkenheit. Auch ein Ausgenüchterter erinnert sich oft nicht daran, was er im Rauschzustand getan hat. Ein Problem für die Frage der Strafbarkeit des Trinkers besteht allerdings darin, mit Sicherheit festzustellen, ob er sich tatsächlich nicht mehr erinnert oder ob er, um einer Strafe zu entgehen, behauptet, keine Erinnerungen zu haben. Die merkwürdige Folgerung, die Locke aus dieser Sachlage zieht, besteht darin, dass er die Bestrafung eines solchen Täters für richtig hält, weil man nicht sicher weiß, ob die Verneinung der Erinnerung durch den Täter den Tatsachen entspricht oder eine Ausflucht darstellt. Ein außerordentlicher Gedanke. Schon Leibniz hat völlig zu Recht darauf hingewiesen, dass der eigentliche Grund für die Bestrafung des Ausgenüchterten darin besteht, dass der Täter den Rauschzustand in der Regel selbst herbeigeführt und infolgedessen zu verantworten hat ((102), Band III/1, S. 422). Die Frage, ob der Täter Erinnerungen hat, ist demgegenüber sekundär und keineswegs der entscheidende Punkt.

Zurechnungsfähigkeit

Trotz einiger Defizite kann man festhalten, dass der Personbegriff bei Locke einen wesentlichen Aspekt der Zurechnungsproblematik beachtet. Ein Täter muss nach Locke zumindest die Möglichkeit haben, sich selbst die ausgeführte Tat zuzurechnen. Verlangt ist nicht, dass er dies faktisch immer tut. Aber die Praxis des Strafens verlangt im Fall einer Leugnung der Schuld

Strafe

durch den Angeklagten nicht nur über vernünftige Zweifel erhabene Beweise für die Zuschreibung der Tat, sondern auch die Möglichkeit, dass der Delinquent sich selbst seine Handlung zurechnen kann.

Lockes Modell insistiert auf einem mit der Erinnerungsfähigkeit möglicher Täter unmittelbar verknüpften Moment: ein Wesen, welches außerstande ist zu verstehen, dass das, was mit ihm geschieht, eine Bestrafung für seine eigenen vergangenen Taten ist, kann nicht sinnvollerweise als straffähig gelten. Eine notwendige Bedingung für die Zurechnung (und die Straffähigkeit) ist demnach die Möglichkeit, um eigene vergangene Handlungen zu wissen und diese Handlungen vor dem Hintergrund ethischer Unterscheidungen und Normen zu bewerten. Weil diese Bedingung bei anderen Tieren als dem Menschen nicht erfüllt ist, wird beispielsweise der Schäferhund, der einen Jogger anfällt, nicht im juristischen Sinne bestraft: da der Hund juristisch eine Sache ist, wird nicht er, sondern sein Besitzer zur Rechenschaft gezogen.

Das Beispiel verdeutlicht die Relevanz des Begriffs der Zurechenbarkeit von Handlungen und Handlungsfolgen für die juristischen Praktiken der Bestrafung und für unsere moralischen Urteile. Gegenwärtig wird der Begriff der Zurechnung im Zusammenhang mit Überlegungen über Willensfreiheit und Determinismus kontrovers diskutiert. Wenn die mentalen Zustände eines Individuums (einschließlich seiner Wünsche und seines Wollens) vollständig durch kausale Prozesse bestimmt werden, wie kann man dann das Individuum für sein Wollen (und das anschließende Handeln) verantwortlich machen? Kann ich wollen, was ich will? Bin ich wirklich frei in meinem Wünschen und Wollen? Ist die Freiheit des Willens nicht lediglich eine idealistische Illusion? Sind meine Wünsche und mein Wollen nicht ausschließlich die Wirkungen bestimmter kausaler Prozesse, die eine künftige Neurowissenschaft detailliert erfassen wird? Löst sich im Rahmen einer vollständigen Naturalisierung des Geistes der Begriff der Zurechnung und Verantwortung auf in einem komplexen Geflecht kausaler Ketten? Ist mein Verhalten ebenso lückenlos kausal determiniert wie wir es im Fall unzähliger natürlicher Ereignisse unterstellen? – Diese Fragen können im Rahmen dieser Einführung nicht aufgerollt werden. Soviel ist klar, die Vertreter der Freiheit des Willens behaupten in der Regel nicht, dass das Wollen und andere mentale Akte vollkommen frei und willkürlich sind. Auch das freie Wollen unterliegt bestimmten Bedingungen. Aber das Wollen ist nach Auffassung des Verteidigers der Willensfreiheit eben nicht vollständig und lückenlos festgelegt.

9.4. Neue Modelle personaler Identität – D. Parfit

Im 20. Jahrhundert werden die Überlegungen Lockes häufig aufgegriffen. Derek Parfit ist einer der prominentesten Vertreter desjenigen Theorietyps, der ein neo-Lockesches Modell psychischer Kontinuität von Personen vertritt. Er bestimmt die diachrone Identität einer Person durch die Beziehungen zwischen einzelnen Personenstadien. Parfit hat seine Konzeption in dem 1984 erschienenen Buch ‚Reasons and Persons' veröffentlicht (268).

Parfit ist Reduktionist. Das Personsein und die Identität einer Person werden zurückgeführt auf bestimmte Verbindungen, die zwischen psychischen Zuständen bestehen. Parfit überlegt nicht, ob eine bestimmte Substanz mit der Person identifiziert werden kann. Er interessiert sich primär dafür, ob diejenigen relevanten psychischen oder mentalen Zustände gegeben sind, die die Zuschreibung von Personalität und Identität der Person begründen.

Der Personbegriff selbst wird bei Parfit nicht ausführlich erörtert. Eine in der Tradition Lockes stehende Feststellung sagt das Wesentliche. Eine Person ist ein Wesen, das Selbstbewusstsein besitzt, die eigene Identität erfasst und seine kontinuierliche Existenz über die Zeit hinweg erkennt: „[T]o be a person, a being must be self-conscious, aware of its identity and its continued existence over time" ((268), S. 202).

Parfits Begriff der Person

Diese Skizze eines Personbegriffs fordert nicht, dass eine Person einen Körper hat. Sie schließt aber ebenso wenig aus, dass Personen nichts anderes sind als Körper, die mentaler und psychischer Zustände fähig sind. Ausschlaggebend sind bei Parfit das Bewusstsein und das Selbstbewusstsein.

Wie sind die unterschiedlichen momentanen psychischen Zustände sowohl synchron (zu einem bestimmten Zeitpunkt) als auch diachron (über verschiedene Zeitpunkte hinweg) verbunden? Wie entstehen aus der Verbindung mehrerer momentaner, aufeinander folgender psychischer Zustände Personen? Bei Locke werden unterschiedliche, momentane Bewusstseinszuständen miteinander, insbesondere durch die Ausdehnung des Bewusstseins in die Vergangenheit (Erinnerung), verknüpft. Wie geht Parfit mit diesem Problem um? – Die eine Hälfte des Problems wird ausgeklammert. Die zweite Hälfte erfährt eine ausführliche Bearbeitung. Ausgeklammert, oder als unwesentlich betrachtet, wird die Frage danach, wie die *Einheit des Bewusstseins in der Synchronie* konstituiert und begrifflich erfasst wird. Bearbeitet wird die Frage nach den *Verbindungen, die in der Diachronie einzelne Bewusstseinszustände verknüpfen.*

Parfit sagt klar, dass er sich dem Problem der Identität der Person in spezifisch moralphilosophischer Absicht widmet. Ziel der Arbeit Parfits ist eine Revision verbreiteter und tief verwurzelter Überzeugungen bezüglich des Wesens von Personen und ihrer diachronen Identität. Parfit argumentiert mit Nachdruck für eine apersonale Sichtweise. Damit ist eine Perspektive gemeint, die ausschließt, dass Personen etwas anderes sind als psychische Zustände und deren Beziehungen. Insbesondere wird damit der Rede über Träger oder Besitzer der entsprechenden Zustände (d.h. materielle oder immaterielle Substanzen) der Boden entzogen.

9.4.1. Reduktionismus

Den für sein Modell grundlegenden Begriff des Reduktionismus erläutert Parfit unter Bezugnahme auf zwei mögliche Versionen der Reduktion von Personen.

Zwei Varianten des Reduktionismus

- *Reduktionistisches Körper-Modell:* die Identität der Person wird durch den Körper oder einen spezifischen Teil des Körpers (das Gehirn) gewährleistet.
- *Reduktionistisches psychologisches Modell:* die Identität der Person wird durch psychische Kontinuität garantiert.

Grundsätze des Reduktionismus

Beide Modelle sind gleichermaßen reduktionistisch, weil sie mit den beiden folgenden Grundsätzen des Reduktionismus übereinstimmen:

- *Reduktion 1:* Die diachrone Identität einer Person wird ausschließlich durch bestimmte partikulare Tatsachen konstituiert.
- *Reduktion 2:* Die relevanten Tatsachen können beschrieben werden, (i) ohne die Identität der jeweiligen Person vorauszusetzen, oder (ii) ohne ausdrücklich zu behaupten, dass die Erfahrungen im Leben dieser Person von dieser Person erfahren werden, oder (iii) ohne sogar ausdrücklich zu behaupten, dass diese Person existiert. Die Tatsachen können in einer apersonalen Weise beschrieben werden ((268), S. 210).

Das Auftreten psychischer Zustände und die diachrone Verbindung dieser Zustände bestimmt, wer eine bestimmte Person ist. Parfit behauptet, dass jenseits psychischer Tatsachen kein weiteres Faktum von Bedeutung ist (RP, 223). Personen sind keine von psychischen Zuständen unabhängig existierenden Entitäten. Die Gedanken von Personen können vollständig beschrieben werden, ohne zu behaupten, dass es Denker, d. h. Träger dieser Gedanken gibt. Die Erfahrungen von Personen und ihre Verbindungen können vollständig beschrieben werden, ohne zu behaupten, dass es Subjekte, d. h. Träger der Erfahrung gibt. Zweifellos sind Vertreter eines Anti-Reduktionismus nicht gezwungen, die empirische Beobachtbarkeit des Ich, des Selbst oder der Person zu behaupten. Folglich werden sie Parfits Reduktionismus zurückweisen. Eine an Kant anknüpfende Auffassung würde die Rede von der Beobachtbarkeit des Ich als ein Missverständnis kritisieren. Phänomenologisch orientierte Philosophen lehnen die Reduktion Parfits ebenfalls ab. Parfit selbst weist auf Strawson, Shoemaker und andere hin, die gegen den *Apersonalismus* argumentieren. Wiederholt stellt er aber fest, dass ihn die Kritiken des Apersonalismus nicht überzeugen. Zwar sieht er, dass der Apersonalismus eine Antwort auf seine Kritiker geben sollte. Parfit hat diese Antwort aber bisher nicht gegeben.

9.4.2. Psychische Kontinuität

Mit Blick auf die Frage, ob eine Person überlebt, ist nach der Grundannahme der psychischen Relationstheorie nicht entscheidend, ob ein bestimmter Körper oder eine bestimmte Seele über die Zeit hinweg erhalten bleiben. Wesentlich ist allein die Frage, ob bestimmte psychische Zustände miteinander in einer angemessenen Verbindung stehen. Angemessen heißt hier, dass ein reflexives Bewusstsein (Selbstbewusstsein) bezüglich der kontinuierlichen diachronen Existenz einer Entität vorhanden ist.

Wie werden die einschlägigen psychischen Beziehungen spezifiziert? – Mit Blick auf die Frage nach einem Kriterium für die personale Identität kann man erwarten, dass Parfit ebenso wie Locke einem Bewusstseins- oder Erinnerungskriterium gegenüber einem Körper-Kriterium den Vorzug geben wird. Grundlegend für das gesamte Unternehmen ist die präzise Unterscheidung verschiedener *Formen der Verbindung von psychischen Zuständen* (für die Details der Konzeption vgl. (276), S. 225–265).

Formen psychischer Kontinuität

Parfit geht davon aus, dass momentane Bewusstseinszustände aus zählbaren Elementen bestehen. Psychische Kontinuität liegt in ihrer einfachsten

Form vor, wenn in zwei zeitlich aufeinander folgenden Bewusstseinszuständen X und Y derselbe psychische Gehalt (z. B. eine bestimmte Farbwahrnehmung) gegeben ist. Das Vorliegen dieser einfachen Form von Kontinuität ist nach Parfit aber nicht hinreichend. Wenn X und Y zwar aufgrund einer einzelnen Farbwahrnehmung verbunden wären, ansonsten aber zwischen einer großen Anzahl von Bewusstseinsinhalten keine Übereinstimmung herrschen würde, dann wäre dies für eine die personale Identität begründende psychische Kontinuität nicht hinreichend.

Damit X und Y dieselbe Person sind, müssen über jeden Tag hinreichend viele direkte psychologische Verbindungen bestehen. Da psychologische Verbindung eine gradierbare Angelegenheit ist, kann man nicht in plausibler Weise präzise angeben, was ‚hinreichend' bedeutet. Parfit behauptet, dass es hinreichend viele Verbindungen gibt, wenn die Anzahl der direkten Verbindungen über jeden Tag hinweg *zumindest* die Hälfte der bestehenden Verbindungen im Leben fast jeder aktuellen Person ausmacht. Wenn hinreichend viele direkte Verbindungen bestehen, dann liegt eine „starke Verknüpfung" vor (vgl. (268), S. 206)

Das psychologische Kriterium

Auf der Basis der genannten Unterscheidungen wird ein *psychologisches Kriterium der Identität der Person* formuliert. Personale Identität besteht, wenn folgende Bedingungen erfüllt sind:

(1) Psychologische Kontinuität besteht genau dann, wenn sich überlagernde Ketten von starker Verknüpfung vorliegen. X heute ist dieselbe Person wie Y zu einem vergangenen Zeitpunkt genau dann, wenn
(2) X psychologisch kontinuierlich mit Y ist,
(3) diese Kontinuität die richtige kausale Grundlage hat und
(4) keine verzweigende Form aufweist.
(5) Personale Identität über die Zeit hinweg besteht in den Tatsachen (2) bis (4). ((268), S. 207; Übersetzung durch mich).

Mit der in Bedingung (1) spezifizierten Form psychologischer Verbindung (sich überlagernde Ketten von starker Verknüpfung) will Parfit einige Argumente gegen die Lockeanische Kontinuitätskonzeption entkräften. Bis auf die Bedingung (4) ist diese Definition recht verständlich. Was ist aber damit gemeint, dass die psychische Kontinuität sich aufteilt oder verzweigt? – Um diese Frage zu beantworten, ist es notwendig, eines der Gedankenexperimente zu betrachten, mit denen Parfit arbeitet.

9.4.3. Gedankenexperiment: Identität ist irrelevant

Teletransport I

Teletransport

Ich betrete den Teletransporter. Ich war schon früher auf dem Mars, aber nur mit der alten Methode, einer Reise im Raumschiff, die mehrere Wochen dauert. Mit diesem Apparat werde ich mit Lichtgeschwindigkeit befördert. Ich muss nur auf den grünen Knopf drücken. Wie die anderen auch bin ich nervös. Wird es funktionieren? Ich erinnere mich an das, was man mir gesagt hat. Wenn ich den Knopf drücke, werde ich das Bewusstsein verlieren und dann, scheinbar einen Moment später, aufwachen. In Wirklichkeit werde ich für etwa eine Stunde ohne Bewusstsein sein. Der Scanner hier auf der Erde wird mein Gehirn und meinen Körper zerstören, währenddessen registriert er den exakten Zustand aller meiner Zellen. Er wird dann die Information mit Radiowellen übertragen. Die Nachricht wird mit Lichtgeschwindigkeit innerhalb von drei Minuten den Replikator auf dem Mars erreichen. Dieser wird dann aus neuem Material ein Gehirn und einen Körper herstellen, die mir vollständig ähneln. In diesem neuen Körper werde ich erwachen.

Obwohl ich glaube, dass es so geschehen wird, zögere ich noch. Aber dann erinnere ich mich daran, wie meine Frau heute Vormittag beim Frühstück gelächelt hat als sie meine Nervosität bemerkte. Sie erinnerte mich daran, dass sie selbst oft teletransportiert worden ist. Und mit ihr ist alles in Ordnung. Ich drücke den Knopf. Wie vorhergesagt verliere ich das Bewusstsein und erwache in einer anderen Kabine. Ich untersuche meinen Körper und stelle keinerlei Veränderung fest. Sogar der Schnitt an meiner Oberlippe von meiner heutigen Morgenrasur ist noch da (vgl. (268), S. 199; Übersetzung durch mich).

Dieses Szenario soll zeigen, dass es logisch möglich ist und mit verbreiteten Intuitionen über das Wesen von Personen in Einklang steht, die Existenz der Replik auf dem Mars als einen Fall des Überlebens und Weiterlebens der Person auf der Erde zu werten.

Alle Bedingungen, die für das Überleben des Ich im Gedankenexperiment relevant sind, sind nach dem Teletransport erfüllt. Zwar ist die Person auf dem Mars nicht mit der Person auf der Erde identisch, wenn man ein *Körper-Kriterium* personaler Identität zugrunde legt. Aber das ist irrelevant. Denn Parfit setzt weder ein Körper-Modell der Person noch ein Körper-Kriterium ihrer Identität voraus. Da er Reduktionist und Apersonalist ist, wäre es ebenso unverständlich, das Leben der Mars-Person nicht als vollwertige Fortsetzung der Existenz der Erden-Person zu betrachten, wie es unvernünftig wäre, einen tadellosen Kunstzahn nicht als adäquaten Nachfolger seines natürlichen Vorgängers zu akzeptieren. Vorausgesetzt ist freilich, dass im Fall der Replik die psychische Kontinuität erfüllt ist. Sie ist das Äquivalent zur funktionalen und kosmetischen Qualität des Kunstzahns. Nach Parfit zeigt diese Überlegung, dass die Identität an sich keineswegs der relevante Punkt ist.

Einwände

Das ist in mehrfacher Hinsicht contraintuitiv und anfechtbar. Nicht-Reduktionisten werden einwenden, dass es sich bei der Replik keineswegs um eine lebende Person handelt, die mit dem Original in der geforderten psychischen Beziehung steht. Ein Cartesianischer Dualist könnte argumentieren, dass das Resultat des Kopiervorgangs ein vegetierender Organismus ohne jegliches mentales oder psychisches Leben ist. Andere nicht-reduktionistische Intuitionen könnten daran zweifeln, dass beliebige Kausalketten die erforderliche psychische Kontinuität bewirken können. Auch wenn die Mars-Person psychisch kontinuierlich mit der Erden-Person ist, gibt es Gründe, die durch die üblichen Kausalverhältnisse garantierte psychische Kontinuität vorzuziehen. Dies lässt sich anhand einer Variante des Teletransport-Szenarios (Teletransport II) zeigen, bei der es zu einer Verzweigung der psychischen Kontinuität kommt:

Bei dem Kopiervorgang wird der Körper der Person auf der Erde (B_{t1}) nicht zerstört. Nach kurzer Zeit erlangen daher zwei qualitativ identische

Personen ihr Bewusstsein wieder: das Original auf der Erde (B_{t2}) und die Replik auf dem Mars (B^*_{t2}) ((268), S. 199).

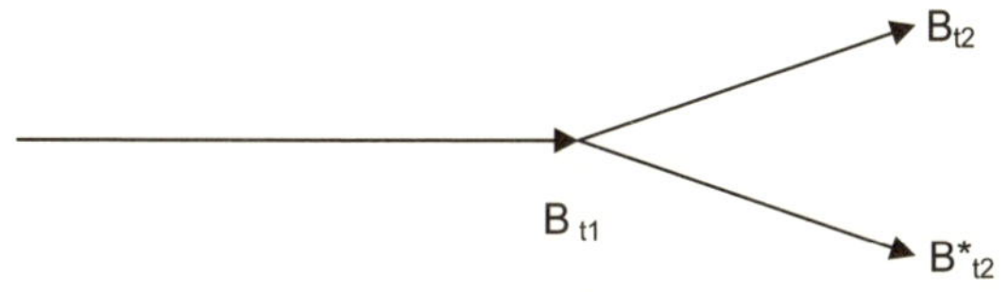

Verzweigung, Spaltung, Verdoppelung

Es handelt sich hier um einen Fall von *Verzweigung* (‚branching'), *Spaltung* (‚fission') oder *Verdoppelung* (‚reduplication'): aus einer Person scheinen zwei Personen zu werden, die beide zunächst in gleichwertigen Beziehungen psychischer Kontinuität zu dem Original stehen.

Dieser Fall einer Verzweigung sprengt die Logik des Identitätsbegriffs, da Identität stets als eine zweistellige Relation konzipiert ist, die reflexiv, symmetrisch und transitiv ist (vgl. 4.1.). Ausgeschlossen ist der Fall, dass eine Entität B_{t1} identisch mit einer Entität B_{t2} ist und zugleich identisch mit B^*_{t2} ist, falls B_{t2} und B^*_{t2} nicht identisch sind. B_{t2} und B^*_{t2} mögen zwar, wie im obigen Beispiel angenommen wird, qualitativ identisch sein. Sie sind aber nicht numerisch identisch. Dies ist der entscheidende Punkt.

Wegen dieses Sachverhalts marginalisiert Parfit den Identitätsbegriff. Relevant ist nach seiner Auffassung ausschließlich die *Bewahrung psychischer Kontinuität*. Es gibt also scheinbar keinen einsichtigen Grund, weshalb das Original eine der beiden Weisen der Fortsetzung seiner Existenz als Erden-Person oder als Mars-Person vorziehen sollte.

Falls das Original aber andere Intuitionen als Parfit hat, wird es sich auf das innovative Transportmittel überhaupt nicht einlassen. Und im Fall der Reduplikation würde die Kopie nicht als gleichwertig mit dem auf der Erde befindlichen Original angesehen werden. Die Präferenz für das Original kann etwa in einer Bevorzugung von *Naturprodukten* im Gegensatz zu *Artefakten* gründen. Möglicherweise impliziert der vom Original akzeptierte Begriff der Person, dass Personen keine Artefakte sind. Funktionalisten werden an diesem Punkt protestieren (vgl. Kap. 4). Dieser Protest ist aber bis zur Ausarbeitung einer über begrenzte kognitive Prozesse hinausgehenden, die ethischen Aspekte des Personbegriffs abdeckenden funktionalistischen Theorie der Person nicht als durchschlagend zu bewerten.

Ebenfalls relevant mag der Umstand sein, dass die Partnerin oder die Kinder von B es vorziehen könnten, mit der leibhaftigen Person anstelle eines Kunstprodukts umzugehen. Parfit wird zweifellos antworten, dass dies ein unvernünftig konservativer Standpunkt ist. Da das Artefakt alle relevanten psychischen Eigenschaften besitzt, stellt die Weigerung, seine Gleichwertigkeit anzuerkennen, einen Akt der Diskriminierung dar.

Eine dritte Variante des Teletransports macht nach Parfits Auffassung die entscheidende Bedeutung psychischer Kontinuität deutlich. Wie in ‚Teletransport II' gibt es eine Panne. Die Original-Person wird nach dem Kopiervorgang nicht zerstört. Es gibt jetzt zweimal ‚dieselbe' Person: einmal auf der Erde das Original und dann die Replik auf dem Mars. Allerdings ist das

Herzkreislaufsystem des Originals beim Kopieren beschädigt worden. Die Original-Person wird in den nächsten Tagen sterben (vgl. (268), S. 200).

Diese Variante (Teletransport III) gibt Parfit Anlass, auf die bereits angesprochenen lebenspraktischen Konsequenzen seines Modells hinzuweisen. Anstatt in Verzweiflung und Todesangst zu versinken, ist die Original-Person vernünftigerweise gelassen, denn ihr Leben wird von der Replik auf dem Mars fortgesetzt werden. Zerstört und redupliziert zu werden, ist in etwa ebenso gut, wie in der üblichen Art zu überleben: „[B]eing destroyed and Replicated is about as good as ordinary survival" ((268), S. 201). Da diese Überlegungen in außerordentlichem Maß contraintuitiv sind, mag es aufschlussreich sein, die Anmerkung des Ich-Erzählers des Gedankenexperiments zu beachten, die ich im folgenden Absatz paraphrasiere:

Später spreche ich mit meiner Replik auf dem Mars. Da meine Replik weiß, dass ich sterben werde, versucht sie, mich zu trösten. Meine Replik versichert mir, dass sie mein Leben fortführen wird, wenn ich fort bin. Sie liebt meine Frau und wird mit ihr zusammen für meine Kinder sorgen. Und sie wird das Buch fertig schreiben, an dem ich gerade arbeite. Sie hat alle meine Unterlagen und sie hat alle meine Absichten. Mit dem Wissen zu sterben, dass ich eine Replik habe, ist nicht so schlimm, wie einfach zu sterben. Dennoch werde ich bald für immer das Bewusstsein verlieren (vgl. (268), 201).

Gelassenheit wird in diesen Sätzen nicht in Anlehnung an traditionelle Vorstellungen dadurch motiviert, dass das Ende des Bewusstseins und des Lebens als unverfügbares Geschehen hinzunehmen ist. Vielmehr erscheint das personale Leben in Parfits Szenario dank leistungsfähiger Supplemente prinzipiell endlos verlängerbar zu sein.

Mit Blick auf die Argumentation gegen die zweite Version des Teletransports kann der Parfitianer Folgendes erwidern: auch wenn das Original und die Replik weder identisch noch gleichwertig sind, so ist doch die Situation, in der eine vom Original ununterscheidbare Replik existiert, der Alternative vorzuziehen, bei der weder das Original noch eine Replik vorhanden sind.

Parfit argumentiert dafür, dass alltägliche Überzeugungen von der Relevanz der Identität einer Person nicht konsistent sind. Identität an sich ist nicht direkt relevant. Eigentlich kommt es nur auf die psychische Kontinuität im Leben von Personen an. Identität koinzidiert in alltäglichen Fällen weitgehend mit dieser Beziehung. Und allein aus diesem Grund ist es berechtigt, die Identität der Person als relevant anzusehen. Worauf es im Zusammenhang mit der traditionellen Überzeugung von dem Wert personaler Identität demnach ankommt, ist die Bewahrung psychischer Kontinuität. *Für das Überleben von Personen ist Identität unwichtig. Entscheidend ist allein das Bestehen psychischer Kontinuität* ((268), S. 215). Diese Marginalisierung des Identitätsbegriffs ist motiviert durch die Möglichkeit der beschriebenen exzentrischen Fälle von Verdoppelung oder Verzweigung. In diesen Fällen kann man davon sprechen, dass eine Person weiterlebt. Man kann den Begriff der Identität aber nicht problemlos verwenden, weil die Eigenschaft der Transitivität nicht erhalten bleibt. Dass in alltäglichen Zusammenhängen solche Konstellationen nicht auftreten, ist unumstritten. Ebenso wenig wird unterstellt, dass künftige Entwicklungen die in den Gedankenexperimenten wesentlichen technischen Verfahren real werden lassen. Ausschlaggebend ist allein der Umstand, dass die beschriebenen Situationen vorstellbar sind, dass keinerlei logische Wider-

Psychische Kontinuität statt Identität

sprüche in den Beschreibungen enthalten sind und dass die Überzeugungen der Leser bezüglich der wesentlichen Eigenschaften von Personen eine Basis dafür bieten, die Frage zu beantworten, ob eine Person in den jeweiligen Szenarien überlebt oder nicht.

Ob Parfits Sicht der Dinge angemessen ist, wird in der Literatur kontrovers beurteilt (vgl. die Kritik in (276), S. 236–240). Kritiker weisen auf interne Probleme seiner Theorie und formulieren von Parfit abweichende Auffassungen über die maßgeblichen Regeln und Funktionen des Personbegriffs. Die hier zu erörternden Probleme sind nicht mehr allein auf dem Feld der Philosophie des Geistes zu verhandeln. Moralische und ethische Überlegungen sind für eine angemessene Klärung des Personbegriffs und des Begriffs personaler Identität unverzichtbar.

9.5. Zusammenfassung, Lektürehinweise, Fragen und Übungen

Zusammenfassung

Personen werden im Allgemeinen als rationale und handlungsfähige Wesen bestimmt. Handlungen und Handlungsfolgen können einer Person zugerechnet werden. Dies ist die Basis für moralische Urteile und Praktiken des Lobens und Strafens. Im Alltag wird meist von einer Extensionsgleichheit der Begriffe des Menschen und der Person ausgegangen: Alle Menschen sind Personen (MP); Alle Personen sind Menschen (PM). Tatsächlich wird in der Diskussion des Personbegriffs das Verhältnis beider Begriffe aber kontrovers beurteilt. Gegner von (MP) verweisen auf Fälle und Phasen menschlichen Lebens, in denen weder Rationalität noch Handlungsfähigkeit durch Bezug auf aktuelle Funktionen und Leistungen zugeschrieben werden kann. Trotz zahlreicher Kontroversen und Schwierigkeiten im Zusammenhang mit dem Personbegriff herrscht ein vergleichsweise starker Konsens darüber, dass der Personbegriff als normativer oder evaluativer Begriff zu verstehen ist. Personen sind Wesen, denen ein besonderer Wert oder eine Würde zugeschrieben wird.

D. Dennett hat eine Analyse der Bedingungen des Personseins ausgearbeitet, die sechs wesentliche Momente benennt: Rationalität, Intentionalität, Einstellungsabhängigkeit, Reziprozität, Sprach- und Kommunikationsfähigkeit und Selbstbewusstheit (reflexives Bewusstsein).

Die Frage nach der Identität einer Person stellt die diachrone Dimension in den Mittelpunkt. Zur Debatte stehen die Bedingungen, die es ermöglichen ein Wesen trotz bestimmter Veränderungen in der Zeit als dieselbe Person zu unterschiedlichen Zeitpunkten zu bezeichnen. Neben der Fortdauer des Organismus spielen Fragen der psychischen Kontinuität eine zentrale Rolle. Gedankenexperimente, die an Lockes Personbegriff anknüpfen, versuchen zu zeigen, dass die Fortdauer des Organismus nicht als notwendige Bedingung personaler Identität gelten muß. Als entscheidend wird ausschließlich die psychische Kontinuität, die Fortdauer bestimmter Bewusstseinsinhalte angesehen.

In der Gegenwart ist D. Parfit einer der bekanntesten Vertreter einer solchen Konzeption. Er vertritt eine Relationstheorie personaler Identität. Damit wird darauf verzichtet, die diachrone Identität in der Fortdauer einer (materiellen oder immateriellen) Substanz zu verankern. Relevant ist allein psychische Kontinuität. Parfit vertritt einen Apersonalismus. Das Leben einer über die Zeit hinweg fortdauernden Person besteht aus einer Serie von miteinander verbundenen, momentanen Bewusstseinszuständen. Es gibt keinen Träger, der dieser Serie kontinuierlicher Bewusstseinszustände zugrunde liegt. Auf der Basis von Gedankenexperimenten, die die (logische) Möglichkeit von Reduplikation und Verzweigung des Bewusstseins ausbeuten, formuliert Parfit schließlich die These der Unerheblichkeit der Identität. Damit wird eine radikale und umstrittene Konsequenz aus der Vorstellung gezogen, dass ausschließlich psychische Kontinuität für das Leben und Überleben entscheidend ist.

Lektürehinweise

Die Aufsatzsammlungen von J. Perry (269) und A. O. Rorty (271) bieten nach wie vor den besten Einstieg in die Diskussion personaler Identität. In (276) untersuche ich ausführlich die Geschichte des Personbegriffs und der Problematisierung personaler Identität mit Schwerpunkt auf Locke und Parfit. (270) bietet Übersetzungen englischer Aufsätze zum Thema. Der Reader von D. Kolak und R. Martin (267) enthält eine Reihe einschlägiger Aufsätze. (275) ist eine Aufsatzsammlung, in der die einzelnen Bereiche der Debatte über personale Identität in historischer Perspektive dargestellt werden.
Leser, die am Problem der Willensfreiheit interessiert sind, können sich mit folgenden Titeln einen Überblick verschaffen: (291), (293), (296), (299), (300), (301); zu den Begriffen des Selbstbewusstseins und des Selbstwissens sind die im Literaturverzeichnis angegebenen Titel (278) bis (290) einschlägig.

Fragen und Übungen

1. Wie definiert Locke den Begriff der Person? Welche Bedeutung hat der Identitätsbegriff in dieser Definition?
2. Kommentieren Sie das Verhältnis des §1 BGB und des § 1 GG im Zusammenhang mit (MP), (PM), (non-MP) und (non-PM).
3. Weshalb glaubt Leibniz, dass einem Betrunkenen seine Handlungen und deren Folgen zuzurechnen sind? Stimmen Sie Leibniz zu? Schreiben Sie eine knappe Argumentation nieder, mit der Sie Ihre Auffassung stützen.
4. Wie bestimmt Kant den Begriff der Person? Formulieren Sie in einigen Sätzen die Verbindung des Personbegriffs und des Gedankens der Würde.
5. Parfit arbeitet mit Gedankenexperimenten (fiktiven Szenarien). Was will Parfit mit seinem Gedankenexperiment ‚Teletransport I' zeigen? Welche argumentative Absicht verfolgt er?
6. Die Position Parfits wird als ‚Apersonalismus' bezeichnet. Zudem stellt er eine These über die Unerheblichkeit der Identität auf: Was ist mit diesen beiden Konzeptionen gesagt?
7. Was versteht man unter einer Verzweigung der psychischen Kontinuität? Weshalb ist die begriffliche Möglichkeit einer Verzweigung psychischer Kontinuität relevant für den Begriff personaler Identität?
8. Formulieren Sie ihre eigene Auffassung über die Identität der Person mit Bezug auf Parfits Thesen: Simmen Sie mit Parfit überein? Falls ja, in welchen Punkten? Falls nein: weshalb nicht?

Literaturverzeichnis

1. Allgemeine Hilfsmittel

(a) Überblicksdarstellungen, Handbücher und Literatur zu einzelnen Disziplinen

(1) Apel, Karl-Otto: Transformation der Philosophie, 2 Bände. Frankfurt a. M. 1973.
(2) Bechtel, William/Graham, George (Hg.): A companion to cognitive science. Oxford 1999.
(3) Bieri, Peter (Hg.): Analytische Philosophie der Erkenntnis. Weinheim ^{3}1994.
(4) Chrystal, David: Die Cambridge Enzyklopädie der Sprache (dt. von S. Röhrich u. a.). Frankfurt a. M. 1998.
(5) Dancy, Jonathan: Contemporary epistemology. Oxford 1985.
(6) Dancy, Jonathan/Sosa, Ernst (Hg.): A companion to epistemology. Oxford 1992.
(7) Dascal, Marcelo/Gerhardus, Dietrich/Lorenz, Kuno/Meggle, Georg (Hg.): Sprachphilosophie – Ein internationales Handbuch zeitgenössischer Forschung, 2 Bände. Berlin 1992/1996.
(8) Dummett, Michael: Ursprünge der analytischen Philosophie (dt. von J. Schulte). Frankfurt a. M. 1988.
(9) Ernst, Gerhard: Einführung in die Erkenntnistheorie. Darmstadt (in Vorbereitung).
(10) Esser, Wilhelm K.: Wissenschaftstheorie, 4 Bände. Freiburg 1971–1982.
(11) Gabriel, Gottfried: Grundprobleme der Erkenntnistheorie – Von Descartes zu Wittgenstein. Paderborn 1993.
(12) Hale, Bob/Wright, Crispin (Hg.): A companion to the philosophy of language. Oxford 1999.
(13) Haarmann, Harald: Universalgeschichte der Schrift. Frankfurt a. M. ^{2}1991.
(14) Hilbert, David/Ackermann, Wilhelm: Grundzüge der theoretischen Logik. Berlin ^{6}1972.
(15) Hoche, Hans-Ulrich/Strube, Werner: Analytische Philosophie. Freiburg 1985.
(16) Hoyningen-Huene, Paul: Formale Logik – Eine philosophische Einführung. Stuttgart 1998.
(17) Kim, Jaegwon/Sosa, Ernst (Hg.): A companion to metaphysics. Oxford 1995.
(19) Meixner, Uwe: Einführung in die Ontologie. Darmstadt 2004.
(20) Newen, Albert/von Savigny, Eike: Einführung in die Analytische Philosophie. München 1996.
(21) Newen, Albert/Schrenk, Markus: Einführung in die Sprachphilosophie. Darmstadt (in Vorbereitung).
(22) Newton-Smith, William H. (Hg.): A companion to the philosophy of science. Oxford 2000.
(23) Nöth, Winfried: Handbuch der Semiotik. Stuttgart ^{2}2000.
(24) Poser, Hans: Wissenschaftstheorie – Eine philosophische Einführung. Stuttgart 2001.
(25) Posner, Roland/Robering, Klaus/Sebeok, Thomas A. (Hg.): Semiotik – Ein Handbuch zu den zeichentheoretischen Grundlagen von Natur und Kultur, 3 Bände. Berlin 1997–1998.
(26) Quine, Willard van Orman: Grundzüge der Logik. Frankfurt a. M. 1974.
(27) Stegmüller, Wolfgang: Hauptströmungen der Gegenwartsphilosophie. Eine kritische Einführung, 4 Bände. Stuttgart 1960–1989.
(28) Strobach, Niko: Einführung in die Logik. Darmstadt 2005.
(29) Thies, Christian: Einführung in die Anthropologie. Darmstadt 2004.
(30) Wellmer, Albrecht: Sprachphilosophie. Frankfurt a. M. 2004.

(b) Handbücher zur Philosophie

(31) Gabriel, Gottfried/Gründer, Karl/Ritter, Joachim (Hg.): Historisches Wörterbuch der Philosophie, 12 Bände. Darmstadt 1971–2005.
(32) Martens, Ekkehard/Schnädelbach, Herbert (Hg.): Philosophie – Ein Grundkurs, 2 Bände. Reinbek 1985.
(33) Mittelstraß, Jürgen (Hg.): Enzyklopädie Philosophie und Wissenschaftstheorie, 4 Bände, Stuttgart 1995–1996.
(34) Nida-Rümelin, Julian (Hg.): Philosophie der Gegenwart in Einzeldarstellungen von Adorno bis v. Wright. Stuttgart 1991.
(35) Sandkühler, Hans Jörg (Hg.): Enzyklopädie Philosophie, 2 Bände. Hamburg 1999.

2. Philosophie des Geistes

(a) Einführungen

(36) Beckermann, Ansgar: Analytische Einführung in die Philosophie des Geistes. Berlin ^{2}2001.

(37) Crane, Tim: The mechanical mind – A philosophical introduction to minds, machines and mental representation. London ^{2}2003.
(38) Graham, George: Philosophy of mind – An introduction. Oxford 1993.
(39) Heil, John: Philosophy of mind – A contemporary introduction. London 1998.
(40) Kim, Jaegwon: Philosophie des Geistes (dt. von G. Günther). Wien 1998 (Philosophy of mind. Boulder, Colorado 1996).
(41) Lowe, Jonathan: An introduction to the philosophy of mind. Cambridge 2000.
(42) Maslin, Keith T.: An introduction to the philosophy of mind. Cambridge 2002.
(43) McCulloch, Gregory: The mind and its world. London 1995.
(44) Pauen, Michael: Grundprobleme der Philosophie des Geistes – Eine Einführung. Frankfurt a. M. ^{3}2002.

(b) Textsammlungen

(45) Beakley, Brian/Ludlow, Peter (Hg.): The philosophy of mind – Classical problems, contemporary issues. Cambridge, MA 1994.
(46) Block, Ned (Hg.): Readings in philosophy of psychology, 2 Bände. Cambridge, MA 1980.
(47) Bieri, Peter (Hg.): Analytische Philosophie des Geistes. Bodenheim ^{2}1993.
(48) Chalmers, David (Hg.): Philosophy of mind – Classical and contemporary readings. New York 2002.
(49) Chappell, Vere Claiborne (Hg.): The Philosophy of mind. Englewood Cliffs, N.J. 1962.
(50) Goldman, Alvin I. (Hg.): Readings in philosophy and cognitive science. Cambridge, MA 1993.
(51) Heil, John (Hg.): Philosophy of mind – A Guide and anthology. Oxford ^{4}2004.
(52) Lycan, William G. (Hg): Mind and cognition – A reader. Oxford ^{5}1990.
(53) Rosenthal, David M. (Hg.): Materialism and the mind-body problem. Englewood Cliffs, N. J. 1971.
(54) Rosenthal, David M. (Hg.): The Nature of mind. Oxford 1991.

(c) Handbücher

(55) Guttenplan, Samuel (Hg.): A companion to the philosophy of mind. Oxford 1994.
(56) Stich, Stephen P./Warfield, Ted A. (Hg.): The Blackwell guide to philosophy of mind. Oxford 2003.

3. Klassische Texte zur Philosophie des Geistes

(a) Klassiker der antiken Philosophie

(57) Aristoteles: Über die Seele (griechisch-deutsch, dt. von W. Theiler, H. Seidl). Hamburg 1995 (Abkürzung: De An.).
(58) Aristoteles: Nikomachische Ethik (dt. von E. Rolfes). Hamburg 1985 (Abkürzung: EN).
(59) Aristoteles: Politics (griechisch-englisch, engl. von H. Rackham). Cambridge, MA 1998 (Abkürzung: Pol.).
(60) Aristoteles: Metaphysik, 2 Bände, hg. von H. Seidl (griechisch-deutsch, dt. von H. Bonitz). Hamburg ^{3}1989/^{3}1991.
(61) Aristoteles: Peri hermeneias (dt. von H. Weidemann). Berlin ^{2}2002 (Abkürzung: De int.).
(62) Platon: Sämtliche Werke, hg. von K. Hülser, 10 Bände. Frankfurt a. M. 1991.
(63) Platon: Menon (griechisch-deutsch, dt. von M. Kranz). Stuttgart 1994 (zitiert nach der Stephanus-Paginierung).
(64) Long, Anthony A./Sedley, David N. (Hg.): Die hellenistischen Philosophen – Texte und Kommentare (dt. von K. Hülser). Stuttgart 2000.

(b) Sekundärliteratur zur antiken Philosophie des Geistes:

(65) Barnes, Jonathan: Aristoteles – Eine Einführung (dt. von C. Goldmann). Stuttgart 1992.
(66) Barnes, Jonathan (Hg.): The Cambridge companion to Aristotle. Cambridge 1995.
(67) Durrant, M. (Hg.): Aristotle's De anima in focus. London 1993.
(68) Everson, Stephen (Hg.): Psychology (Companions to ancient thought II). Cambridge 1991.
(69) Flashar, Helmut (Hg.): Ältere Akademie – Aristoteles – Peripatos (Überweg Grundriss der Geschichte der Philosophie III). Basel 1983.
(70) Flashar, Helmut (Hg.): Die hellenistische Philosophie (Überweg Grundriss der Geschichte der Philosophie IV/2). Basel 1994.
(71) Frede, Dorothea: Platons ‚Phaidon' – Der Traum von der Unsterblichkeit der Seele. Darmstadt 1999.
(72) Graeser, Andreas: Die Philosophie der Antike II – Sophistik und Sokratik, Plato und Aristoteles (W. Röd (Hg.): Geschichte der Philosophie II). München 1993.
(73) Hartman, Edwin: Substance, body, and soul – Aristotelian investigations. Princeton 1977.
(74) Irwin, Terence: Aristotle's first principles. Oxford 1988.
(75) Irwin, Terence: Aristotle's philosophy of mind. In: (68), S. 56–83.

(76) Kraut, Richard (Hg.): The Cambridge companion to Plato. Cambridge 1992.
(77) Nussbaum, Martha C./Oksenberg Rorty, Amélie (Hg.): Essays on Aristotle's De Anima. Oxford 1992.
(78) Nussbaum, Martha C.: Aristotle. In: T. J. Luce (Hg.): Ancient writers – Greece and Rome I. New York 1982, S. 377–416.
(79) Nussbaum, Martha C.: The fragility of goodness. Cambridge ^{6}1989.
(80) O'Meara, Dominic: Der Mensch als politisches Lebewesen. In: O. Höffe (Hg.): Der Mensch – ein politisches Tier? – Essays zur politischen Anthropologie. Stuttgart 1992, S. 13–25.
(81) Patzig, Günther: Platons Ideenlehre, kritisch betrachtet. In: G. Patzig: Tatsachen, Normen, Sätze. Stuttgart 1982, S. 119–143.
(82) Shields, Christopher: Soul and body in Aristotle. In: Oxford studies in ancient philosophy 6 (1988), S. 103–137.
(83) Sorabji, Richard: Body and soul in Aristotle. In: (67), S. 162–196.
(84) Urmson, James O.: The Greek philosophical vocabulary. London 1990.
(85) Wieland, Wolfgang: Platon und die Formen des Wissens. Göttingen 1982.
(86) Williams, Bernard: Hylomorphism. In: Oxford studies in ancient philosophy 4 (1986), S. 189–199.

(c) Klassiker der Philosophie der Neuzeit

(87) Cordemoy, Géraud de: Ausgewählte Texte zum Leib-Seele-Problem (dt. von A. Scheib). Frankfurt a. M. 2003.
(88) Descartes, René: Discours de la méthode & Essais. In: Oeuvres VI, hg. von C. Adam/P. Tannery. Paris 1965.
(89) Descartes, René: Meditationes de prima philosophia. In: Oeuvres VII, hg. von C. Adam/P. Tannery. Paris 1964.
(90) Descartes, René: Principia philosophiae. In: Oeuvres VIII/1, hg. von C. Adam/P. Tannery. Paris 1964.
(91) Descartes, René: Oeuvres et Lettres, hg. von A. Bridoux. Paris 1953.
(92) Descartes, René: Philosophische Schriften (dt. von A. Buchenau). Hamburg 1996.
(93) Descartes, René: Meditationen über die Grundlagen der Philosophie mit den sämtlichen Einwänden und Erwiderungen (dt. von A. Buchenau). Hamburg 1994.
(94) Descartes, René: Die Prinzipien der Philosophie, (dt. von A. Buchenau). Hamburg 1992.
(95) Descartes, René: Die Leidenschaften der Seele (dt. von K. Hammacher). Hamburg 1996.
(96) Geulincx, Arnold: Sämtliche Schriften, 3 Bände, hg. von H.J. de Vleeschauwer. Stuttgart-Bad-Cannstatt 1964–1968.
(97) Kant, Immanuel: Werke in sechs Bänden, hg. von W. Weischedel. Darmstadt ^{5}1983.
(98) Kant, Immanuel: Die Metaphysik der Sitten, in: Werke IV, hg. von W. Weischedel. Darmstadt ^{5}1983, S. 309–634.
(99) Leibniz, Gottfried Wilhelm: Opera philosophica, hg. von J. E. Erdmann. Aalen 1959.
(100) Leibniz, Gottfried Wilhelm: Opuscules et fragments inédits de Leibniz, hg. von L. Couturat. Hildesheim 1961.
(101) Leibniz, Gottfried Wilhelm: Die philosophischen Schriften von Gottfried Wilhelm Leibniz, 7 Bände, hg. von C. I. Gerhardt. Hildesheim, 1978.
(102) Leibniz, Gottfried Wilhelm: Philosophische Schriften, 5 Bände, hg. und übersetzt von W. v. Engelhardt, H. Herring, H. H. Holz, W. Wiater. Darmstadt 1985–1989.
(103) Locke, John: An essay concerning human understanding (^{1}1690, ^{2}1694), hg. von P. H. Nidditch. London, Oxford 1975.
(104) Locke, John: Versuch über den menschlichen Verstand, 2 Bände (dt. von C. Winckler). Hamburg 1981.
(105) Malebranche, Nicolas: Von der Erforschung der Wahrheit (Buch III). Hamburg 1968.
(106) Malebranche, Nicolas: Oeuvres, 2 Bände. Paris 1979–1992.
(107) Spinoza, Benedictus de: Ethica (lateinisch-deutsch, dt. von J. Stern). Stuttgart 1977.

(d) Sekundärliteratur zur Philosophie der Neuzeit

(108) Ayers, Michael: Locke, 3 Bände. London 1991.
(109) Bennett, Johnathan: Locke – Berkeley – Hume: Central themes. Oxford 1971.
(110) Bieri, Peter: Trying out epiphenomenalism. In: Erkenntnis 36 (1992), S. 283–309.
(111) Chappell, Vere (Hg.): The Cambridge companion to Locke. Cambridge 1994.
(112) Cottingham, John (Hg.): The Cambridge companion to Descartes. Cambridge 1992.
(113) Garrett, Don (Hg.): The Cambridge companion to Spinoza. Cambridge 1996.
(114) Holzhey, Helmut u. a.: Leibniz. In: H. Holzhey/W. Schmid-Biggemann (Hg.): Die Philosophie des 17. Jahrhunderts, Band 4/2: Das Heilige Römische Reich Deutscher Nation, Nord- und Ostmitteleuropa (Überweg Grundriss der Geschichte der Philosophie). Basel 2001, S. 995–1159.
(115) Jolley, Nicholas (Hg.): The Cambridge companion to Leibniz; Cambridge 1995.

(116) Lowe, Jonathan: Locke on human understanding. London ²2000.
(117) Mittelstraß, Jürgen: Die Begründung des principium rationis sufficientis. In: Studia Leibnitiana Suppl. III (1969), S. 137–148.
(118) Nadler, Steven (Hg.): The Cambridge companion to Malebranche. Cambridge 2000.
(119) Perler, Dominik: René Descartes. München 1998.
(120) Röd, Wolfgang: Descartes – Die Genese des Cartesianischen Rationalismus. München 1982.
(121) Rodis-Lewis, Geneviève: Nicolas Malebranche. In: J.-P. Schobinger (Hg.): Die Philosophie des 17. Jahrhunderts, Band 2/2: Frankreich und Niederlande (Überweg Grundriss der Geschichte der Philosophie). Basel 1993, S. 711–763.
(122) Williams, Bernard: Descartes – Das Vorhaben der reinen philosophischen Untersuchung. Weinheim 1993.
(123) Yolton, John: Locke and the compass of human understanding. Cambridge 1970.

(e) Von der Metaphysik zur wissenschaftlichen Psychologie

(124) Brentano, Franz: Psychologie vom empirischen Standpunkt, 3 Bände (hg. v. O. Kraus). Leipzig 1924/1928.
(125) Broad, Charlie Dunbar: The mind and its place in nature. London 1925.
(126) Ebbinghaus, Hermann: Über das Gedächtnis – Untersuchungen zur experimentellen Psychologie. Leipzig 1885.
(127) Fechner, Gustav Theodor: Elemente der Psychophysik, 2 Bände. Leipzig 1860.
(128) Helmholtz, Hermann von: Die Lehre von den Tonempfindungen als physiologische Grundlage für die Theorie der Musik. Braunschweig 1863.
(129) Helmholtz, Hermann von: Handbuch der physiologischen Optik. Leipzig 1867.
(130) Herbart, Johann Friedrich: Psychologie als Wissenschaft, neu gegründet auf Erfahrung, Metaphysik und Mathematik, 2 Bände. Königsberg 1824/25.
(131) Huxley, Thomas H.: On the Hypothesis that animals are automata (1874). In: ders.: Collected essays I. London ¹1893, ⁴1904.
(132) Schnädelbach, Herbert: Philosophie in Deutschland von 1831–1933. Frankfurt a.M. 1983.
(133) Schulz, Walter: Verwissenschaftlichung. In: ders.: Philosophie in der veränderten Welt. Pfullingen ³1976, S. 11–245.
(134) Spencer, Herbert: The principles of psychology. London 1855.
(135) Wundt, Wilhelm: Beiträge zur Theorie der Sinneswahrnehmung. Leipzig 1862.
(136) Wundt, Wilhelm: Grundzüge der physiologischen Psychologie. Leipzig 1874.

4. Philosophie des Geistes der Gegenwart

(a) Der Dualismus und seine Kritiker

(137) Birnbacher, Dieter: Das ontologische Leib-Seele-Problem und seine epiphänomenalistische Lösung. In: K.-E. Bühler (Hg.): Aspekte des Leib-Seele-Problems – Philosophie, Medizin, Künstliche Intelligenz. Würzburg 1990, S. 59–79.
(138) Birnbacher. Dieter: Wie kommt die Welt in den Kopf? Eine Lösung für das Leib-Seele-Problem. In: F. Rapp (Hg.): Die konstruierte Welt – Theorie als Erzeugungsprinzip. Dortmund 1997, S. 17–35.
(139) Carrier, Martin/Mittelstraß, Jürgen: Geist, Gehirn, Verhalten – Das Leib-Seele-Problem und die Philosophie der Psychologie. Berlin 1989.
(140) Eccles, John C.: How the self controls its brain. New York 1994.
(141) Forrest, Peter: Difficulties with physicalism, and a programm for dualists. In: J. Heil (Hg.): Philosophy of mind – A guide and anthology. Oxford 2004, S. 837–850.
(142) Foster, John: The immaterial self. London 1991.
(143) Hart, William D.: The engines of the soul. Cambridge 1988.
(144) Kemmerling, Andreas: G. Ryle ‚Können und Wissen'. In: J. Speck (Hg.): Grundprobleme der großen Philosophen – Philosophie der Gegenwart III. Göttingen ²1983, S. 127–167.
(145) Lowe, E. Jonathan: Subjects of experience. Cambridge 1996.
(146) Penrose, Roger: The emperor's new mind – Concerning computers, minds and the laws of physics. Oxford 1989.
(147) Popper, Karl R. und Eccles John C.: The self and its brain. Berlin 1977.
(148) Ryle, Gilbert: Der Begriff des Geistes (dt. von K. Baier). Stuttgart ¹1969 (The concept of mind. London ¹1949).
(149) Sellars, Wilfrid: Der Empirismus und die Philosophie des Geistes (dt. von T. Blume). Paderborn ²2002 (Empiricism and the philosophy of mind. In: ders.: Science, perception and reality. London 1989, S. 127–196).
(150) Smythies, John R.: The case for dualism. Charlottesville, Va. 1989.

(151) Swinburne, Richard: The evolution of the soul. Oxford 1997.

(152) Wittgenstein, Ludwig: Werkausgabe, Band 1. Frankfurt a. M. ^{2}1995.

(b) Bewusstsein und Intentionalität

(153) Bernet, Rudolf: Die Intentionalität. In: R. Bernet/I. Kern/E. Marbach: Edmund Husserl – Darstellung seines Denkens. Hamburg 1996, S. 85–96.

(154) Dennett, Daniel: Consciousness explained. Boston 1991.

(155) Dennett, Daniel: Intentional systems. In: Journal of Philosophy 68 (1971), S. 87–106.

(156) Dennett, Daniel: The intentional stance. Cambridge, MA 1987.

(157) Flanagan, Owen: Consciousness reconsidered. Cambridge, MA 1994.

(158) Gloy, Karen: Bewusstseinstheorien. Freiburg 1998.

(159) Husserl, Edmund: Ideen zu einer reinen Phänomenologie (Gesammelte Schriften 3). Hamburg 1992.

(160) Jackson, Frank (Hg.): Consciousness (The international research library of philosophy XX). Aldershot 1998.

(161) Lycan, William G.: Consciousness. Cambridge, MA 1987.

(162) McGinn, Colin: The problem of consciousness. Oxford 1991.

(163) Metzinger, Thomas (Hg.): Bewußtsein. Beiträge aus der Gegenwartsphilosophie. Paderborn 1995.

(164) Searle, John: Intentionalität (dt. von Harvey P. Gavagai). Frankfurt a. M. 1991 (Intentionality – An essay in the philosophy of mind. Cambridge 1983).

(165) Searle, John: Die Wiederentdeckung des Geistes (dt. von Harvey P. Gavagai). München 1993 (The rediscovery of the mind. Cambridge, MA 1992).

(c) Sprache und Erkenntnis

(166) Abel, Günter: Interpretationswelten – Gegenwartsphilosophie jenseits von Essentialismus und Relativismus. Frankfurt a. M. 1993.

(167) Austin, John Langshaw: Zur Theorie der Sprechakte (dt. von E. von Savigny). Stuttgart ^{2}1979.

(168) Avramides, Anita: Intention and convention. In: (12), S. 60–86.

(169) Evans, Gareth: The varieties of reference (hg. von J. McDowell). Oxford 1982.

(170) Goodman, Nelson: Fact, fiction and forecast. Indianapolis ^{3}1973.

(171) Grice, H. Paul: Intendieren, Meinen, Bedeuten. In: (294), S. 2–15.

(172) Grice, H.Paul: Sprecher-Bedeutung und Intentionen. In: Meggle (294), S. 16–51.

(173) Henrich, Dieter: ‚Identität' – Begriffe, Probleme, Grenzen. In: O. Marquard/K. Stierle (Hg.): Identität (Poetik und Hermeneutik VIII). München 1979, S. 133–186.

(174) Hirsch, Eli: The concept of identity. Oxford 1982.

(175) Lorenz, Kuno (Hg.): Identität und Individuation, 2 Bände. Stuttgart-Bad Cannstatt 1982.

(176) Kripke, Saul: Name und Notwendigkeit (dt. von U. Wolf). Frankfurt a. M. 1981 (Naming and necessity. Cambridge, MA 1980).

(177) Oehler, Klaus: Idee und Grundriß der Peirceschen Semiotik. In: M. Krampen/K. Oehler u. a. (Hg.): Die Welt als Zeichen – Klassiker der modernen Semiotik. Berlin 1981, S. 15–50.

(178) Rorty, Richard (Hg.): The linguistic turn. Recent essays in philosophical method. Chicago, Ill. 1967.

(179) Ryle, Gilbert: Ludwig Wittgenstein. In: Ryle, Gilbert: Collected Papers I. Bristol 1990.

(180) Saussure, Ferdinand de: Cours de linguistique générale (^{1}1916), hg. von T. de Mauro. Paris 1995.

(181) Schildknecht, Christiane: Aspekte des Nichtpropositionalen. Bonn 1999.

(182) Schildknecht, Christiane: Sense and self – Perspectives on nonpropositionality. Paderborn 2002.

(183) Tugendhat, Ernst: Vorlesungen zur Einführung in die sprachanalytische Philosophie. Frankfurt a. M. 1976.

(d) Behaviorismus

(184) Carnap, Rudolf: Psychologie in physikalischer Sprache. In: Erkenntnis 3 (1932), S. 107–142.

(185) Hempel, Carl Gustav: The logical analysis of psychology. In: H. Feigl/W. Sellars (Hg.): Readings in philosophical analysis. New York 1949, S. 373–384 (auch in: (46) Band I, S. 14–23).

(186) Kim, Jaegwon: Philosophie des Geistes (dt. von G. Günther). Wien/New York 1998, S. 29–52.

(187) Skinner, Burrhus F.: Science and human behaviour. New York, 1953.

(188) Stegmüller, Wolfgang: Moderner Empirismus: Rudolf Carnap und der Wiener Kreis. In: W. Stegmüller: Hauptströmungen der Gegenwartsphilosophie I. Stuttgart ^{6}1978, S. 351–428.

(189) Waismann, Friedrich: Verifizierbarkeit. In: R. Bubner (Hg.): Sprache und Analysis. Göttingen 1968, S. 154–169.

(190) Watson, John B.: Psychology as the behaviorist views It. In: Psychological Review 20 (1913), S. 158–177.
(191) Ziff, Paul: About behaviorism. In: (49), S. 147–150.

(e) Identitätstheorie

(192) Borst, Clive Vernon (Hg.): The mind-brain identity theory. London 1970.
(193) Carnap, Rudolf: Psychologie in physikalischer Sprache. In: Erkenntnis 3 (1932), S. 107–142.
(194) Chappell, Vere Claiborne (Hg.): The philosophy of mind. Englewood Cliffs, N. J. 1962.
(195) Feigl, Herbert: The ‚mental' and the ‚physical' – The essay and a postscript. Minneapolis 1958.
(196) Lewis, David: Philosophical papers I. Oxford 1983.
(197) Lewis, David: Psychophysical and theoretical identification. In: Australasian Journal of Philosophy 50 (1972), S. 249–258 (auch in: (46) Band I, S. 207–215).
(198) Lewis, David: Die Identität von Körper und Geist (dt. von A. Kemmerling). Frankfurt a. M. 1983.
(199) Place, Ullin T.: Is consciousness a brain process? In: (52), S. 29–36.
(200) Putnam, Hilary: Die Natur mentaler Zustände. In: (47), S. 123–135 (The nature of mental states. In: (201), S. 429–440).
(201) Putnam, Hilary: Mind, language, and reality (Philosophical papers II). Cambridge, MA 1975.
(202) Rosenthal, D.M. (Hg.): Materialism and the mind-body-problem. Englewood Cliffs, N. J. 1971.
(203) Sainsbury, Richard M.: Paradoxien (dt. von V.C. Müller). Stuttgart ²2001 (engl. Paradoxes. Cambridge ¹1987, ²1995).
(204) Smart, John J.C.: Sensations and brain processes. In: Philosophical Review 68 (1959), S. 141–156 (auch in: (49), S. 160–172; (53), S. 53–66).

(f) Anomaler Monismus

(205) Davidson, Donald: Handlung und Ereignis (dt. von J. Schulte). Frankfurt a. M. 1985 (Essays on actions and events. Oxford 1980).
(206) Davidson, Donald: Geistige Ereignisse. In: (205), S. 291–317 (auch unter dem Titel ‚Mentale Ereignisse' (dt. von M. Gebauer), in: (47), S. 73–92).
(207) Davidson, Donald: Psychologie als Philosophie. In: (205), S. 321–335.
(208) Davidson, Donald: Der materielle Geist. In: (205), S. 343–362.
(209) Davidson, Donald: Wahrheit und Interpretation (dt. von J. Schulte). Frankfurt a. M. 1986 (Inquiries on truth and interpretation. Oxford 1984).
(210) Esfeld, Michael: Holismus in der Philosophie des Geistes und in der Philosophie der Physik. Frankfurt a. M. 2002.

(g) Supervenienz

(211) Horgan, Terence: From supervenience to superdupervenience – Meeting the demands of a material world. In: Mind 102 (1993), S. 555–586.
(212) Kim, Jaegwon: Supervenience and mind. Cambridge 1993.
(213) McLaughlin, Brian: Varieties of supervenience. In: E. E. Savellos (Hg.): Supervenience – New essays. Cambridge 1995.

(h) Funktionalismus

(214) Block, Ned: Introduction: What is functionalism? In: (46) Band I, S. 171–184.
(215) Block, Ned: Troubles with functionalism. In: (46) Band I, S. 268–305 und in (45), S. 69–90).
(216) Fodor, Jerry: Explanation in psychology, in: M. Black (Hg.): Philosophy in America. London 1965.
(217) Fodor, Jerry A.: Psychological explanation. New York 1968.
(218) Fodor, Jerry.: The appeal to tacit knowledge in psychological explanation, Journal of Philosophy 65 (1968), S. 617–640.
(219) Putnam, Hilary: Philosophy and our mental life (1973). In: (201), S. 291–303.
(220) Shoemaker, Sidney: Some varieties of functionalism. In: Philosophical topics 12 (1981), S. 93–120.

(i) Der Geist als Computer

(221) Hofstaedter, Douglas R.: Gödel, Escher, Bach – Ein endlos geflochtenes Band (dt. von P. Wolff-Windegg, H. Feuersee). Stuttgart 1985 (Gödel, Escher, Bach: An eternal golden braid. New York 1979).
(222) Horgan, Terence/Tienson, John: Connectionism and the philosophy of psychology. Cambridge, MA 1996.
(223) Münch, Dieter (Hg.): Kognitionswissenschaft – Grundlagen, Probleme, Perspektiven. Frankfurt a. M. 1992.
(224) Preston, John/Bishop, Mark (Hg.): Views into the Chinese room: New essays on Searle and artificial intelligence. Oxford 2002.

(225) Putnam, Hilary: Minds and machines (1960). In: (201), S. 362–385.
(226) Putnam, Hilary: The mental life of some machines (1967). In: (201), S. 408–428.
(227) Putnam, Hilary: Realität und Repräsentation (dt. von J. Schulte). Frankfurt a. M. 1991 (Reality and representation. Cambridge, MA 1988).
(228) Searle, John: Geist, Gehirn und Programme, in: D. Münch (Hg.): Kognitionswissenschaft – Grundlagen, Probleme, Perspektiven. Frankfurt a. M. 1992, S. 225–252 (Minds, brains and programs. In: Behavioral and brain sciences 3 (1980), S. 417–424).
(229) Searle, John: Geist, Gehirn und Wissenschaft (dt. von H. P. Gavagai). Frankfurt a. M. 1986 (Minds, Brains and Science. Cambridge, MA 1984).
(230) Tetens, Holm: Geist, Gehirn, Maschine – Philosophische Versuche über ihren Zusammenhang. Stuttgart 1994.
(231) Teuscher, Christof (Hg.): Alan Turing – Life and legacy of a great thinker. Berlin/Heidelberg 2004.
(232) Turing, Alan: On computable numbers, with an application to the Entscheidungsproblem, Proceedings of the London Mathematical Society 43 (1937), S. 230–265 (auch in: M. Davis (Hg.): The undecidable – Basic papers on undecidable propositions, unsolvable problems and computable functions. New York 1965, S. 115–154 und in: M. Boden (Hg.): The philosophy of artificial intelligence, Oxford 1990).
(233) Turing, Alan: Computing machinery and intelligence, Mind 59 (1950), S. 433–460 (auch in: A.R. Anderson (Hg.): Minds and machines; Englewood Cliffs, N.J. 1964, S. 4–30).
(234) Urchs, Max: Maschine; Körper, Geist – Eine Einführung in die Kognitionswissenschaft. Frankfurt a. M. 2002.

(j) Mentale Repräsentation

(235) Clark, Andy: Associative engines: Connectionism, concepts, and representational change. Cambridge, MA 1993.
(236) Dretske, Fred: Knowledge and the flow of information. Cambridge, MA 1981.
(237) Dretske, Fred: Explaining behavior. Cambridge, MA 1986.
(238) Fodor, Jerry A.: The language of thought. New York 1975.
(239) Fodor, Jerry A.: Psychosemantics. Cambridge, MA 1987.
(240) Fodor, Jerry A.: Fodor's guide to mental representation. In: (247), S. 9–33.
(241) Fodor, Jerry A: Theory of Content II: The theory. In: (247), S. 180–222.
(242) Fodor, Jerry A.: Fodor, Jerry A. In: (55), S. 292–300.
(243) Goldman, Alvin I. (Hg.): Readings in philosophy and cognitive science. Cambridge, MA 1993.
(244) Esken, Frank/Heckmann, Dieter (Hg.): Bewußtsein und Repräsentation. Paderborn 1998, S. 329–358.
(245) Loewer, Barry: A guide to naturalizing semantics. In: (12), S. 108–126.
(246) McCauley, Robert N.: Levels of explanation and cognitive architecture. In: (2), S. 611–624.
(247) Stich, Stephen/Warfield, Ted (Hg.): Mental representation – A reader. Oxford 1994.
(248) van Gelder, Timothy: What might cognition be if not computation? In: Journal of Philosophy 91 (1995), S. 345–381.

(k) Phänomenales Bewusstsein, Qualia

(249) Carruthers, Peter: Phenomenal consciousness – A naturalistic theory. Cambridge 2000.
(250) Crane, Tim: The origins of qualia. In: T. Crane/ S. Patterson (Hg.): The history of the mind-body-problem. London 2000, S. 169–194.
(251) Dennett, D.: Qualia eliminieren. In: (253), S. 453–502.
(252) Dennett, Daniel: Qualia disqualified. In: (154), S. 369–411.
(253) Heckmann, Heinz-Dieter/Walter, Sven (Hg.) Qualia – Ausgewählte Beiträge. Paderborn 2001.
(254) Horgan, Terence: Jackson über physikalische Information und Qualia. In: (253), S. 139–148.
(255) Jackson, Frank: What Mary didn't know. In: Journal of Philosophy 83 (1986), S. 291–295.
(256) Lanz, Peter: Das phänomenale Bewußtsein – Eine Verteidigung. Frankfurt a. M. 1996.
(257) Lewis, David: Was uns das Erleben lehrt. In: (253), S. 175–210.
(258) Lewis, Clarence Irving: Mind and the world order – Outline of a theory of knowledge. New York 1929.
(259) Ludlow, Peter/Nagasawa, Yujin/ Stoljar, Daniel (Hg.): There's something about Mary – Essays on phenomenal consciousness and Frank Jackson's knowledge argument. Cambridge, MA 2004.
(260) Nagel, Thomas: Wie ist es, eine Fledermaus zu sein? (dt. von U. Diehl). In: (47), S. 261–276 („What is it like to be a bat?" In: Philosophical Review 83 (1974), S. 435–450).
(261) Peirce, Charles Sanders: Quale-Consciousness. In: Scientific Metaphysics (Collected Papers VI). Cambridge, MA [3]1965, S. 150–154.

(262) Staudacher, Alexander: Phänomenales Bewußtsein als Problem für den Materialismus. Berlin 2002.

(l) Personalität und Identität der Person

(263) Damschen, Gregor/Schönecker, Dieter (Hg.): Der moralische Status menschlicher Embryonen. Berlin 2003.
(264) Dennett, Daniel: Bedingungen der Personalität (dt. von H.-P. Schütt). In: (47), S. 303–324 (Conditions of personhood. In: (271), S. 175–196).
(265) Frankfurt, Harry G.: Identification and externality. In: (271), S. 239–251.
(266) Frankfurt, Harry G.: The importance of what we care about – Philosophical essays. Cambridge 1988.
(267) Kolak, Daniel/Martin, Raymond (Hg.): Self and identity – Contemporary philosophical issues. New York 1991.
(268) Parfit, Derek: Reasons and persons. Oxford ^{1}1984, ^{7}1992.
(269) Perry, John (ed.): Personal identity. Berkeley, CA 1975.
(270) Quante, Michael (Hg.): Personale Identität. Paderborn 1999.
(271) Rorty, Amélie O. (ed.): The identities of persons. Berkeley, CA 1976.
(272) Rovane, Carol: The personal stance. In: Philosophical topics 22 (1994), S. 351–396.
(273) Shoemaker, Sydney: Self-knowledge and self-identity. Ithaca 1963.
(274) Strawson, Peter F.: Einzelding und logisches Subjekt (dt. von F. Scholz). Stuttgart 1972 (Individuals. An essay in descriptive metaphysics. London 1959).
(275) Sturma, Dieter (Hg.): Person – Philosophiegeschichte, Theoretische Philosophie, Praktische Philosophie. Paderborn 2001.
(276) Teichert, Dieter: Personen und Identitäten. Berlin/New York 2000.
(277) Teichert, Dieter: Narrative, identity and the self. In: Journal of Consciousness Studies 11 (2004), S. 175–191.

(m) Selbstbewusstsein und Selbstwissen

(278) Cassam, Quassim (Hg.): Self-knowledge. Oxford 1994.
(279) Castañeda, Hector-Neri: Sprache und Erfahrung (dt. von H. Pape). Frankfurt a. M. 1982.
(280) Chisholm, Roderick: Die erste Person – Eine Theorie der Referenz und der Intentionalität (dt. von D. Münch). Frankfurt a. M. 1992 (The first person. Theorie of reference and intentionality. Brighton 1981).
(281) Frank, Manfred: Selbstbewußtsein und Selbsterkenntnis. Stuttgart 1991.
(282) Frank, Manfred (Hg.): Selbstbewußtseinstheorien von Fichte bis Sartre. Frankfurt a. M. 1993.
(283) Frank, Manfred (Hg.): Analytische Theorien des Selbstbewußtseins; Frankfurt a. M.1994.
(284) Hauser, Christian: Selbstbewußtseins und personale Identität – Positionen und Aporien ihrer vorkantischen Geschichte (Locke, Leibniz, Hume und Tetens); Stuttgart-Bad Cannstatt 1994.
(285) Henrich, Dieter: Fichtes ursprüngliche Einsicht. Frankfurt a. M. 1967.
(286) Henrich, Dieter: Selbstverhältnisse. Stuttgart 1992.
(287) Nagel, Thomas: Der Blick von Nirgendwo (dt. von M. Gebauer). Frankfurt a. M. 1992 (The view from nowhere. Oxford 1986).
(288) Shoemaker, Sydney: The first-person perspective and other essays. Cambridge 1996.
(289) Tugendhat, Ernst: Selbstbewußtsein und Selbstbestimmung. Frankfurt a. M. 1979.
(290) Williams, Bernard: Probleme des Selbst (dt. von J. Schulte). Stuttgart 1978 (Problems of the self. London 1973).

(n) Handlungstheorie und Willensfreiheit

(291) Bieri, Peter: Das Handwerk der Freiheit – Über die Entdeckung des eigenen Willens. München 2001.
(292) Frankfurt, Harry G.: Willensfreiheit und der Begriff der Person (dt. von J. Kulenkampff). In: (47), S. 287–302 (Freedom of the will and the concept of a person. In: Journal of Philosophy 68 (1971), S. 5–20; auch in: (301), S. 81–95).
(293) Honderich, Ted: The consequences of determinism. New York 1988.
(294) G. Meggle (Hg.): Handlung, Kommunikation, Bedeutung. Frankfurt a. M. 1979.
(295) Meggle, Georg: Analytische Handlungstheorie, 2 Bände. Frankfurt a. M. 1985.
(296) Pothast, Ulrich (Hg.): Seminar: Freies Handeln und Determinismus. Frankfurt a. M.1978.
(297) Runggaldier, Edmund: Was sind Handlungen? Eine philosophische Auseinandersetzung mit dem Naturalismus. Stuttgart 1996.
(298) Spitzley, Thomas: Handeln wider besseres Wissen. Berlin 1992.
(299) Van Inwagen, Peter: An essay on free will. New York 1983.
(300) Wallace, R. Jay: Responsibility and the moral sentiments. Cambridge, MA 1996.
(301) Watson, Gary (Hg.): Free will. Oxford 1982.

Sachregister

Namenregister